# OPENCV
## Aplicaciones prácticas de visión artificial con Python

**Tomás Domínguez Mínguez**

# OPENCV
## Aplicaciones prácticas de visión artificial con Python

**Tomás Domínguez Mínguez**

*OpenCV. Aplicaciones prácticas de visión artificial con Python*

Primera edición, 2021. Título: *Visión Artificial. Aplicaciones prácticas con OpenCV - Python*
Segunda edición, 2025

© 2025 Tomás Domínguez Mínguez

© 2025 MARCOMBO, S. L. www.marcombo.com
      Gran Via de les Corts Catalanes 594, 08007 Barcelona
      Contacto: info@marcombo.com

Ilustración de cubierta: Jotaká
Maquetación: cuantofalta.es
Asesor técnico: Ferran Fàbregas
Correctores: Beatriz Garcia y Manel Fernández
Directora de producción: M.ª Rosa Castillo

ISBN: 978-84-267-4016-8
D.L.: B 7727-2025

Impreso en Servicepoint
*Printed in Spain*

**Libro ecológico**
Impreso con papel procedente de bosques gestionados de manera eficiente, libre de cloro

*Todo lo que sucede
fue una vez un sueño*

# TABLA
# DE CONTENIDO

# Unidad 1
# INTRODUCCIÓN

La visión artificial es una disciplina científica formada por un conjunto de técnicas que permiten la captura, el procesamiento y el análisis de imágenes. El objetivo es que un ordenador sea capaz de extraer información útil para responder a preguntas sobre su contenido, como ¿qué aparece en la imagen?, ¿hay algún objeto en el que esté interesado?, ¿es una persona conocida?, ¿qué está haciendo?

Las técnicas necesarias para conseguir dicho objetivo proceden de diversas áreas como la ingeniería o la informática, cuya naturaleza matemática ha provocado que solo estuvieran al alcance de especialistas en la materia. Sin embargo, la aparición de librerías como OpenCV ha permitido ocultar los complejos algoritmos en los que se basan y ha democratizado su uso. Al igual que para ponerse al volante de un coche no es necesario ser mecánico, sino únicamente saber manejar los mandos que permiten conducirlo, para desarrollar aplicaciones de visión artificial no se tiene por qué haber estudiado una ingeniería, basta con conocer las funciones de aquellas librerías que permitan hacer lo que se pretenda.

En este primer capítulo se darán unas pinceladas de lo que es la visión artificial, así como de la librería OpenCV, que pondrá a su alcance las técnicas necesarias para beneficiarse de todo lo que ofrece esta disciplina.

## 1.1 VISIÓN ARTIFICIAL

Hasta hace poco tiempo, las tareas que un ordenador era capaz de hacer con las imágenes consistían en almacenarlas, reproducirlas o, incluso, procesarlas para modificar su aspecto. Pero en ningún caso llegaba a obtener información que mostrara una compresión real de su contenido. Estas mismas imágenes que tanta información pueden ofrecer a una persona, para un ordenador solo representaban píxeles que almacenan un nivel de luz o color.

El análisis que cualquiera de nosotros realizamos de forma natural cuando vemos algo ha estado vedado a los ordenadores. Afortunadamente, estas capacidades, antes relegadas exclusivamente al ámbito humano, comienzan a ser automatizadas gracias a la aplicación de las técnicas de visión artificial.

El objetivo de la visión artificial es interpretar las imágenes con el fin de extraer información de utilidad, por ejemplo, saber si delante de una cámara hay alguien conocido o un lugar de interés. Dicha información servirá para conseguir un fin, que en los ejemplos anteriores podría ser dar acceso a una aplicación (en vez de usar una clave) o proporcionar información turística relevante del sitio donde se encuentre. Ambos ejemplos son tan solo una muestra de los muchos campos en los que su empleo está ganando terreno. Es más, con alguno de ellos experimentará a lo largo de las páginas de este libro:

- Seguridad. Como se acaba de comentar, la visión artificial puede utilizarse para desbloquear una aplicación, pero pronto comprobará que también permite el desarrollo de alarmas inteligentes que no se disparen cuando el movimiento detectado sea el de su mascota paseándose por la casa.

- Industria. Al comparar las imágenes de objetos manufacturados con las de otros utilizados como modelo, podrían automatizarse procesos de control de calidad. Aplicando estas mismas técnicas, realizará un programa de carácter más lúdico que le ayude a resolver ciertos pasatiempos, como el de las siete diferencias, que a veces tanto cuesta resolver.

- Comercio. Saber cómo quedaría un mueble en su sala de estar o el aspecto que tendría con las paredes pintadas de un determinado color son facilidades que pueden hacer que un cliente se decida a comprar un producto concreto. Por eso, dentro de esta área se abordará la implementación de aplicaciones orientadas a negocios como el de la moda, la decoración y el interiorismo.

- Educación. Cada vez son más las aplicaciones de este tipo utilizadas como apoyo a la formación. A modo de ejemplo, se desarrolla un programa que podría emplearse para enseñar las principales figuras geométricas a los más pequeños, ya que es capaz de identificar las situadas delante de una cámara.

Por supuesto, la visión artificial puede aplicarse a muchos más campos, como la clasificación y búsqueda de imágenes, la conducción autónoma, la medicina, la agricultura, el turismo, los videojuegos, etc. Tratar de enumerarlos todos daría como resultado una extensa lista que quedaría rápidamente obsoleta, ya que va creciendo de día en día.

Para alcanzar el propósito perseguido en cada una de dichas áreas, esta disciplina se apoya, tal como se indicó al principio del capítulo, en tres pilares que permiten adquirir, procesar y analizar imágenes procedentes del mundo real. Veamos en qué consiste cada uno de ellos.

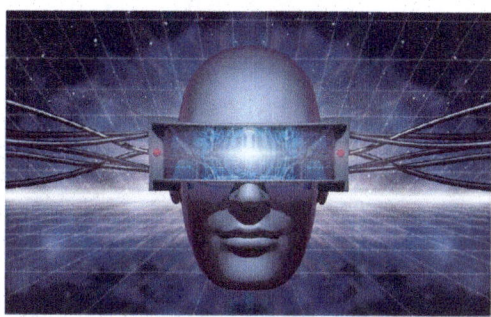

Mediante la adquisición de imágenes, el mundo analógico de luces y sombras que nos rodea se traduce a datos binarios compuestos por ceros y unos. Es lo que habitualmente se hace con una cámara (ya integrada en el ordenador o conectada por USB).

El procesamiento usa diferentes algoritmos matemáticos que, ocultos por librerías, resaltan determinadas características de las imágenes, preparándolas de esta forma al tipo de algoritmos de análisis que se lleve a cabo posteriormente. Operaciones como el recorte o el escalado de imágenes, el cambio de espacio de color o la aplicación de filtros permiten centrar la atención en los objetos relevantes, al facilitar la detección de sus bordes, esquinas, contornos o cualquier otro rasgo que los defina.

El análisis de las imágenes va un paso más allá del procesamiento. Basado también en algoritmos matemáticos (utilizados, de nuevo, a través de librerías que oculten su complejidad), partirá de los resultados del paso anterior para realizar un reconocimiento de objetos, su clasificación, identificación y seguimiento en la escena, por poner algún ejemplo.

En este libro aprenderá a usar la librería OpenCV para realizar estos procesos, y se ocultará la complejidad matemática de los algoritmos en los que se basa cada uno de ellos. Eso le permitirá desarrollar, de forma sencilla y práctica, aplicaciones de visión artificial en tiempo real.

Adéntrese en este fascinante mundo con Pyhton de la mano de OpenCV.

## **1.2** OPENCV

OpenCV (Open Source Computer Vision Library) es una librería orientada al procesamiento y análisis de imágenes. Desarrollada inicialmente por Intel en 1999, ha ido ganando popularidad rápidamente, siendo hoy en día una de las más empleadas en el desarrollo de aplicaciones de visión artificial.

OpenCV (https://docs.opencv.org/) es muy utilizada en grupos de investigación, organismos gubernamentales y empresas como Google, Yahoo, Microsoft, Intel, IBM, Sony, Honda y Toyota. Sus ámbitos de aplicación son muchos, y entre ellos destacan:

- Reconocimiento facial
- Identificación de objetos o personas
- Inspección y vigilancia
- Juegos y controles
- Recuento de objetos
- Análisis de imágenes médicas
- Robótica
- Realidad aumentada

En 2008, Willow Garage se hizo cargo del soporte de OpenCV 2.3.1, por lo que a partir de dicha versión viene con una interfaz de programación C++, Java y Python. Además, está disponible en diferentes plataformas, incluidas Windows, Linux, Mac OS X y Android. Este libro se centrará en OpenCV-Python, que combina las mejores cualidades del API (*application programming interface*, interfaz de programación de aplicaciones) de OpenCV y el lenguaje Python.

Además de ser multiplataforma y multilenguaje, es destacable el hecho de que OpenCV sea un producto con licencia BSD (Berkeley Software

Distribution), con menos restricciones que otras como GPL (General Public License, Licencia Pública General de GNU), ya que permite incluso el uso de su código fuente en software comercial.

## **1.3** PYTHON

Como se acaba de comentar, OpenCV está disponible en los principales lenguajes de programación. De todos ellos, utilizará Python, quizás el empleado por un mayor número de programadores en el mundo. Los motivos de la enorme aceptación de este lenguaje seguramente estén en su sencillez de aprendizaje y facilidad de uso.

No solo permite el clásico modo de programación imperativo, sino que también admite una programación orientada a objetos, con lo que se abre al uso de infinidad de librerías que, como OpenCV, están basadas en este paradigma.

Su entorno multiplataforma hace que se pueda trabajar con él, independientemente de si dispone de un ordenador con Windows, Mac o Linux (incluso Raspberry). Como requisito adicional, necesitará disponer de una webcam, que podrá ser la integrada en el propio ordenador o cualquier otra conectada vía USB.

La versión de Python utilizada será la 3.x (a fecha de publicación del libro es la 3.13). No tiene sentido utilizar Python2 cuando fue oficialmente descontinuado el 1 de enero de 2020.

¿Todavía no conoce Python? Al final del libro dispone de un amplio anexo que representa en sí mismo un curso de iniciación a este lenguaje. En primer lugar, aprenderá cómo se instala y utiliza su entorno de desarrollo. Haciendo uso de él, practicará con los tipos de datos básicos, los operadores y las estructuras de datos o de control imprescindibles del lenguaje. La orientación a objetos tendrá un tratamiento especial, así como el desarrollo de funciones o el uso de módulos (librerías). Se explica todo lo necesario (incluso más) para que pueda entender el código de las múltiples prácticas con las que se demuestran los conceptos de visión artificial introducidos en cada capítulo de la mano de OpenCV. El objetivo final es que, inspirándose en estos programas de prueba, usted pueda desarrollar sus propios proyectos. Los límites que pueda llegar a alcanzar serán los marcados únicamente por su imaginación.

# Unidad 2
# INSTALACIÓN DE OPENCV

Puesto que va a trabajar con la librería OpenCV para Python, deberá tener instalado el entorno de desarrollo de este lenguaje en su ordenador. Si no fuera así, en el anexo final se indica cómo hacerlo. Aunque esta librería funciona tanto con la versión 2.7 como con la 3.4 y superiores, tal como se ha comentado en el apartado anterior, se utilizará únicamente Python 3.13.

Evidentemente, para usar la librería OpenCV, primero hay que instalarla. Para ello, abra una ventana de símbolo del sistema y ejecute el comando:

```
pip install opencv-python
```

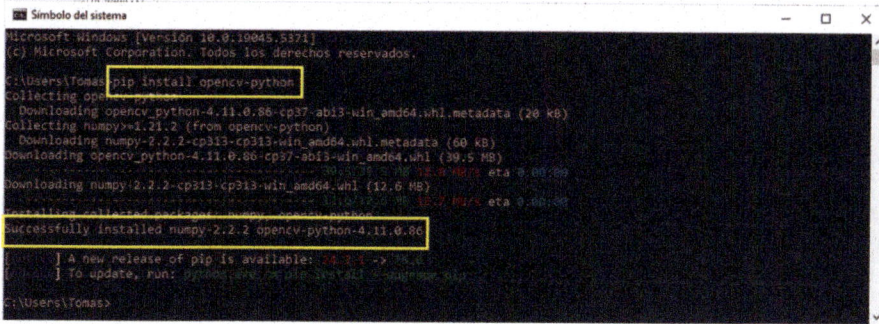

i  Recuerde que en algunas distribuciones de Linux el comando que debe utilizar es pip3.

i  La forma más sencilla de abrir una ventana de símbolo del sistema en Windows es escribiendo su nombre en el campo de búsqueda situado en la parte inferior del escritorio (en la barra de tareas). Enseguida le aparecerá un icono sobre el que podrá pulsar para abrir dicha ventana.

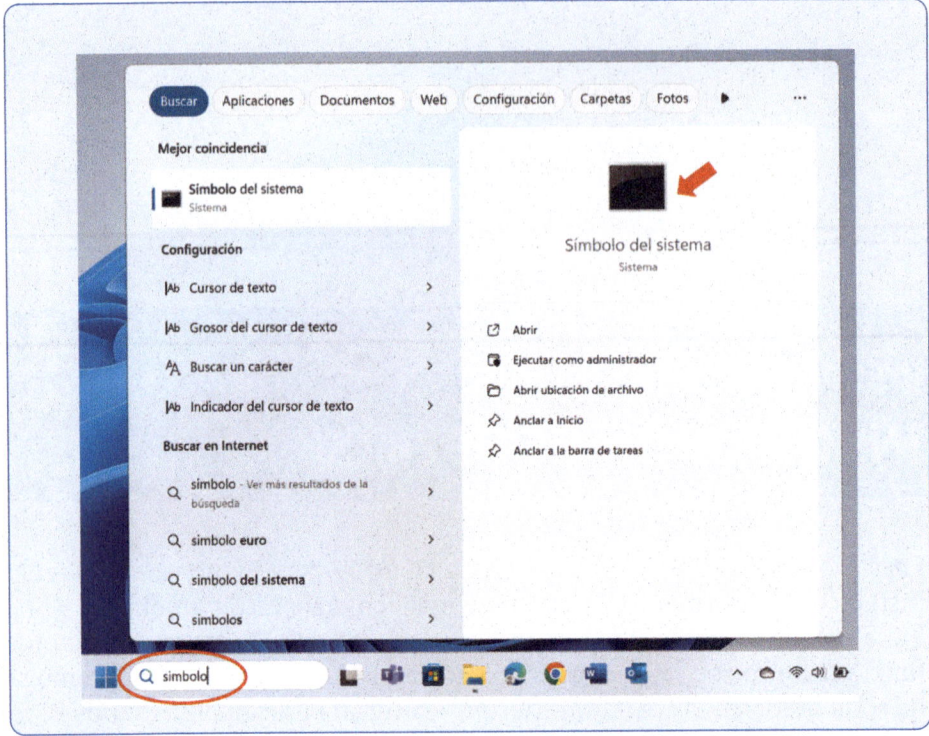

En MacOS, la línea de comandos se obtiene ejecutando la aplicación Terminal situada en la carpeta Utilidades, dentro de Aplicaciones.

En la instalación de este paquete, puede observar que también se carga la librería NumPy, utilizada para trabajar con matrices.

Aunque no entraremos en conceptos matemáticos, para entender por qué la visión artificial y las matrices están tan unidas, piense que una imagen puede definirse como una función $f(x, y)$ cuyos argumentos son las coordenadas $x$, $y$ de cada píxel, y el resultado es el nivel de luz (o color) del píxel situado en dichas coordenadas.

En otras palabras, una imagen no es más que un array de dos dimensiones (de tres en el caso de imágenes en color) cuyos elementos contienen el valor de cada uno de sus píxeles. A los arrays de dos dimensiones se les llama matrices. Si tuvieran tres serían tensores. Sin embargo, por simplicidad, generalmente se empleará el término matriz.

Para saber si OpenCV está correctamente instalado, entre en el intérprete de Python (comando `python`) y ejecute las siguientes sentencias:

```
python
>>>import cv2
>>>print(cv2.__version__)
```

El resultado debe devolver la versión de la librería instalada (en este caso la 4.11.0).

> ℹ️ Toda la documentación de esta librería se encuentra en:
>
> https://docs.opencv.org/4.11.0/

Aunque no es imprescindible, aproveche también para instalar la librería matplotlib ejecutando el siguiente comando:

```
pip install matplotlib
```

Dicha librería le permitirá generar gráficos a partir de datos contenidos en listas.

> ℹ️ Por similitud con la terminología utilizada en otros lenguajes de programación, el término librería se utilizará como sinónimo de módulo o paquete (aunque no sean conceptos exactamente iguales).

# Unidad 3
# PRIMEROS PASOS

En los siguientes apartados estudiará las operaciones básicas de creación o carga de imágenes desde un archivo y su visualización en pantalla, así como la modificación de su contenido y posterior almacenamiento en disco.

Pero antes deberá conocer el sistema de coordenadas utilizado, en el que cada píxel se localiza en la imagen por su posición horizontal y vertical $(x, y)$. Como puede ver en la siguiente figura, el origen $(0, 0)$ no está localizado en el centro de la imagen, sino en la parte superior izquierda. El píxel marcado en color rojo estaría situado en la coordenada $(3, 1)$.

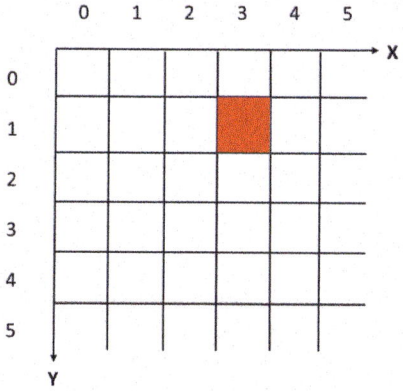

Otro de los conceptos básicos previos al uso de las funciones de OpenCV es el color, formado por los componentes B, G, R (Blue, Green, Red; Azul, Verde, Rojo), o lo que es lo mismo, los valores de la intensidad de sus componentes azul, verde y rojo. Estos tres colores se consideran primarios porque cualquier otro color se puede obtener a partir de una mezcla de ellos. El valor mínimo de intensidad que pueden tener es 0, y el máximo, 255.

*i* Seguramente le resulte más familiar el espacio de color RGB; por eso, preste especial atención al hecho de que OpenCV utiliza por defecto BGR. Más adelante sabrá cómo pasar de uno a otro o incluso a HSV, ampliamente utilizado en las técnicas de reconocimiento y seguimiento de objetos por su mayor eficiencia.

Ejemplos de especificación de colores utilizando la nomenclatura BGR serían:

- Blanco: (255, 255, 255)

- Negro: (0, 0, 0)

- Rojo: (0, 0, 255)

- Verde: (0, 255, 0)

- Azul: (255, 0, 0)

- Amarillo: (0, 255, 255)

- Púrpura: (255, 0, 255)

- Cian: (255, 255, 0)

*i* Opcionalmente, un píxel puede tener asociado un cuarto parámetro que define su transparencia: el canal alfa. Sus valores van desde 0 (completamente trasparente) a 100 (totalmente opaco).

## 3.1 CARGA Y VISUALIZACIÓN DE LA IMAGEN ALMACENADA EN UN ARCHIVO

Para mostrar una imagen en pantalla, previamente hay que cargarla con la función de OpenCV:

```
imread(archivo)
```

Su único argumento contiene el nombre del archivo donde se encuentra la imagen (o la ruta, en el caso de que no esté en la misma carpeta que el programa). Esta función también admite un segundo argumento opcional para especificar la información que se carga de la imagen. Su valor podrá ser el de cualquiera de estas constantes:

- `IMREAD_GRAYSCALE`. Carga la imagen en blanco y negro. Su valor es 0.

- `IMREAD_COLOR`. Carga la imagen en color (se ignora el canal alfa). Su valor es 1.

- `IMREAD_UNCHANGED`. Carga la imagen incluyendo el canal alfa. Su valor es -1.

> ℹ️ Si no se indica este argumento, la función toma por defecto el valor `IMREAD_COLOR`.

> ℹ️ El canal alfa define la opacidad de un píxel, es decir, su grado de transparencia. No todos los formatos de imagen admiten este canal (que se añade a los tres correspondientes a los colores primarios). Así, por ejemplo, mientras JPG no lo permite, PNG sí contiene este tipo de información.

> ℹ️ Entre los formatos de imágenes que se soportan destacan BMP, JPEG, PNG y TIFF. OpenCV no tiene códec para GIF, por lo que su manejo requiere la librería imageio, que deberá estar cargada previamente en su entorno Python. Si quiere saber cómo utilizarla, visite https://pypi.org/project/imageio/.

Esta función devuelve un objeto de la clase `ndarray`, perteneciente a la librería NumPy. Dicho objeto mantiene una matriz cuyos elementos establecen el nivel de luz o color de los píxeles de la imagen.

Una vez obtenida la imagen, la forma de mostrarla en pantalla es llamando a la función de OpenCV:

```
imshow(ventana, imagen)
```

El primer argumento determina el título de la ventana, mientras que el segundo contiene la imagen.

> *i* El tamaño de la ventana será el de la imagen. Si la resolución de esta fuera muy alta, solo se vería parte de ella.

En el siguiente programa se utilizan ambas funciones:

```
import cv2

img = cv2.imread('../imagenes/cuadro.jpg', 0)
cv2.imshow('Cuadro', img)
```

Con la primera sentencia se importa la librería OpenCV. A continuación, se carga la imagen "cuadro.jpg" (que está dentro de la carpeta "imagenes") con la función `imread()`. Su segundo argumento es 0, lo que significa que la imagen se obtiene en blanco y negro. La última sentencia la muestra en una ventana llamada "Cuadro".

> *i* En la ruta de acceso al fichero de una imagen, el carácter '.' simboliza el directorio en el que se encuentra el programa que se está ejecutando. Para acceder al directorio padre, se utilizaría '..', como en este caso.

> *i* En los programas desarrollados para cada una de las prácticas, se supone que las imágenes se encuentran en archivos dentro de la carpeta "imagenes" (sin acento), situada al mismo nivel que las que contengan los programas que vaya desarrollando, siguiendo la estructura:
>
> ```
> /carpeta de prácticas OpenCV
>     /imagenes
>     /carpeta con programas
>
>         ...
>     /carpeta con programas
> ```

Ejecute el programa. El resultado obtenido lo puede ver a continuación.

Si observara que la ventana se cierra inmediatamente, añada al final del programa las sentencias:

```
cv2.waitKey(0)
```

```
cv2.destroyAllWindows()
```

Aunque se estudiarán en detalle más adelante, le avanzo que su función es la de esperar que se pulse una tecla antes de cerrar la ventana.

Pese a que OpenCV es multiplataforma y todos los programas se han probado en Windows, puede que se produzca este efecto en otros sistemas operativos. En ese caso, acuérdese de incluir dichas sentencias en el resto de programas que no las tengan, especialmente en los utilizados en los primeros capítulos.

Cambiando el segundo argumento de la función imread() por 1, la imagen se recuperaría con la información del color.

```
img = cv2.imread('../imagenes/cuadro.jpg', 1)
```

Si la imagen ya estuviera cargada en color, una forma de convertirla posteriormente a blanco y negro sería utilizando la función:

```
cvtColor(imagen, espacio de color)
```

El primer argumento es la imagen que va a cambiar de espacio de color, que será el determinado por el segundo argumento. En el caso de tener una imagen BGR (como en este caso) y querer pasarla a blanco y negro, su valor sería COLOR_BGR2GRAY.

> Existen multitud de códigos de conversión de espacios de color. A lo largo de este libro tendrá ocasión de utilizar frecuentemente el que cambia de BGR al HSV (tendrá ocasión de conocerlo más adelante) y viceversa, cuyos valores son COLOR_BGR2HSV y COLOR_HSV2BGR, respectivamente. Si quiere conocer todas las posibilidades de transformación de que dispone esta función, consulte https://docs.opencv.org/3.4/d8/d01/group__imgproc__color__conversions.html.

El siguiente código muestra un ejemplo de uso de esta función.

```
import cv2

img = cv2.imread('../imagenes/cuadro.jpg', 1)
img_byn = cv2.cvtColor(img, cv2.COLOR_BGR2GRAY)
cv2.imshow('Cuadro', img_byn)
```

Aunque la imagen se carga en color (img), posteriormente se pasa a blanco y negro (img_byn) con la función cvtColor(), que es como finalmente se muestra.

Este proceso de conversión de una imagen en color a otra en blanco y negro es de gran importancia en visión artificial porque:

- Reduce el tamaño de la imagen, al no tener que mantener la información del color.

- Aumenta la eficiencia de los algoritmos de procesamiento de imágenes, al trabajar con un valor por píxel (en color serían 3). Esto es especialmente crítico cuando se utilizan algoritmos que consumen muchos recursos computacionales (especialmente si se usan ordenadores de bajas prestaciones) o es necesario dar respuesta en tiempo real (como sucede cuando se trabaja con aplicaciones de realidad aumentada).

- Hay filtros de procesamiento de imágenes que solo funcionan en escala de grises.

Para extraer los diferentes colores de la imagen, deberá utilizar la función:

```
split(imagen)
```

Esta función devuelve tres imágenes, una por cada uno de los colores primarios que la componen. Dichas imágenes se muestran en blanco y negro. Cuanto más claro sea un píxel, mayor será la intensidad del color primario correspondiente. Para comprobarlo, observe las siguientes figuras geométricas, cada una de las cuales se ha pintado en uno de los colores primarios.

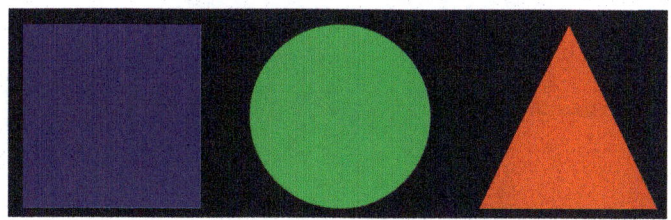

Ahora escriba y ejecute el siguiente programa:

```
import cv2

img = cv2.imread('../imagenes/figuras_geometricas.png', 1)

img_azul, img_verde, img_roja = cv2.split(img)

cv2.imshow('Azul', img_azul)
cv2.imshow('Verde', img_verde)
cv2.imshow('Roja', img_roja)
```

En este código, primero se importa la librería OpenCV y luego se carga la imagen anterior en color. A continuación, se ejecuta la función `split()`, que devuelve como resultado tres imágenes, una por cada color primario (`img_azul`, `img_verde` y `img_roja`). Finamente, dichas imágenes se muestran en ventanas independientes llamando tres veces a la función `imshow()`.

Por lo tanto, el resultado de la ejecución del programa anterior serán tres ventanas, en cada una de la cuales se mostrará un solo color (que se verá blanco en su máxima intensidad y negro en su ausencia). Puesto que cada figura geométrica es de un color primario, en cada ventana se mostrará en blanco solo una de ellas (la que tiene el color por el que se filtra), y desaparecen el resto, que se funden con el negro del fondo. En visión artificial, este tipo de filtros de color son de gran utilidad, ya que sirven para seleccionar objetos en la imagen sobre los que interesa poner atención y descartar el resto.

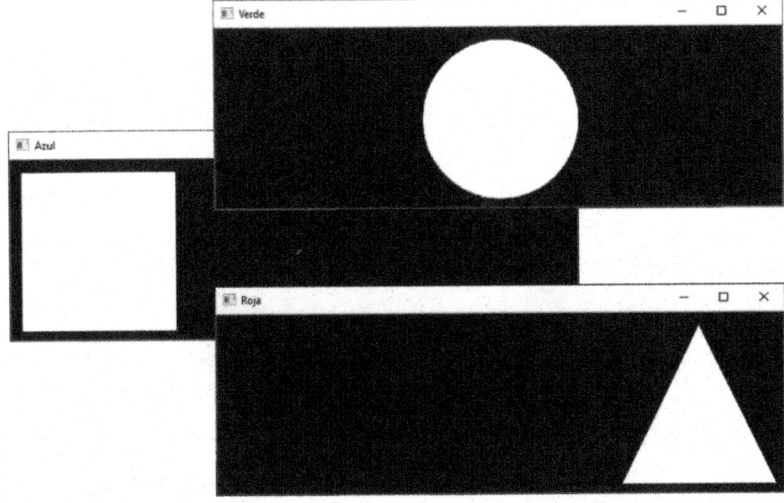

> **i**
>
> Para volver a juntar los componentes de cada color en la misma imagen, utilice la función:
>
> `merge(imagen azul, imagen verde, imagen roja)`
>
> Dicha función devolvería la imagen en color original.

## 3.2 OBTENCIÓN DE LAS CARACTERÍSTICAS DE UNA IMAGEN

Las imágenes se almacenan como matrices de píxeles en objetos de la clase `ndarray`, de los que se pueden extraer características clave como sus dimensiones, el número de canales que las componen, el tipo de dato con el que se almacena la información o el tamaño que ocupa en disco.

Para conocer las dimensiones y el número de canales de una imagen, acceda a su atributo:

`shape`

El valor de dicho atributo es una tupla con tres valores:

(alto, ancho, n.º canales)

El tamaño que ocupa en disco una imagen vendrá dado por su ancho y alto, así como por el número de canales que contiene. Una imagen en blanco y negro tiene un canal, mientras que las de color se componen de tres (uno por cada color primario). Si cada color se almacenara en un byte, el tamaño en bytes de una imagen sería:

tamaño imagen = ancho x alto x n.º canales

Como se ha indicado, este cálculo es válido cuando los elementos de la matriz de la imagen ocupen un byte, por ejemplo, del tipo `uint8`. No todos los tipos de datos ocupan lo mismo en disco. Si quiere saber cuál es el utilizado en una imagen, consulte el atributo:

`dtype`

Sin embargo, la forma más sencilla de saber el tamaño en disco de una imagen es accediendo a su atributo:

`size`

Añada las siguientes sentencias al final del programa visto anteriormente (aquel con el que se cargaba y visualizaba la imagen en color de la niña):

```
tamanio = img.size
alto, ancho, canales = img.shape
tipo = img.dtype
print("Tamaño: " + str(tamanio) + " bytes")
print("Ancho: " + str(ancho) + " píxeles")
print("Alto: " + str(alto) + " píxeles")
print("Nº canales: " + str(canales))
print("Tipo: " + str(tipo))
```

Ahora, además de mostrarse la imagen en pantalla, en la *shell* obtendrá como resultado que tiene un tamaño de 921 600 píxeles, sus dimensiones son de 640 × 480 píxeles y se compone de tres canales, cuyos valores son del tipo `uint8`.

```
Python 3.7.9 Shell                                            —  □  ✕
File Edit Shell Debug Options Window Help
Python 3.7.9 (tags/v3.7.9:13c94747c7, Aug 17 2020, 18:58:18) [MSC v.1900 64 bit
(AMD64)] on win32
Type "help", "copyright", "credits" or "license()" for more information.
>>>
= RESTART: C:\Users\Tomas\Documents\Python3\OpenCV\Primeros pasos\mostrar_imagen
_archivo.py
Tamaño: 921600 bytes
Ancho: 640 pixeles
Alto: 480 pixeles
Nº canales: 3
Tipo: uint8
>>>
```

> *i* Compruebe que el tamaño de la imagen es el resultado de multiplicar el ancho por el alto y el número de canales (colores por píxel). En este caso, 640 × 480 × 3 = 921 600.

## 3.3 CREACIÓN DE UNA IMAGEN A PARTIR DE UNA MATRIZ DE PÍXELES

Como ya sabe, una imagen es un objeto `ndarray` que contiene una matriz cuyos elementos establecen el nivel de luz (o color) de cada píxel. Si la imagen fuera en blanco y negro, el valor de dichos elementos sería un entero comprendido entre el 0 (oscuridad absoluta) y el 255 (máximo nivel de luz). Para entenderlo mejor, en la siguiente figura se muestra una imagen negra de 5 × 5 píxeles y su representación como una matriz.

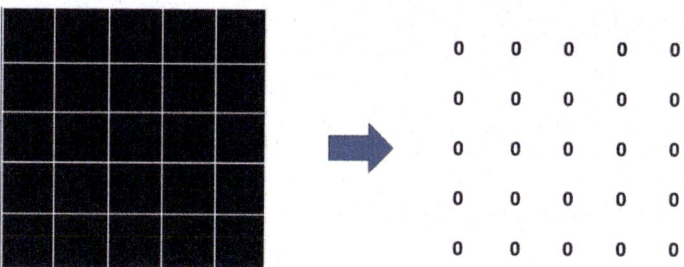

En Python, esta matriz de píxeles sería la siguiente:

```
[[0, 0, 0, 0, 0],
 [0, 0, 0, 0, 0],
 [0, 0, 0, 0, 0],
 [0, 0, 0, 0, 0],
 [0, 0, 0, 0, 0]]
```

Para convertir dicha matriz en un objeto de la clase ndarray, que es como realmente se representan las imágenes en OpenCV, tendría que utilizar la función array() de la propia librería NumPy. El código sería el siguiente:

```
import numpy

matriz = [[0, 0, 0, 0, 0],
          [0, 0, 0, 0, 0],
          [0, 0, 0, 0, 0],
          [0, 0, 0, 0, 0],
          [0, 0, 0, 0, 0]]

img = numpy.array(matriz)
print(img)
```

Más abajo puede ver el resultado de la ejecución de este programa, que muestra en la *shell* la matriz que representa una imagen negra de 5 × 5.

```
Python 3.7.9 Shell                                          —    □    ×

File  Edit  Shell  Debug  Options  Window  Help

Python 3.7.9 (tags/v3.7.9:13c94747c7, Aug 17 2020, 18:58:18) [MSC v.1900 64 bit
(AMD64)] on win32
Type "help", "copyright", "credits" or "license()" for more information.
>>>
=== RESTART: C:/Users/Tomas/Documents/Python3/OpenCV/mostrar_imagen_negra.py ===
[[0 0 0 0 0]
 [0 0 0 0 0]
 [0 0 0 0 0]
 [0 0 0 0 0]
 [0 0 0 0 0]]
>>>
```

Observe que una matriz NumPy no muestra sus elementos separados por comas.

Sin embargo, esta forma de trabajar no sería práctica cuando se manejan imágenes con una resolución de miles de píxeles. Por eso, la librería NumPy permite crear esta matriz de forma más sencilla, mediante la función:

```
zeros(dimensiones, tipo)
```

El primer argumento es una tupla con las dimensiones de la matriz y el segundo es el tipo de los elementos que contiene. El resultado devuelto es un objeto de la clase ndarray en el que el valor de todos sus elementos es 0.

Así, el programa anterior podría sustituirse por:

```
import numpy

img = numpy.zeros((5,5),numpy.uint8)
print(img)
```

Antes de ejecutar la función que crea la imagen, es necesario importar la librería NumPy, ya que la clase ndarray pertenece a dicha librería, no a OpenCV. La imagen devuelta por la función zeros() es de 5 × 5 píxeles, mientras que la información almacenada en cada píxel son valores enteros sin signo entre 0 y 255 (uint8). El resultado de la ejecución de este programa sería el mismo que el anterior.

Una vez que ya tiene creada la imagen, solo resta visualizarla con la función imshow():

```
import cv2
import numpy

ancho = alto = 300

img = numpy.zeros((alto,ancho),numpy.uint8)

cv2.imshow('Imagen negra', img)
```

En este caso, la imagen creada es de 300 × 300 píxeles. El resultado de la ejecución de este programa puede verlo a continuación.

Para crear una imagen blanca, tal como se muestra gráficamente en la siguiente imagen, los valores de cada uno de los píxeles deben ser 255.

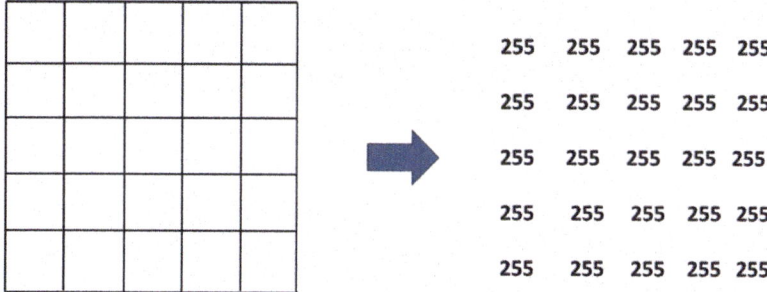

Con el fin de facilitar la creación de dicha matriz de píxeles, NumPy dispone de una función similar a `zeros()`, solo que ahora el valor de todos sus elementos es 1.

```
ones(dimensiones, tipo)
```

Así, para crear una imagen completamente blanca, solo habría que multiplicar por 255 cada uno de los elementos de la matriz generada por dicha función. Por lo tanto, el código del programa que mostraría una imagen blanca de 300 × 300 píxeles es:

```
import cv2
import numpy

ancho = alto = 300

img = numpy.ones((alto,ancho),numpy.uint8)*255

cv2.imshow('Imagen blanca', img)
```

El resultado de la ejecución del programa anterior es la siguiente ventana.

Si lo que se busca es una imagen en color, los píxeles deberán contener información del nivel de intensidad de cada uno de los colores primarios, los cuales pueden tomar un valor entre 0 y 255. Por lo tanto, para crear una imagen de color azul, el código que tendría que escribir sería:

```python
import cv2
import numpy

ancho = alto = 300

img = numpy.ones((alto, ancho, 3),numpy.uint8)*255
img[:] = (255, 0, 0)

cv2.imshow('Imagen color', img)
```

Como puede observar, ahora la matriz tiene una nueva dimensión, ya que sus elementos se componen de tres valores, correspondientes a los niveles de intensidad de los tres colores primarios en cada píxel.

```python
img = numpy.ones((alto, ancho, 3),numpy.uint8)*255
```

> ℹ️ También podría haberse utilizado la función `zeros()`, ya que, posteriormente, se cambia el valor de todos los elementos de la matriz para colorear la imagen.

La siguiente sentencia asigna el mismo color a todos los píxeles (en este caso, el azul).

```
img[:] = (255, 0, 0)
```

Aunque se ha usado una tupla para asignar el color, también se podría haber empleado una lista. Por ese motivo, la siguiente sentencia sería igualmente válida:

```
img[:] = [255, 0, 0]
```

De las imágenes que hay más abajo, la de la izquierda corresponde al resultado de la ejecución de este programa. Las otras dos se obtendrían modificando la sentencia que asigna el color a los píxeles. En el caso del verde:

```
img[:] = (0, 255, 0)
```

O si prefiere el rojo:

```
img[:] = (0, 0, 255)
```

 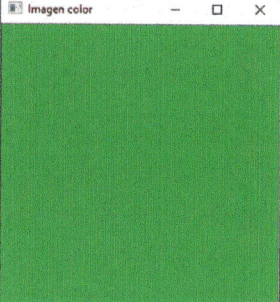 

## 3.4 MODIFICACIÓN DEL VALOR DE LOS PÍXELES DE UNA IMAGEN

Como sabe, una imagen se representa por una matriz de elementos, cada uno de los cuales es una tupla cuyos valores determinan la intensidad del color azul, verde y rojo de cada píxel (o únicamente el nivel de luz, en caso de tratarse de una imagen en blanco y negro). Para entender la forma de acceder a un píxel, tanto para obtener su valor como para asignarle otro diferente, observe la siguiente imagen, en la que hay un píxel negro situado en la posición (3, 1).

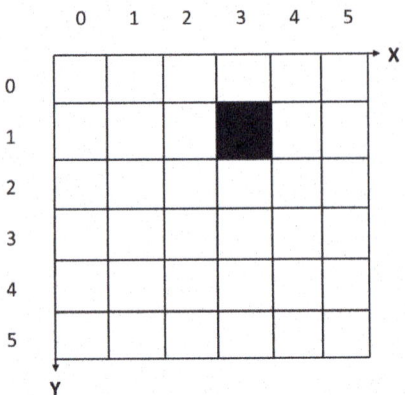

Puesto que la imagen está formada por una matriz, en la que sus elementos se distribuyen por filas y columnas, si estuviera almacenada en la variable img, la forma de obtener el valor de dicho píxel (nivel de luz) sería:

```
valor = img[fila, columna]
```

La fila viene dada por la coordenada *y*, mientras que la columna es la coordenada *x*. Por eso, para obtener el color del punto (3, 1), se deberá usar la expresión:

```
color = img[1, 3]
```

Esto suele ser motivo de confusión. Por eso, preste especial atención cada vez que tenga que acceder a un píxel de la imagen.

Una vez que se accede a un píxel, no solo es posible obtener su valor, sino también modificarlo. Eso es precisamente lo que hará en el siguiente programa, con el que, partiendo de la imagen blanca generada en el apartado anterior, dibujará una rejilla. La forma de hacerlo será recorriendo todos sus píxeles para asignarles el valor 0 (negro) a intervalos regulares. Puesto que dichos intervalos se tomarán tanto en el eje horizontal como en el vertical, las líneas que se dibujen conformarán una rejilla.

El código del programa es el siguiente.

```
import cv2
import numpy

ancho = alto = 300
```

```
img = numpy.ones((alto,ancho),numpy.uint8)*255

for x in range(ancho):
    for y in range(alto):
        if x%50 == 0 or  y%50 == 0:
            img[y, x] = 0

cv2.imshow('Rejilla ', img)
```

La primera parte del programa crea una imagen en blanco de 300 × 300 píxeles de tamaño. Su código ya lo conoce, por lo que no se va a dar ninguna explicación al respecto.

```
ancho = alto = 300
img = numpy.ones((alto,ancho),numpy.uint8)*255
```

Una vez creada dicha imagen, se asigna el valor 0 a cada píxel en las coordenadas $x$ e $y$, a intervalos regulares de 50 píxeles. Es decir, se dibujan de color negro los píxeles situados en las filas o columnas 0, 50, 100, 150, 200 y 250. El resultado será una imagen formada por 6 cuadrados de lado.

La forma de recorrer todos los píxeles de una imagen es mediante un doble bucle, cada uno de los cuales se desplaza por un eje.

```
for x in range(ancho):
    for y in range(alto):
        …
```

> **ⓘ** Por simplicidad del código, no se dibujan las últimas líneas horizontal y vertical de la rejilla.

Para identificar los píxeles que deben pintarse en negro, es decir, aquellos cuyas coordenadas $x$ o $y$ sean múltiplos de 50, se utiliza el operador '%', que devolverá el valor 0 en esos casos.

```
if x%50 == 0 or  y%50 == 0:
```

La sentencia clave del programa es la que se ejecuta cuando se cumple la condición del if anterior, es decir, la que pinta de negro los píxeles de las líneas. Para ello, solo hay que acceder a ellos, tal como se ha explicado, y darles el valor 0.

```
img[y, x] = 0
```

Por último, se muestra la rejilla en pantalla con la función imshow().

```
cv2.imshow('Rejilla ', img)
```

Cuando ejecute el programa obtendrá el siguiente resultado:

¿Y si hubiera querido pintar la rejilla en color? En ese caso, la imagen blanca de fondo se debería haber creado con tres canales. Suponiendo que se quiere dibujar las líneas de color rojo, el programa sería:

```
import cv2
import numpy

ancho = alto = 300

img = numpy.ones((alto,ancho, 3),numpy.uint8)*255
img[:] = (255, 255, 255)

for x in range(ancho):
    for y in range(alto):
        if x%50 == 0 or  y%50 == 0:
            img[y, x] = (0, 0, 255)

cv2.imshow('Rejilla ', img)
```

El código utilizado para crear una imagen blanca de tres canales (en vez de uno, como en el programa anterior) es el mismo desarrollado para crear ventanas con el fondo de color, solo que ahora ese color es el blanco.

```
ancho = alto = 300
img = numpy.ones((alto,ancho, 3),numpy.uint8)*255
img[:] = (255, 255, 255)
```

Para la asignación del color rojo a los píxeles que forman parte de las líneas de la rejilla, ahora se utiliza una terna (en este caso la que identifica el color rojo), en vez de un nivel de luz.

```
img[y, x] = (0, 0, 255)
```

El resultado de la ejecución de este programa será el mostrado a continuación.

## 3.5 ALMACENAMIENTO DE UNA IMAGEN EN UN ARCHIVO

Ya sabe cómo mostrar en pantalla las imágenes cargadas previamente de un archivo o creadas dentro del propio programa como un objeto de la clase `ndarray`. Ahora va a aprender a guardarlas en un fichero. Para ello, OpenCV proporciona la función:

```
imwrite(archivo, imagen)
```

El primer argumento de esta función es el nombre del archivo (o un *path*) en el que se va a guardar la imagen contenida en el segundo.

Para practicar con esta nueva función, completará el programa del apartado anterior, en el que dibujaba una rejilla, para que, en vez de mostrarla, se almacene en un archivo. El código del programa es el siguiente.

```
import cv2
import numpy

ancho = alto = 300

img = numpy.ones((alto,ancho),numpy.uint8)*255

for x in range(ancho):
    for y in range(alto):
        if x%50 == 0 or  y%50 == 0:
            img[y, x] = 0

cv2.imwrite('../imagenes/rejilla.jpg', img)
print("Imagen almacenada")
```

La principal diferencia de este código con el descrito en el apartado anterior es que se sustituye la función imshow(), que muestra la rejilla en pantalla, por imwrite(), que la almacena en el archivo "rejilla.jpg", dentro de la carpeta "imagenes".

```
cv2.imwrite('../imagenes/rejilla.jpg', img)
```

> *i* Los nombres de los archivos siempre deben tener una extensión, correspondiente a cualquiera de los formatos admitidos. De lo contrario, obtendrá el error: "could not find a writer for the specified extension in function 'cv::imwrite'".

> *i* Si, por equivocación, indicara mal la ruta en la que debe situarse el archivo y esta no existiera, el programa no avisaría del error. Simplemente, no haría nada.

Ejecute el programa y, cuando en la *shell* de Python aparezca el mensaje "Imagen almacenada", compruebe que en el directorio "imagenes" exista el archivo creado. Al abrirlo, verá la rejilla que acaba de dibujar.

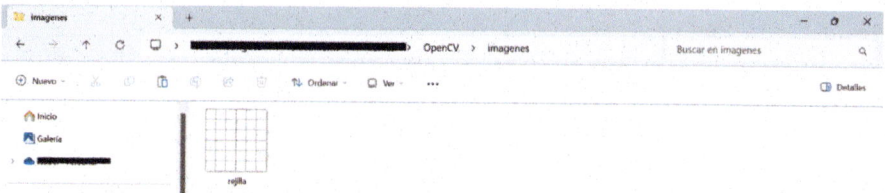

Si quiere ver las imágenes de la carpeta donde se almacenan sin necesidad de abrirlas, en el explorador de Windows seleccione la opción
"Iconos grandes" del menú "Ver".

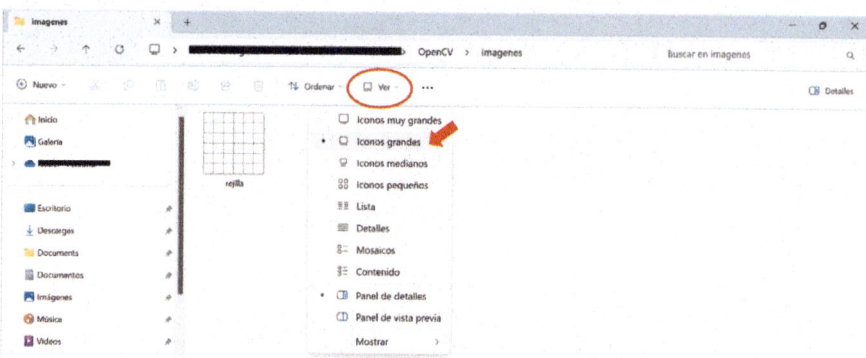

# Unidad 4
# FUNCIONES DE INTERFAZ GRÁFICA DE USUARIO

En este capítulo conocerá las funciones gráficas básicas de creación de interfaces de usuario proporcionadas por OpenCV. Las utilizará para dibujar líneas, delimitar áreas o superponer textos informativos que muestren visualmente los resultados del procesamiento y el análisis de imágenes realizados.

La primera de estas funciones tiene que ver con el manejo de ventanas. Veamos qué es lo que ofrece.

## 4.1 VENTANAS

Hasta ahora, las ventanas en las que ha mostrado las imágenes se han creado automáticamente con la función `imshow()`. Sin embargo, OpenCV permite más posibilidades de creación y configuración. Descubramos cuáles son las principales.

Para crear una ventana, OpenCV proporciona la función:

```
namedWindow(ventana)
```

El argumento de esta función es el nombre de la ventana, que es el que aparece en su barra de título. Además, dicho nombre será el utilizado en la lógica del programa para identificarla y, de esta forma, poder asociarla a imágenes, eventos de teclado o ratón, barras de desplazamiento, etc.

Opcionalmente, tiene un segundo argumento que puede tomar los siguientes valores:

- `WINDOW_NORMAL`. Permite cambiar el tamaño de la ventana sin restricciones.

- `WINDOW_AUTOSIZE`. El tamaño de la ventana se ajusta automáticamente al de la imagen mostrada, no puede ser modificada de forma manual.

- `WINDOW_OPENGL`. La ventana se creará con soporte OpenGL.

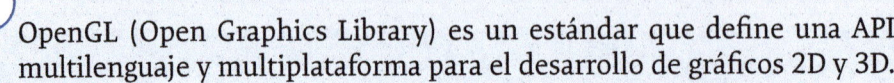

OpenGL (Open Graphics Library) es un estándar que define una API multilenguaje y multiplataforma para el desarrollo de gráficos 2D y 3D.

Si lo que desea es mover una ventana a una posición concreta del escritorio, use la función:

```
moveWindow(nombre ventana, x, y )
```

El primer argumento es el nombre de la ventana que se va a desplazar a las coordenadas *x*, *y* fijadas en los otros dos argumentos.

Para redimensionar una ventana, utilice la función:

```
resizeWindow(ventana, ancho, alto )
```

En este caso, la ventana indicada en el primer argumento adquiere las dimensiones establecidas en los otros dos argumentos.

Para cerrar una ventana, llame a la función:

```
destroyWindow(ventana)
```

Si lo que quiere es cerrar todas las ventanas que se hayan podido abrir en el programa, use esta otra función:

```
destroyAllWindows()
```

El siguiente programa muestra la imagen del cuadro de la niña, pero con una serie de particularidades.

```
import cv2

img = cv2.imread('../imagenes/cuadro.jpg', 1)

cv2.namedWindow('Cuadro', cv2.WINDOW_NORMAL)
cv2.moveWindow('Cuadro', 0, 0)
cv2.imshow('Cuadro', img)
```

Lo primero que se hace en el programa después de importar la librería OpenCV es cargar la imagen con el cuadro de la niña.

```
img = cv2.imread('../imagenes/cuadro.jpg', 1)
```

Luego se crea una ventana (llamada "Cuadro") utilizando la función namedWindow() con el *flag* WINDOW_NORMAL, por lo que, a diferencia de cuando se creaba con la función imshow(), ahora podrá redimensionarla sin restricciones. Además, al cerrar la ventana, si ejecutara de nuevo el programa, aparecería con las mismas dimensiones que tenía cuando la cerró.

```
cv2.namedWindow('Cuadro', cv2.WINDOW_NORMAL)
```

Una vez creada la ventana, se sitúa en la parte superior izquierda del escritorio.

```
cv2.moveWindow('Cuadro', 0, 0)
```

Por último, se muestra la imagen en dicha ventana.

```
cv2.imshow('Cuadro', img)
```

Ejecute el programa y compruebe que su funcionamiento es el descrito.

## 4.2 LÍNEAS

La función proporcionada por OpenCV para el dibujo de líneas (en realidad, se trataría de segmentos, ya que tienen un principio y un fin) es:

```
line(imagen, punto inicial, punto final, color, grosor)
```

El primer argumento de esta función es una imagen que representa el lienzo sobre el que se va a pintar la línea. El punto inicial y final son dos tuplas con las coordenadas *x*, *y* de los extremos del segmento. El color con el que se va a dibujar es otra tupla con los componentes B, G, R. El último argumento establece el grosor (en píxeles) de la línea.

El resultado de dicha función es la imagen pasada como argumento, sobre la que se ha dibujado la línea.

Si quisiera que la línea acabara con una punta de flecha, la función utilizada sería:

```
arrowedLine(imagen, punto inicial, punto final, color, grosor)
```

Como puede observar, los argumentos son los mismos de la función anterior.

En el siguiente programa, se utiliza la función line() para dibujar una cuadrícula sobre la imagen del cuadro de la niña, cargada previamente.

```
import cv2

img = cv2.imread('../imagenes/cuadro.jpg', 1)

alto, ancho, _ = img.shape
color = (0, 0, 255)
grosor = 2
cuadricula = 80

for x in range(0, ancho+1, cuadricula):
    img = cv2.line(img, (x, 0), (x, alto), color, grosor)
for y in range(0, alto+1, cuadricula):
    img = cv2.line(img, (0, y), (ancho, y), color, grosor)

cv2.imshow('cuadro', img)
```

Tras importar la librería OpenCV y cargar la imagen almacenada en el fichero "cuadro.jpg" (está dentro de la carpeta "imagenes"), se obtiene su alto (alto) y el ancho (ancho) utilizando su atributo shape (el número de canales no se va a utilizar).

```
alto, ancho, _ = img.shape
```

> *i*
> Cuando un resultado no interesa, por convención se suele asignar a una variable llamada '_'.

Después, se declaran las variables que establecen el color (color) y el grosor (grosor) de las líneas. También se fija el tamaño de la cuadrícula en 80 píxeles (cuadricula).

```
color = (0, 0, 255)
grosor = 2
cuadricula = 80
```

Luego aparecen dos bucles for. El primero pinta las líneas verticales, y el segundo, las horizontales. Para ello, en el primero se recorre el ancho y en el segundo el alto de la pantalla, a intervalos establecidos por el tamaño de la cuadrícula. En cada uno de los bucles, las líneas se dibujan con la función line().

En el caso de las líneas verticales, la coordenada *y* del primer punto siempre es 0, mientras que la del segundo es el alto de la ventana. La coordenada *x* de ambos puntos es la misma, y fija la posición en la que se va a dibujar cada línea vertical. Para ello, toma el valor de la variable x que recorre el ancho de la pantalla en el rango de valores establecido en el primer bucle for.

```
for x in range(0, ancho+1, cuadricula):
    img = cv2.line(img, (x, 0), (x, alto), color, grosor)
```

Para dibujar las líneas horizontales, la coordenada *x* del punto inicial es siempre 0, mientras que la del final es el ancho de la ventana. La coordenada *y* (que es la misma en ambos puntos) sitúa cada línea horizontal a la altura indicada por la variable *y*, que recorre el alto de la pantalla según el rango de valores establecidos en el segundo bucle for.

```
for y in range(0, alto+1, cuadricula):
    img = cv2.line(img, (0, y), (ancho, y), color, grosor)
```

> **i** En los bucles for se ha sumado 1 al ancho y alto de la imagen para pintar la última línea, ya que de lo contrario quedaría excluida del rango.

La última sentencia muestra la imagen en pantalla.

```
cv2.imshow('cuadro', img)
```

El resultado que obtendría si ejecutara este programa lo puede ver en la siguiente imagen.

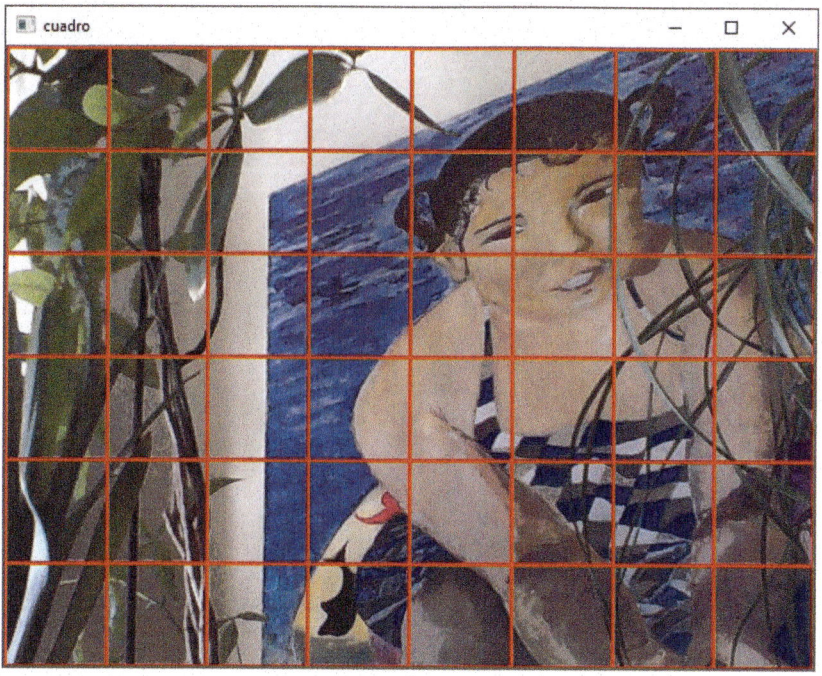

El siguiente programa dibuja una flecha que apunta a la niña del cuadro.

```
import cv2

img = cv2.imread('../imagenes/cuadro.jpg', 1)
cv2.arrowedLine(img, (200, 100), (300, 150), (0, 0, 255), 4)
cv2.imshow('cuadro', img)
```

Dicho código no requiere explicaciones adicionales, a excepción de la sentencia `arrowedLine()`, utilizada para añadir una línea roja de 4 píxeles de grosor, acabada en punta de flecha, entre los puntos (200, 100) y (300, 150).

```
cv2.arrowedLine(img, (200, 100), (300, 150), (0, 0, 255), 4)
```

Cuando ejecute el programa, obtendrá la imagen mostrada a continuación.

## 4.3 RECTÁNGULOS

La siguiente función que aprenderá a utilizar es la que permite el dibujo de rectángulos:

```
rectangle(imagen, punto inicial, punto final, color, grosor)
```

Los argumentos de esta función son los mismos de la anterior, solo que ahora los puntos inicial y final representan la esquina superior izquierda e inferior derecha del rectángulo. Además, si el grosor tomara el valor -1, el rectángulo se rellenaría del color del trazo.

¿Cómo se enmarcaría la cara de la niña del cuadro anterior? Con un programa similar al siguiente:

```python
import cv2

img = cv2.imread('../imagenes/cuadro.jpg', 1)

color = (0, 0, 255)
grosor = 2
cara_x1, cara_x2 = 300, 550
cara_y1, cara_y2 = 20, 220

cv2.rectangle(img, (cara_x1, cara_y1), (cara_x2, cara_y2), color, grosor)

cv2.imshow('cuadro', img)
```

Dicho código no requiere de ningún comentario añadido, a excepción de que en la sentencia `rectangle()` las coordenadas se han elegido para situarlo sobre la cara de la niña.

La función `rectangle()` se utiliza frecuentemente en combinación con técnicas de análisis de imágenes, como la de reconocimiento facial, que delimita el área donde se localiza la cara de una persona. En ese caso, será el propio algoritmo de análisis de imágenes el que calcule las coordenadas donde deberá situarse el rectángulo.

## 4.4 CÍRCULOS Y ELIPSES

Para pintar un círculo, la función que tiene que utilizar es:

```
circle(imagen, centro, radio, color, grosor)
```

En el caso de una elipse, sería:

```
ellipse(imagen, centro, longitud ejes, ángulo,
        ángulo inicial, ángulo final, color, grosor)
```

En esta última función, los argumentos que requieren de una explicación adicional son los relacionados con la longitud de los ejes y los ángulos. En el primer caso, esta se expresa como una tupla cuyo primer valor corresponde al eje mayor, y el segundo, al menor, dado en píxeles. Respecto al ángulo, hace referencia al arco de la elipse que se va a pintar. Si esta fuera de 360 grados, se dibujaría completa, 180 grados correspondería a la mitad, etc. El ángulo inicial sería por el que empezaría a pintarse dicho arco, y el final, en el que acabaría.

> *i* En esta función, el grosor es un argumento opcional.

Para practicar con el dibujo de círculos, va a pintar una diana sobre la imagen del cuadro de la niña. Su código es el siguiente:

```
import cv2

img = cv2.imread('../imagenes/cuadro.jpg', 1)

alto, ancho, canales = img.shape
color = (0, 0, 255)
incremento_radio = 80
grosor = 40

centro_x = int(ancho/2)
centro_y = int(alto/2)
```

```
for radio in range(0, int(alto/2)+1, incremento_radio):
    cv2.circle(img, (centro_x, centro_y), radio,color, grosor)

cv2.imshow('cuadro', img)
```

Este programa no es difícil de entender. Lo único que sería necesario comentar es que todas las circunferencias con las que se dibuje la diana tendrán como centro el de la propia imagen. De ahí que se utilice el atributo shape para obtener el ancho y alto, ya que el centro de la imagen será el punto:

```
(ancho/2, alto/2)
```

Puesto que una división devuelve un valor de tipo float y los píxeles de una imagen deben ser números enteros, tendrá que realizarse una operación de *casting* para obtener las coordenadas *x, y* del centro de la imagen (centro_x y centro_y).

```
centro_x = int(ancho/2)
centro_y = int(alto/2)
```

El bucle for que hay a continuación establece el rango con los valores del radio de la circunferencia que se va a pintar en cada bucle con la función circle().

```
for radio in range(0, int(alto/2)+1, incremento_radio):
    cv2.circle(img, (centro_x, centro_y), radio, color, grosor)
```

Observe el efecto conseguido.

## 4.5 TEXTOS

Para escribir textos sobre una imagen, la función que deberá emplear es:

```
putText(imagen, texto, posición, fuente, escala, color, grosor)
```

El primer argumento de esta función es la imagen sobre la que se va a escribir el texto indicado en el segundo argumento. La posición es una tupla que especifica las coordenadas *x, y* donde empezará a escribirse. La fuente puede ser cualquiera de las identificadas con las siguientes constantes:

```
FONT_HERSHEY_SIMPLEX
FONT_HERSHEY_PLAIN
FONT_HERSHEY_DUPLEX
FONT_HERSHEY_COMPLEX
FONT_HERSHEY_TRIPLEX
FONT_HERSHEY_COMPLEX_SMALL
FONT_HERSHEY_SCRIPT_SIMPLEX
FONT_HERSHEY_SCRIPT_COMPLEX
FONT_ITALIC
```

Las seis primeras fuentes son variantes de sans-serif, las dos siguientes simulan una escritura a mano. La última es la cursiva.

Respecto a la escala, este argumento es el factor por el que se multiplicaría el tamaño base de la fuente. Los últimos argumentos son el color y el grosor (opcional) con el que se va a escribir el texto.

*i* Esta función solo admite un pequeño subconjunto de caracteres ASCII, entre los que no se encuentran caracteres especiales como los acentos o la letra 'ñ'. Para mostrarlos, tendrá que hacer uso de la librería PIL.

En esta última práctica va a mejorar el programa en el que se señalaba a la niña del cuadro con una flecha, para indicar que se trata de Isabel. El código resultante es el siguiente:

```
import cv2

img = cv2.imread('../imagenes/cuadro.jpg', 1)

color = (0, 0, 255)
grosor = 4
fuente = cv2.FONT_HERSHEY_SCRIPT_SIMPLEX
escala = 2
```

```
cv2.arrowedLine(img, (200, 100), (300, 150), color, grosor)
cv2.putText(img, "Isabel", (100, 75), fuente, escala, color, grosor)

cv2.imshow('cuadro', img)
```

De este programa la única sentencia que es necesario explicar es la que escribe el nombre de la niña ("Isabel") comenzando en la posición (100, 75), con un tipo de letra que simula estar escrita a mano (FONT_HERSHEY_ SCRIPT_SIMPLEX). El color y el grosor tanto de la letra como de la flecha son los mismos. El tamaño de letra (escala) es el doble del que tiene originalmente la fuente elegida.

```
cv2.putText(img, "Isabel", (100, 75), fuente, escala, color, grosor)
```

La siguiente imagen muestra el resultado de la ejecución de este programa.

OpenCV no ofrece posibilidades de alineación de texto, pero a veces puede resultar interesante centrarlo en una zona en la que haya algo de interés, por ejemplo, sobre objetos identificados en aplicaciones de realidad aumentada. Para ello, es necesario conocer las dimensiones del texto que se va a mostrar, que podrá obtener con la función:

```
getTextSize(texto, fuente, escala, grosor)
```

El resultado devuelto por esta función son dos valores:

- Una tupla con el ancho y alto del texto.
- El número de píxeles que sobresale por debajo de la línea base el punto más bajo de alguna de sus letras.

> *i*  La línea base de un texto es sobre la que se apoya la mayoría de sus letras. Por debajo se sitúan los trazos descendentes de aquellas como la 'g', la 'p', etc.

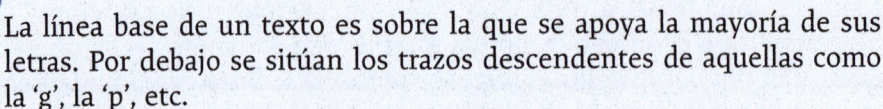

El siguiente programa emplea esta función para centrar, tanto horizontal como verticalmente, el nombre de la niña en la imagen.

```python
import cv2

img = cv2.imread('../imagenes/cuadro.jpg', 1)

color = (0, 0, 255)
grosor = 4
fuente = cv2.FONT_HERSHEY_SCRIPT_SIMPLEX
escala = 2

(ancho_texto, alto_texto), _ = cv2.getTextSize("Isabel", fuente, escala, grosor)
alto_imagen, ancho_imagen, canales = img.shape

posicion_x = int((ancho_imagen - ancho_texto) / 2)
posicion_y = int(alto_imagen / 2 + alto_texto / 2)

cv2.putText(img, "Isabel", (posicion_x, posicion_y), fuente, escala,
            color, grosor)

cv2.imshow('cuadro', img)
```

La sentencia clave de este programa es aquella en la que se obtiene el ancho y alto del texto que se quiere centrar (en este caso, "Isabel"). Para ello, se usará la función getTextSize() que acaba de conocer, cuyos argumentos de entrada son dicho texto, su fuente, escala y grosor. De la respuesta devuelta solo interesa la tupla en la que se encuentran el ancho y alto de dicho texto (ancho_texto y alto_texto).

```
(ancho_texto, alto_texto), _ = cv2.getTextSize("Isabel", fuente, escala, grosor)
```

En la siguiente sentencia se obtienen las dimensiones de la imagen, contenidas en su atributo shape.

```
alto_imagen, ancho_imagen, canales = img.shape
```

 Recuerde que el primer valor devuelto es el alto, no el ancho.

Conocidas las dimensiones del texto y de la imagen, solo queda calcular las coordenadas *x, y* en las que habrá que situarlo para que quede centrado. Tenga presente que dichas coordenadas deben ser números enteros, de ahí que se realice la operación de *casting* con la función int():

```
posicion_x = int((ancho_imagen - ancho_texto) / 2)
posicion_y = int(alto_imagen / 2 + alto_texto / 2)
```

Por último, se añade el texto a la imagen en las coordenadas calculadas con las sentencias anteriores y se muestra en pantalla.

```
cv2.putText(img, "Isabel", (posicion_x, posicion_y), fuente, escala,
            color, grosor)
cv2.imshow('cuadro', img)
```

Ya solo queda comprobar que el resultado obtenido es el esperado.

## **4.6** BARRAS DE DESPLAZAMIENTO

Las barras de desplazamiento son uno de los escasos objetos gráficos de control proporcionados por OpenCV. Se utilizan para modificar el valor de alguna de las variables de configuración de un programa y, en consecuencia, su comportamiento.

Para crear una barra de desplazamiento, OpenCV ofrece la función:

```
createTrackbar(nombre, ventana, valor inicial, valor final,
               función de callback)
```

El primer parámetro de esta función es el nombre de la barra de desplazamiento (se mostrará a su lado). El segundo es la ventana a la que pertenece. El valor inicial es el que tendrá al crearse. El valor final es el máximo que podrá seleccionarse. Por último, la función de *callback* se ejecutará cada vez que se mueva la barra de desplazamiento (como pronto descubrirá, tiene un único argumento cuyo valor será el seleccionado por el usuario).

*i* Esta función tiene un último argumento opcional, que contendría la información adicional que quisiera pasarse a la función de *callback*. Su finalidad es la de evitar el uso de variables globales.

*i* El margen de valores que podrá elegir en una barra de desplazamiento será entre 0 (no se puede modificar) y el valor máximo.

Para practicar con esta función, va a modificar el programa del apartado anterior (en el que se escribía centrado en la ventana el nombre de la niña), para añadir una barra de desplazamiento que permita modificar la escala de dicho texto.

El código del programa es el siguiente:

```
import cv2

img = cv2.imread('../imagenes/cuadro.jpg', 1)
img_original = img.copy()

color = (0, 0, 255)
grosor = 4
fuente = cv2.FONT_HERSHEY_SCRIPT_SIMPLEX
```

```
escala = 2
alto_imagen, ancho_imagen, canales = img.shape

def actualizar_imagen(escala):
    img = img_original.copy()
    posicion_x, posicion_y = centrarImagen(escala)
    cv2.putText(img, "Isabel", (posicion_x, posicion_y),
                fuente, escala, color, grosor)
    cv2.imshow('Cuadro', img)

def centrarImagen(escala):
    (ancho_texto, alto_texto), _ = cv2.getTextSize("Isabel",
                                        fuente, escala, grosor)
    posicion_x = int((ancho_imagen - ancho_texto) / 2)
    posicion_y = int((alto_imagen + alto_texto) / 2)
    return posicion_x, posicion_y

posicion_x, posicion_y = centrarImagen(escala)
cv2.putText(img, "Isabel", (posicion_x, posicion_y),
            fuente, escala, color, grosor)
cv2.imshow('Cuadro', img)
cv2.createTrackbar('Escala texto', 'Cuadro', 2, 5, actualizar_imagen)
```

Tras importar la librería OpenCV, se carga la imagen del cuadro de la niña, pero esta vez se hace además una copia con el método `copy()`. El motivo es porque, cuando se cambie la escala, antes de volver a escribir el texto con el nuevo tamaño de letra, habrá que borrar el anterior. Eso se consigue, de forma indirecta, volviendo a cargar la imagen original (ya que no tiene ningún texto).

```
img = cv2.imread('../imagenes/cuadro.jpg', 1)
img_original = img.copy()
```

A continuación, se declaran las variables del programa que ya conoce.

```
color = (0, 0, 255)
grosor = 4
fuente = cv2.FONT_HERSHEY_SCRIPT_SIMPLEX
escala = 2
alto_imagen, ancho_imagen, canales = img.shape
```

Ahora salte la declaración de las dos funciones siguientes para ir a las sentencias del final del programa. En primer lugar, se invoca la función auxiliar `centrarImagen()`, que toma como argumento de entrada la escala del texto y devuelve como salida las coordenadas *x, y* donde se debe comenzar a escribir para que quede centrado en la ventana.

```
posicion_x, posicion_y = centrarImagen(escala)
```

Una vez conocidas dichas coordenadas, las siguientes sentencias escriben el texto sobre la imagen y la muestran en la ventana "Cuadro".

```
cv2.putText(img, "Isabel", (posicion_x, posicion_y), fuente, escala,
            color, grosor)
cv2.imshow('Cuadro', img)
```

La última sentencia es la que crea la barra de desplazamiento. Dicha barra (llamada "Escala texto") quedará asociada a la ventana "Cuadro" abierta con la sentencia anterior, en la que se muestra la imagen de la niña con el texto centrado. Su valor inicial es el de la variable `escala` y su valor final es 5. La función de *callback* que se ejecutará cuando se modifique este valor es `actualizar_imagen()`.

```
cv2.createTrackbar('Escala texto', 'Cuadro', escala, 5, actualizar_imagen)
```

Lo primero que se hace en la función `actualizar_imagen()` es volver a recuperar la imagen inicial. Al tener que poner el nombre de la niña con un tamaño diferente, hay que borrar lo que se hubiera escrito anteriormente. A continuación, se llama a la función `centrarImagen()`, y se le pasa como argumento el valor de la nueva escala con el fin de obtener las coordenadas *x, y* en las que se debe situar el texto para que siga centrado. Luego, se escribe sobre la imagen el nombre de la niña con dicha escala en la nueva posición (`posicion_x, posicion_y`). Por último, se muestra en pantalla.

```
def actualizar_imagen(escala):
    img = img_original.copy()
    posicion_x, posicion_y = centrarImagen(escala)
    cv2.putText(img, "Isabel", (posicion_x, posicion_y),
                fuente, escala, color, grosor)
    cv2.imshow('Cuadro', img)
```

En la función `centrarImagen()` se obtiene el ancho y el alto del texto (`ancho_texto, alto_texto`) con la función `getTextSize()`, cuya escala ha sido pasada como argumento (`escala`). Después, se calcula la posición *x, y* (`posicion_x, posicion_y`) en la que debe empezar a escribirse para que siga apareciendo centrado en pantalla. Dichos valores serán los devueltos como resultado de su ejecución.

```
def centrarImagen(escala):
    (ancho_texto, alto_texto), _ = cv2.getTextSize("Isabel",
                                            fuente, escala, grosor)
    posicion_x = int((ancho_imagen - ancho_texto) / 2)
    posicion_y = int((alto_imagen + alto_texto) / 2)
    return posicion_x, posicion_y
```

Ejecute el programa y observe cómo cambia el tamaño del texto según modifica el valor de la barra de desplazamiento. En la siguiente imagen puede ver dos ejemplos en los que el valor de la escala es 1 y 4.

# INTERACCIÓN CON EL RATÓN Y EL TECLADO

La forma habitual de utilizar la interfaz de usuario de una aplicación es a través del ratón y el teclado. En OpenCV, dicha interacción se realiza capturando los eventos que producen estos dispositivos. Cuando se mueve o se pulsa el ratón, o cualquier tecla, dichos eventos provocan la ejecución de una función de *callback*, que será la encargada de realizar las acciones correspondientes. Veamos cómo funciona.

## 5.1 GESTIÓN DE EVENTOS DEL RATÓN

Con frecuencia, será necesario interaccionar con la imagen mostrada en pantalla mediante el ratón. Por ese motivo, OpenCV proporciona un mecanismo que permite la captura de los eventos que genera, los cuales provocarán la ejecución de la función de *callback* encargada de realizar las tareas correspondientes a cada uno de ellos. La forma de establecer este mecanismo de captura de eventos es mediante la función:

```
setMouseCallback(ventana, función)
```

El primer argumento es el nombre de la ventana en la que se van a capturar los eventos del ratón, mientras que el segundo corresponde al nombre de la función de *callback* encargada de manejarlos.

Se podría añadir un tercer argumento con los parámetros adicionales que se pasarían a la función de *callback* cuando se produjera el evento.

La función de *callback* se debe declarar con los siguientes argumentos:

```
función de callback(evento, x, y, flags)
```

El primer argumento es el evento generado por el ratón, representado por las constantes:

- `EVENT_MOUSEMOVE`. El puntero del ratón se ha movido.
- `EVENT_LBUTTONDOWN`. Se ha presionado el botón izquierdo del ratón.
- `EVENT_RBUTTONDOWN`. Se ha presionado el botón derecho del ratón.
- `EVENT_MBUTTONDOWN`. Se ha presionado el botón central del ratón (si lo hubiera).
- `EVENT_LBUTTONUP`. Se deja de presionar el botón izquierdo del ratón.
- `EVENT_RBUTTONUP`. Se deja de presionar el botón derecho del ratón.
- `EVENT_MBUTTONUP`. Se deja de presionar el botón central del ratón (si lo hubiera).
- `EVENT_LBUTTONDBLCLK`. Se hace doble clic con el botón izquierdo del ratón.
- `EVENT_RBUTTONDBLCLK`. Se hace doble clic con el botón derecho del ratón.
- `EVENT_MBUTTONDBLCLK`. Se hace doble clic con el botón central del ratón (si lo hubiera).
- `EVENT_MOUSEWHEEL`. Los valores positivos y negativos indican un desplazamiento hacia delante o atrás de la rueda del ratón, respectivamente.
- `EVENT_MOUSEHWHEEL`. Los valores positivos y negativos delatan un desplazamiento hacia la derecha o la izquierda de la rueda del ratón, respectivamente.

Los dos argumentos siguientes son las coordenadas $x$, $y$ del punto en el que se encontraba el ratón cuando se produjo el evento.

El argumento `flags` indica diferentes situaciones especiales, identificadas por las siguientes constantes:

- `EVENT_FLAG_LBUTTON`. El botón izquierdo del ratón está presionado.
- `EVENT_FLAG_RBUTTON`. El botón derecho del ratón está presionado.
- `EVENT_FLAG_MBUTTON`. El botón central del ratón está presionado.
- `EVENT_FLAG_CTRLKEY`. La tecla CTRL está presionada.
- `EVENT_FLAG_SHIFTKEY`. La tecla SHIFT está presionada.
- `EVENT_FLAG_ALTKEY`. La tecla ALT está presionada.

El siguiente programa se utiliza para escribir el tipo de evento de ratón generado, en el punto de la pantalla en el que se produjo. Por simplicidad, solo se detecta si se ha pulsado el botón derecho o el izquierdo del ratón.

```
import cv2
import numpy

img = numpy.zeros((600, 600, 3), numpy.uint8)
img[:] = (255, 255, 255)


color = (0, 0, 255)
grosor = 4
fuente = cv2.FONT_HERSHEY_SIMPLEX
escala = 1


cv2.imshow('Eventos raton', img)

def eventos_raton(evento, x, y, flags, parametros):
    if evento == cv2.EVENT_LBUTTONDOWN:
        cv2.putText(img, "Clic izquierdo", (x, y), fuente, escala, color, grosor)
    elif evento == cv2.EVENT_RBUTTONDOWN:
        cv2.putText(img, "Clic derecho", (x, y), fuente, escala, color, grosor)

    cv2.imshow('Eventos raton', img)


cv2.setMouseCallback('Eventos raton', eventos_raton)
```

En primer lugar, se importan las librerías que se van a utilizar en el programa. En este caso, además de OpenCV, se importa NumPy para crear una imagen blanca que se usará como fondo de pantalla.

```
import cv2
import numpy
```

Dicha imagen se obtiene con la función `zeros()`, tal como ya conoce.

```
img = numpy.zeros((600, 600, 3), numpy.uint8)
img[:] = (255, 255, 255)
```

A continuación, se declaran las variables que establecen el color del texto (rojo), su grosor, la fuente y la escala.

```
color = (0, 0, 255)
grosor = 4
fuente = cv2.FONT_HERSHEY_SIMPLEX
escala = 1
```

Luego, se muestra la ventana "Eventos raton" con el fondo blanco.

```
cv2.imshow('Eventos raton', img)
```

Saltando a la última línea del programa, puede ver que se establece la función `eventos_raton()` como la encargada de tratar los eventos del ratón producidos en la ventana "Eventos raton".

```
cv2.setMouseCallback('Eventos raton', eventos_raton)
```

Dicha función debe ser declarada antes de esta última sentencia. De los parámetros que tiene, usará únicamente el nombre del evento y las coordenadas en las que se ha producido.

```
def eventos_raton(evento, x, y, flags, parametros):
    ...
```

Dentro de dicha función hay una condición *if* que comprueba si el evento es el de la pulsación del botón derecho (`cv2.EVENT_LBUTTONDOWN`). De no ser así, se verificaría si corresponde al izquierdo (`cv2.EVENT_RBUTTONDOWN`). En caso contrario, la función no haría nada. De producirse alguno de los dos eventos anteriores, se escribiría en pantalla de cuál se trata con la función `putText()`.

```
if evento == cv2.EVENT_LBUTTONDOWN:
    cv2.putText(img, "Clic izquierdo", (x, y), fuente, escala, color, grosor)
elif evento == cv2.EVENT_RBUTTONDOWN:
    cv2.putText(img, "Clic derecho", (x, y), fuente, escala, color, grosor)
```

Como se ha modificado la imagen, dentro de esta función se tiene que volver a llamar a la función `imshow()` para mostrarla de nuevo con los cambios realizados.

```
cv2.imshow('Eventos raton', img)
```

El resultado de la ejecución de este programa puede verlo a continuación, donde se aprecia que se ha pulsado dos veces el botón izquierdo del ratón y otras tantas el derecho en diferentes puntos de la ventana.

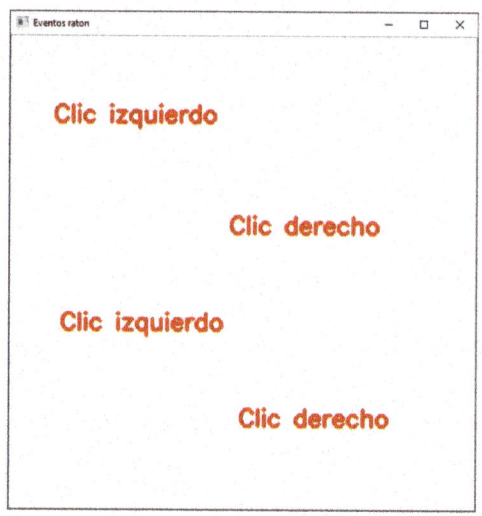

A continuación, realizará un programa de carácter más práctico, con el que conseguirá una pizarra electrónica en la que, pulsando el botón izquierdo del ratón, podrá dibujar lo que quiera. Su código es el siguiente:

```python
import numpy
import cv2

color = (0, 0, 255)
grosor = 2

img = numpy.zeros((600, 600, 3), numpy.uint8)
img[:] = (255, 255, 255)

cv2.imshow('Pizarra',img)

def pinta(event,x,y,flags,param):
    global x_prev,y_prev
    if event == cv2.EVENT_LBUTTONDOWN:
        x_prev,y_prev = x,y
    elif event == cv2.EVENT_MOUSEMOVE and flags == cv2.EVENT_FLAG_LBUTTON:
        cv2.line(img,(x_prev,y_prev),(x,y), color, grosor)
        x_prev,y_prev = x,y

    cv2.imshow('Pizarra',img)

cv2.setMouseCallback('Pizarra',pinta)
```

Este programa es similar al anterior, por lo que solo se explicará la función de tratamiento de eventos de ratón, que ahora se llama `pinta()`. En dicha función, lo primero que se hace es declarar como globales las variables que fijan la posición en la que estaba situado el ratón cuando se produjo el evento anterior (`x_prev`, `y_prev`). La idea es dibujar una línea entre el punto en el que estaba el ratón en ese momento y el actual (cuando se ha disparado el evento de movimiento). La línea dibujada sería diminuta porque (en el caso ideal) uniría dos píxeles adyacentes. Eso es debido a que, cada vez que mueva el ratón lo suficiente como para pasar de uno a otro, se generaría un evento.

Pero, para dibujar en la pizarra, se debe haber presionado el botón izquierdo previamente. Por eso, la condición del primer `if` de esta función comprueba si se ha producido el evento `cv2.EVENT_LBUTTONDOWN`, asignando la posición en la que se produjo a las variables `x_prev` e `y_prev`. Será a partir de ese punto cuando se empiece a dibujar una línea.

```
if event == cv2.EVENT_LBUTTONDOWN:
    x_prev,y_prev = x,y
```

El evento `cv2.EVENT_LBUTTONDOWN` no se volverá a disparar mientras mantenga el botón izquierdo del ratón pulsado. El que sí se producirá será `cv2.EVENT_MOUSEMOVE` al mover el ratón. Pero antes de empezar a trazar la línea siguiendo este desplazamiento, será necesario asegurar que esté pulsado el botón izquierdo del ratón, por lo que tendrá que recurrir al argumento `flags`, cuyo valor `cv2.EVENT_FLAG_LBUTTON` será el que indique este hecho.

```
elif event == cv2.EVENT_MOUSEMOVE and flags == cv2.EVENT_FLAG_LBUTTON:
    …
```

El punto inicial desde el que se trace la línea será en el que estaba el ratón la última vez que se movió (o cuando se pulsó el botón izquierdo). El punto final corresponderá a aquel en que se encuentra actualmente. Si se siguiera moviendo el ratón, este punto sería, a su vez, el de inicio de la siguiente línea. Por eso, la posición actual se asigna posteriormente a las variables `x_prev` e `y_prev`.

```
cv2.line(img,(x_prev,y_prev),(x,y), color, grosor)
x_prev,y_prev = x,y
```

Una vez realizado el cambio en la imagen (se le ha añadido una nueva línea), se visualiza de nuevo con la función `imshow()`.

```
cv2.imshow('Pizarra',img)
```

Mientras tenga el ratón pulsado, las diminutas líneas dibujadas entre píxeles se mostrarán como una sola.

El resultado de la ejecución del programa lo puede ver a continuación, al mismo tiempo que mis escasas dotes artísticas.

## 5.2 GESTIÓN DE EVENTOS DEL TECLADO

En este apartado aprenderá a gestionar los eventos del teclado, que utilizará básicamente para capturar la pulsación de una tecla. Para ello, OpenCV ofrece la función:

```
waitKey(milisegundos)
```

Su único argumento fija el número de milisegundos que estaría bloqueado el programa en este punto hasta que se pulsara cualquier tecla. Si su valor fuera 0, sería de forma indefinida.

El resultado de dicha función es el código Unicode de la tecla pulsada (o -1, si transcurrido el número de milisegundos indicado, no se hubiera pulsado ninguna).

 Para llamar a esta función, es necesario que al menos haya una ventana activa.

En el siguiente programa, se amplía el de la pizarra electrónica del apartado anterior para poder salir de la aplicación pulsando las teclas 'Esc' o 'q'. Además, al presionar el retorno de carro, pasará alternativamente del modo dibujo al de borrado. El código es el siguiente:

```python
import numpy
import cv2


color = (0, 0, 255)
grosor = 2
borrado = False


img = numpy.zeros((600, 600, 3), numpy.uint8)
img[:] = (255, 255, 255)
cv2.imshow('Pizarra',img)

def pinta(event,x,y,flags,param):
    global x_prev,y_prev, color, grosor

    if event == cv2.EVENT_LBUTTONDOWN:
        x_prev,y_prev = x,y
    elif event == cv2.EVENT_MOUSEMOVE and
        flags == cv2.EVENT_FLAG_LBUTTON:
        cv2.line(img,(x_prev,y_prev),(x,y),color, grosor)
        x_prev,y_prev = x,y

    cv2.imshow('Pizarra',img)

cv2.setMouseCallback('Pizarra',pinta)

while True:
    key = cv2.waitKey(100)
    if key == 13:
        borrado = not(borrado)
        if borrado :
            color = (255, 255, 255)
            grosor = 8
        else :
            color = (0, 0, 255)
            grosor = 2
    elif key == 27 or key == ord('q'): break

cv2.destroyAllWindows()
```

Solo se explicarán las diferencias con el código del programa anterior, empezando por la declaración inicial de variables, ya que se ha añadido una de tipo booleano (borrado), cuyo valor True indicaría que la aplicación está en modo borrado. Inicialmente tiene el valor False porque se comienza en modo dibujo.

```
borrado = False
```

Lo realmente novedoso de este nuevo programa es el bucle while, cuya condición True indica que podría estar ejecutándose indefinidamente.

```
while True:
    …
```

Dentro, lo primero que se hace es llamar a la función waitKey() para esperar cierto tiempo (se ha puesto 100 ms, aunque podría ser otro diferente) hasta que se pulse una tecla. A continuación, hay una serie de condiciones que detectan si se ha pulsado el retorno de carro para cambiar del modo dibujo al de borrado o viceversa, o las teclas con las que se quiere abandonar la aplicación ('Esc' o 'q'). En este último caso únicamente se ejecutaría la sentencia break, que permite salir del bucle y, en consecuencia, de la aplicación.

```
while True:
    key = cv2.waitKey(100)
    if key == 13:
        …
    elif key == 27 or key == ord('q'): break
```

> ℹ️ El código Unicode del retorno de carro es 13, mientras que el de la tecla 'Esc' es 27.

Si se pulsara retorno de carro, lo primero que se haría es cambiar de modo (invertir el valor de la variable borrado) y, en función de este, modificar los valores de las variables que establecen el color del trazo (color) y su grosor (grosor). En el modo borrado, el color del trazo será el mismo que el del fondo (blanco), cuyo efecto será la eliminación de cualquier línea roja que se hubiera dibujado previamente. Además, se amplía el grosor del trazo para facilitar dicho borrado.

```
borrado = not(borrado)
if borrado :
    color = (255, 255, 255)
    grosor = 8
```

```
else :
    color = (0, 0, 255)
    grosor = 2
```

Una vez fuera del bucle, lo que se hace es cerrar la ventana con destroyAllWindows().

```
cv2.destroyAllWindows()
```

Ya solo queda probarlo. Esta vez, podrá corregir los trazos que no le gusten.

# Unidad 6
# OPERACIONES BÁSICAS DE MANEJO DE IMÁGENES

En este capítulo aprenderá cómo utilizar el color de los píxeles de una imagen. También estudiará cómo seleccionar áreas de interés, sobre las que podrán aplicarse posteriormente técnicas específicas de análisis de imágenes. La creación de regiones de interés es importante, por ejemplo, para la identificación de la matrícula de un coche aplicando técnicas de OCR (*optical character recognition*, reconocimiento óptico de caracteres), que requiere previamente extraer de la imagen original el área en la que se encuentra. Lo mismo sucede cuando se pretende localizar los ojos o la sonrisa de una persona, proceso que solo puede llevarse a cabo sobre la imagen de una cara, que primero deberá haber sido identificada y separada de la principal.

> *i* El área de una imagen que tiene información relevante se conoce con el acrónimo ROI (*region of interest* – región de interés)

También resulta de gran utilidad la operación de escalado, ya que se emplea en procesos de comparación de imágenes. Así, por ejemplo, para saber si un objeto se corresponde con el buscado, antes de confrontar las imágenes de ambos, una de ellas deberá escalarse al tamaño de la otra.

Por último, aprenderá a realizar operaciones de adición y sustracción de imágenes, que ofrecen la posibilidad de mezclarlas u obtener sus diferencias. Además de la edición de imágenes, entre sus múltiples aplicaciones prácticas están, por ejemplo, el desarrollo de sistemas de detección de movimiento o control de calidad.

## **6.1** OBTENCIÓN DEL COLOR DE UN PÍXEL

En este apartado conocerá cómo extraer y utilizar el color asociado a los píxeles de una imagen. Sus aplicaciones prácticas son muy diversas, desde la modificación del aspecto de la imagen, pasando por la identificación de objetos, hasta el seguimiento de sus movimientos en escena mediante técnicas de *color tracking* que estudiará más adelante.

Cuando dio los primeros pasos en el manejo de imágenes, aprendió cómo acceder a un píxel para obtener o modificar su valor. Incluso hizo una práctica en la que utilizaba estos conocimientos para dibujar una rejilla, tanto en blanco y negro como en color. En dichas prácticas se asignaba un color a un píxel, pero ¿cómo se almacena realmente en una matriz ndarray? Para entenderlo, se recupera la imagen utilizada en dicho capítulo, pero, en vez de mostrar un píxel de color negro, la posición (3, 1) estará ocupada por otro de color rojo.

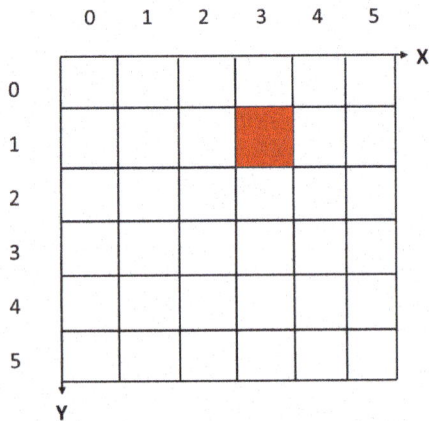

La sentencia que le permitiría obtener el color de este punto es:

```
color = img[1, 3]
```

Podría llegar a pensar que, en la expresión anterior, la variable color tomaría como valor una tupla o una lista con los tres colores del píxel, en concreto:

[0, 0, 255]

Sin embargo, el color de los píxeles se almacena como un *array* NumPy, es decir, de la siguiente forma:

[0 0 255]

> ℹ️ Observe que los tres componentes de color no están separados por comas.

Por lo tanto, para obtener los colores primarios que componen un píxel, previamente deberá convertirlo a una lista con el método:

```
tolist()
```

Así, las sentencias que tendría que utilizar para obtener dichos colores serían:

```
color = img[1, 3].tolist()
azul = img[1, 3][0]
verde = img[1, 3][1]
rojo = img[1, 3][2]
```

> *i* Si la imagen fuera en blanco y negro, el valor del píxel sería el nivel de luz, por lo que no sería necesario utilizar este método.

Con el fin de practicar esta forma de obtener el color de un píxel, desarrollará un programa que, al pulsar el ratón sobre un punto de la imagen, aparecerá un círculo con el color del píxel seleccionado. Su código es el siguiente:

```
import cv2

img = cv2.imread('../imagenes/cuadro.jpg', 1)
img_original = img.copy()

cv2.imshow('Cuadro', img)

def color(event,x,y,flags,param):
    global img
    if event == cv2.EVENT_LBUTTONDOWN:
        color = img[y, x].tolist()
        cv2.circle(img, (x, y), 40,color, -1)
    elif event == cv2.EVENT_LBUTTONUP:
        img = img_original.copy()
    cv2.imshow('Cuadro',img)

cv2.setMouseCallback('Cuadro',color)

key = cv2.waitKey(0)
cv2.destroyAllWindows()
```

Una vez importada la librería OpenCV, se carga la imagen del cuadro de la niña utilizada en prácticas anteriores. Como novedad, ahora se hace una copia de dicha imagen. Para ello, se utiliza el comando `copy()` de Python. Esta copia, que tiene la imagen originalmente cargada del archivo, se utilizará para volver a mostrarla una vez que se deje de presionar el ratón. Cuando se pulsó, quedó modificada con un círculo del color del píxel en el que estaba situado.

```
img = cv2.imread('../imagenes/cuadro.jpg', 1)
img_original = img.copy()
```

Si se hubiera utilizado la sentencia de asignación:

```
img_original = img
```

La variable `img_original` no contendría una copia de la imagen contenida en `img`, sino que ambas variables compartirían la referencia al mismo objeto (imagen). Eso significa que, cuando se modificara una de dichas variables, también cambiaría la otra, ya que ambas comparten el mismo valor (apuntan al mismo objeto).

Una vez cargada la imagen, se muestra con la función `imshow()`.

```
cv2.imshow('Cuadro', img)
```

Saltando al final de programa, se encuentran las sentencias que asignan a la función `color()` el manejo de los eventos del ratón.

```
cv2.setMouseCallback('Cuadro',color)
```

Por último, se espera a que se pulse cualquier tecla para cerrar la ventana y finalizar la ejecución del programa.

```
key = cv2.waitKey(0)
cv2.destroyAllWindows()
```

Como habrá supuesto, el código principal está situado en la función `color()`, dentro de la cual lo primero que se hace es definir la variable `img` como global, ya que se quiere utilizar fuera de la estructura de control (un `if`) en la que se modifica. A continuación, se discrimina si se ha pulsado el botón izquierdo del ratón o se ha dejado de pulsar, ya que en cada caso se realizarán tareas diferentes (las verá más adelante). Finalmente, se muestra la imagen con las modificaciones realizadas, que será la incorporación (o desaparición) de un círculo cuyo color de fondo sea el del píxel sobre el que se ha pulsado.

```
def color(event,x,y,flags,param):
    global img
    if event == cv2.EVENT_LBUTTONDOWN:
        ...
    elif event == cv2.EVENT_LBUTTONUP:
        ...
cv2.imshow('Cuadro',img)
```

Si se hubiera pulsado el botón izquierdo del ratón, se obtendría el color del píxel en el que estuviera situado, cuyas coordenadas son los argumentos x, y de la función. A continuación, se dibujaría un círculo cuyo centro estuviera en dichas coordenadas, con un radio de 40 píxeles y, como color de fondo, el del píxel seleccionado. Esto último se consigue asignando el valor -1 al último argumento de la función circle().

```
if event == cv2.EVENT_LBUTTONDOWN:
    color = img[y, x].tolist()
    cv2.circle(img, (x, y), 40,color, -1)
```

Cuando se deje de pulsar el botón, lo único que se hace es volver a restaurar de nuevo la imagen original, de manera que desaparece el círculo dibujado.

```
elif event == cv2.EVENT_LBUTTONUP:
    img = img_original.copy()
```

Ejecute el programa y observe los diferentes tonos de color de cada zona de la imagen. Así, por ejemplo, más abajo puede ver el color de una de las franjas azules del tirante del bañador de la niña.

## **6.2** RECORTE DE REGIONES

Hay veces que es necesario centrarse en determinadas áreas de una imagen. Por ejemplo, si quisiera saber si una persona está sonriendo, primero tendría que localizar la región en la que está situada su cara para, después de aislarla, aplicar las técnicas de procesamiento y análisis específicas, que solo funcionarían en dichas áreas de interés.

Con el fin de entender cómo se recorta una imagen, observe la siguiente figura, en la que se pretende seleccionar los píxeles componentes del área marcada.

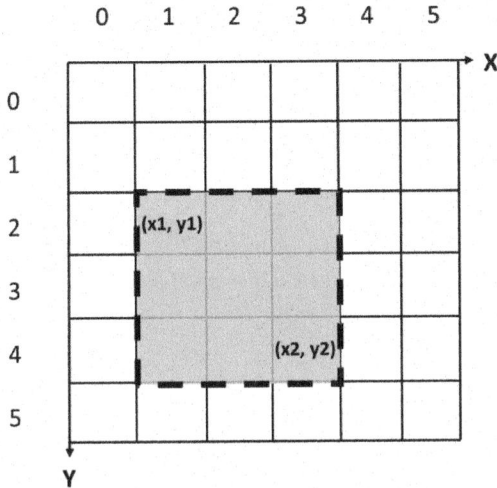

La forma de extraer los píxeles contenidos en la región sombreada es mediante la siguiente expresión, cuyas coordenadas se corresponden con las esquinas inferior derecha y superior izquierda:

imagen[y1:y2, x1:x2]

Por lo tanto, si la imagen de más arriba estuviera almacenada en la variable img_original, la forma de recortar la zona señalada sería:

```
img_recortada = img_original[2:4, 1:3]
```

Con el objeto de practicar esta técnica, va a desarrollar un programa que le permita fijar el área de una imagen. Al mover el ratón con el botón izquierdo pulsado, aparecerá un rectángulo de color rojo que delimitará la zona en cuestión. Cuando deje de pulsarlo, se extraerán los píxeles encerrados dentro de dicho rectángulo para crear una nueva imagen, que se mostrará en otra ventana. El código es el siguiente:

```
import cv2

color = (0, 0, 255)
grosor = 2
ancho_min = 125

img = cv2.imread('../imagenes/cuadro.jpg', 1)
img_original = img.copy()

cv2.imshow('Cuadro', img)

def region(event,x,y,flags,param):
    global x1, y1, img

    if event == cv2.EVENT_LBUTTONDOWN:
        x1, y1 = x, y
    elif event == cv2.EVENT_MOUSEMOVE and
        flags == cv2.EVENT_FLAG_LBUTTON :
        img = img_original.copy()
        cv2.rectangle(img, (x1, y1), (x, y), color, grosor)
    elif event == cv2.EVENT_LBUTTONUP :
        if x > x1 and y > y1 and x - x1 > ancho_min:
            img_recortada = img_original[y1:y, x1:x]
            cv2.imshow('Recorte',img_recortada)

    cv2.imshow('Cuadro',img)

cv2.setMouseCallback('Cuadro',region)

key = cv2.waitKey(0)
cv2.destroyAllWindows()
```

Después de importar la librería OpenCV, se declaran las variables que fijan el color (`color`) y el grosor (`grosor`) del rectángulo con el que se va a delimitar la zona que hay que recortar.

```
color = (0, 0, 255)
grosor = 2
```

La siguiente variable establece el ancho mínimo que deberá tener esta área (`ancho_min`). La necesidad de esta última variable se debe a que, en

Windows, la cabecera de una ventana tiene tres iconos: el de la aplicación, otro para maximizarla y el aspa que permite cerrarla. Situados, uno al lado del otro, ocupan (aproximadamente) 125 píxeles, lo que hace que este sea el ancho mínimo de una ventana. Si el área de la imagen seleccionada fuera menor, el resto de la ventana mostraría información basura. Para evitarlo, dicha variable se utilizará más adelante en una condición que solo permitirá recortes con ese ancho mínimo.

```
min_ancho = 125
```

A continuación, se carga la conocida imagen del cuadro de la niña, de la que se hace una copia (`img_original`). El motivo es porque, cada vez que se modifique el área que hay que recortar (enmarcada por un rectángulo de color rojo), se tendrá que borrar el rectángulo que limitaba la seleccionada anteriormente. La forma de hacerlo es restaurando la imagen original a partir de esta copia.

```
img = cv2.imread('../imagenes/cuadro.jpg', 1)
img_original = img.copy()
```

Después, se muestra la imagen.

```
cv2.imshow('Cuadro', img)
```

Ahora, vaya al final del programa. Allí encontrará la sentencia que asigna la gestión de eventos del ratón a la función `region()`.

```
cv2.setMouseCallback('Cuadro',region)
```

Las últimas líneas de código esperan que se pulse cualquier tecla para cerrar todas las ventanas (puede haber dos, la original y la del recorte) y salir del programa.

```
key = cv2.waitKey(0)
cv2.destroyAllWindows()
```

Como cabía esperar, el código principal del programa está en la función `region()`, encargada de la gestión de eventos del ratón. En dicha función, se definen como globales las variables que deberán compartirse cada vez que se llame. Luego, se comprueba si el evento es el producido al pulsar el botón izquierdo del ratón (`EVENT_LBUTTONDOWN`), su movimiento mientras sigue pulsado (`EVENT_MOUSEMOVE`) o su liberación (`EVENT_LBUTTONUP`). Por último, se muestra la imagen modificada (aquella en la que aparece la nueva región seleccionada en ese instante) con la función `imshow()`.

```
def region(event,x,y,flags,param):
    global x1, y1, img
```

```
if event == cv2.EVENT_LBUTTONDOWN:
    …
elif event == cv2.EVENT_MOUSEMOVE and
     flags == cv2.EVENT_FLAG_LBUTTON :
    …
elif event == cv2.EVENT_LBUTTONUP :
    …


cv2.imshow('Cuadro',img)
```

Si lo que se ha detectado es la pulsación del botón izquierdo del ratón, la posición del píxel en el que se ha producido (contenida en los argumentos x, y) se convierte en la esquina superior izquierda del área que hay que recortar (x1 e y1).

```
if event == cv2.EVENT_LBUTTONDOWN:
    x1, y1 = x, y
```

La siguiente condición detecta si se mueve el ratón mientras se mantiene pulsado el botón izquierdo. Por eso, se comprueba que, además de que el evento producido sea el de dicho movimiento (EVENT_MOUSEMOVE), el argumento flags tenga el valor EVENT_FLAG_LBUTTON, lo que indica que el botón izquierdo sigue pulsado. Si se cumpliera dicha condición, se cargaría una copia de la imagen original. Con esto se consigue (de forma indirecta) borrar el perímetro del área dibujado anteriormente, de manera que se deja la imagen preparada para trazar el nuevo. La esquina superior izquierda del nuevo rectángulo seguiría siendo la misma en la que se pulsó el ratón, mientras que la inferior derecha corresponderá a las coordenadas en las que se encuentra en cada momento (contenidas en los argumentos x, y).

```
elif event == cv2.EVENT_MOUSEMOVE and
     flags == cv2.EVENT_FLAG_LBUTTON :
     img = img_original.copy()
     cv2.rectangle(img, (x1, y1), (x, y), color, grosor)
```

Cuando se deje de pulsar el botón izquierdo del ratón (se genera el evento EVENT_LBUTTONUP), se obtendrán los píxeles contenidos dentro de los límites del rectángulo dibujado, que se utilizarán para crear una nueva imagen que se mostrará en otra ventana (img_recortada). Pero antes de hacerlo, se comprueba que las coordenadas de la esquina inferior derecha sean mayores que las de las de la superior izquierda (los píxeles de una imagen se recorren en orden creciente) y que el ancho de la región sea superior al de la ventana más pequeña que se puede crear en Windows.

Si se cumplieran todas estas condiciones, se recortaría la imagen tal como se ha explicado anteriormente y se mostraría en otra ventana, cuyo título es "Recorte."

```
elif event == cv2.EVENT_LBUTTONUP :
    if x > x1 and y > y1 and x - x1 > ancho_min:
        img_recortada = img_original[y1:y, x1:x]
        cv2.imshow('Recorte',img_recortada)
```

En la siguiente imagen puede ver el resultado obtenido tras seleccionar la cara de la niña, que, una vez recortada, se muestra en otra ventana a su derecha.

## 6.3 ESCALADO

El escalado permite obtener una imagen con un tamaño diferente al original. Esto es especialmente importante cuando se aplican técnicas de comparación de imágenes, las cuales requieren que sean de las mismas dimensiones.

La función utilizada para el escalado de una imagen es:

```
resize(imagen, tamaño)
```

El primer argumento es la imagen que se va a escalar, mientras que el segundo es una tupla que fija el ancho y alto de la imagen escalada.

Esta función admite un tercer argumento opcional, que determina el método de interpolación que se va a utilizar. Su valor podrá ser una de las siguientes constantes:

- INTER_AREA. Úselo cuando quiera reducir el tamaño de la imagen.

- INTER_LINEAR. Recomendado para hacer *zoom*. Es el método de interpolación predeterminado en OpenCV.

- INTER_CUBIC. Es el más eficiente (aunque el más lento).

Para practicar con esta nueva función, va a reducir a la mitad la imagen de Notre Dame con el siguiente código:

```python
import cv2

img = cv2.imread('../imagenes/Notre_Dame.jpg', 1)

alto, ancho, _ = img.shape
escala = 0.5
ancho_escalado, alto_escalado = int(ancho*escala), int(alto*escala)

imagen_escalada = cv2.resize(img, (ancho_escalado, alto_escalado))

cv2.imshow('Imagen original', img)
cv2.imshow('Imagen escalada', imagen_escalada)

cv2.waitKey(0)
cv2.destroyAllWindows()
```

Tras importar la librería OpenCV y cargar la imagen, se declaran las variables utilizadas en el programa. En concreto, el alto y ancho de la imagen (alto y ancho), que se obtiene del atributo shape; el nivel de escala (escala), que, como se pretende reducir a la mitad, tomará el valor 0.5; así como el ancho y alto que tendrá la imagen escalada (ancho_escalado y alto_escalado), que será el resultado de multiplicar el de la imagen original por la escala. Puesto que el número de píxeles de una imagen tiene que ser entero, deberá realizarse la operación de *casting* correspondiente con la función int():

```python
alto, ancho, _ = img.shape
escala = 0.5
ancho_escalrado, alto_escalado = int(ancho*escala), int(alto*escala)
```

La sentencia principal del programa es la que realiza el escalado con la función resize().

```python
imagen_escalada = cv2.resize(img, (ancho_escalado, alto_escalado))
```

Las siguientes sentencias muestran la imagen original y la escalada en ventanas independientes.

```
cv2.imshow('Imagen original', img)
cv2.imshow('Imagen escalada', imagen_escalada)
```

Como ya sabe, las últimas sentencias esperan que se pulse una tecla para cerrar dichas ventanas y finalizar el programa.

```
cv2.waitKey(0)
cv2.destroyAllWindows()
```

A continuación, puede ver el resultado obtenido tras la ejecución de este programa. Experimente con él, modificando el valor de la variable escala, o añada un método de interpolación diferente al utilizado por defecto, para analizar así la calidad de la imagen escalada.

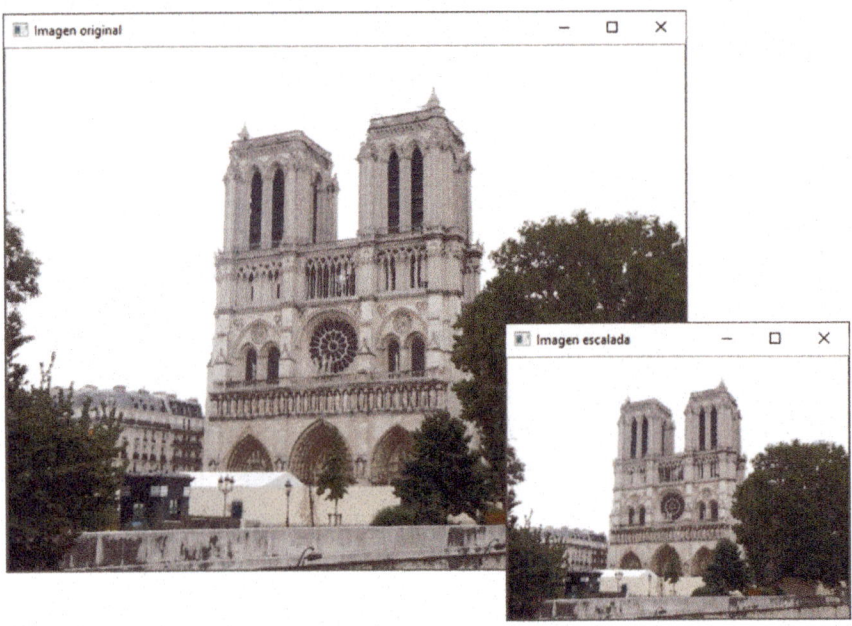

## 6.4 ADICIÓN

Si dispone de dos imágenes, es posible crear otra nueva combinando ambas con la función:

```
add(imagen1, imagen2)
```

La imagen devuelta por esta función es aquella en la que el valor de cada píxel es la suma de los valores del correspondiente en las imágenes pasadas como argumento (si la imagen fuera en color, de cada uno de los componentes de color por separado). Esto podría expresarse como:

píxel imagen compuesta = píxel imagen1 + píxel imagen2

Otra forma de sumar imágenes es aplicando un peso a cada una de ellas, de forma que, cuanto menor sea este, menos influencia tendrá en la composición final. Es como si fuera más transparente. Para ello, la función utilizada sería:

```
addWeighted(imagen1, peso1, imagen2, peso2, valor gamma)
```

En este caso, el valor de cada uno de los píxeles de la imagen compuesta sería el resultado de aplicar la fórmula:

píxel imagen compuesta = píxel imagen1\*peso1 + píxel imagen2\*peso2 + valor gamma

Dicha fórmula determina una suma ponderada que establece la relevancia de cada una de las imágenes en la compuesta, a la que se añade un valor gamma que aumenta el nivel de luminosidad (su valor está en el rango 0-255).

> _i_   Puesto que la operación de suma se realiza píxel a píxel, ambas imágenes deberán tener las mismas dimensiones y el mismo número de canales.

Para comprobar el resultado de esta función, observe las siguientes imágenes:

¿Quiere saber cuál sería el resultado de sumarlas? Escriba el siguiente código:

```
import cv2

img1 = cv2.imread('../imagenes/espacio.jpg', 1)
img2 = cv2.imread('../imagenes/tierra.jpg', 1)

img = cv2.addWeighted(img1, 0.4, img2, 0.8, 0)

cv2.imshow('Composicion imagenes', img)
```

En este programa, después de importar la librería OpenCV, se cargan ambas imágenes para, posteriormente, sumarlas de forma ponderada con la función addWeighted(). Como puede observar, se fija el doble de peso a la imagen de la tierra (0.8) que a la de las estrellas (0.4), por lo que destacará más.

```
img = cv2.addWeighted(img1, 0.4, img2, 0.8, 0)
```

Una vez creada la imagen compuesta, se muestra, como viene siendo habitual, con la función imshow().

El resultado obtenido tras la ejecución de este programa se muestra a continuación. Pruebe a realizar distintas combinaciones de pesos. Los resultados que puede llegar a obtener son impactantes.

## **6.5** SUSTRACCIÓN

Si mediante la adición se sumaban los valores de los píxeles de dos imágenes, en la sustracción se restan. Obtener la diferencia entre dos imágenes es de gran utilidad, por ejemplo, para la detección de movimiento, ya que, si se utilizara una webcam, los fotogramas captados de una escena cuando se produjeran cambios serían distintos (en una imagen estática serían idénticos). Esta operación también se puede emplear en procesos industriales de control de calidad, en los que se compara la imagen de un objeto con la de otro utilizado de referencia.

Para la sustracción de imágenes, OpenCV proporciona la función:

```
substract(imagen1, imagen2)
```

Esta función devuelve otra imagen en la que el valor de cada píxel sería:

píxel imagen compuesta = píxel magen1 - píxel imagen2

Para ver los resultados de esta operación, va a utilizar el logo animado de Wikipedia, del que se han extraído dos imágenes de la secuencia en las que la lupa aparece en posiciones diferentes.

Para resaltar la diferencia entre ambas imágenes, escriba el siguiente programa.

```
import cv2

img1 = cv2.imread('../imagenes/wikipedia0.jpg', 0)
img2 = cv2.imread('../imagenes/wikipedia3.jpg', 0)

img = cv2.subtract(img1, img2)

cv2.imshow('Sustraccion imagenes', img)
```

Tras importar la librería OpenCV, se procede a cargar las dos imágenes del GIF animado de esta enciclopedia libre con sendas sentencias `imread()`.

> **ⓘ** Dichas imágenes han sido pasadas a formato JPG para poder ser leídas con la función `imread()`.

La sentencia clave es la que realiza la sustracción de ambas imágenes con `subtract()`.

```
img = cv2.subtract(img1, img2)
```

Por último, la imagen devuelta por dicha función se muestra en una ventana con `imshow()`.

Ejecute el programa. Podrá observar que, como se esperaba, el resultado de la diferencia entre ambas imágenes es la lupa, que se ha movido hacia la derecha, donde se aprecia claramente.

## 6.6 OPERACIONES BIT A BIT

Como sabe, los ordenadores solo trabajan con ceros y unos. Son los bits que, en grupos de 8, forman bytes. Las operaciones de manejo de imágenes realizadas hasta ahora utilizaban el sistema decimal, es decir, sumaban o restaban valores tal como hacemos normalmente. Si, en vez de usar este sistema, trabajáramos con el binario, las operaciones posibles serían AND, OR, XOR o NOT. Para cada una de ellas, OpenCV ofrece una función específica, en concreto: `bitwise_and()`, `bitwise_or()`, `bitwise_xor()` y `bitwise_not()`. La descripción de todas ellas las puede encontrar en https://docs.opencv.org/master/d2/de8/group__core__array.html.

Con el fin de que entienda cómo funcionan, se va a realizar un ejemplo práctico con la función que realiza la operación AND, cuya sintaxis es:

```
bitwise_and(imagen1, imagen2)
```

Se trata de situar el logo que puede ver a continuación, dibujado en negro sobre fondo blanco, en la esquina superior izquierda del conocido cuadro de la niña.

El código utilizado para componer ambas imágenes es el siguiente:

```
import cv2

img1 = cv2.imread('../imagenes/cuadro.jpg', 1)
img2 = cv2.imread('../imagenes/logo.jpg', 1)

alto, ancho, _ = img2.shape
roi = img1[0:alto, 0:ancho]

roi = cv2.bitwise_and(img2, roi)
img1[0:alto, 0:ancho ] = roi

cv2.imshow('Composicion imagenes', img1)
```

Una vez importada la librería OpenCV, se cargan la imagen del cuadro y el logo con el nombre de la niña.

```
img1 = cv2.imread('../imagenes/cuadro.jpg', 1)
img2 = cv2.imread('../imagenes/logo.jpg', 1)
```

A continuación, se obtiene el ancho y el alto del logo con el atributo `shape`. Dichos valores se utilizarán para recortar un rectángulo de la imagen del cuadro de la niña, del mismo tamaño que dicho logo. Es decir, se seleccionan las líneas que hay entre el 0 y el alto del logo (alto); y, de estas, los píxeles que van desde el 0 hasta el ancho del logo (ancho). El motivo de realizar este recorte es porque solo es posible realizar operaciones bit a bit cuando ambas imágenes tienen el mismo tamaño.

```
alto, ancho, _ = img2.shape
roi = img1[0:alto, 0:ancho]
```

A continuación, se muestra gráficamente el área seleccionada con las sentencias anteriores.

Una vez que se tiene un área de la imagen del mismo tamaño que el logo, se ejecuta la operación AND con la función bitwise_and(). El resultado se vuelve a guardar en la variable roi.

```
roi = cv2.bitwise_and(img2, roi)
```

Para saber lo que contiene el recorte (roi) después de realizar la operación AND con el logo, deberá recordar la tabla de verdad de esta operación lógica.

| A | B | RESULTADO |
|---|---|-----------|
| 0 | 0 | 0 |
| 0 | 1 | 0 |
| 1 | 0 | 0 |
| 1 | 1 | 1 |

En dicha tabla puede apreciar que el resultado de realizar una AND entre dos bits es siempre 0, a no ser que ambos sean 1.

Ahora observe la siguiente figura. En ella, se realiza un AND entre un píxel de color negro (representado por un byte en el que todos sus bits tienen el valor 0) y cualquier otro píxel. El valor devuelto por esta operación es siempre 0 y, en consecuencia, los píxeles negros de la imagen del logo (img2) también serán negros en la imagen recortada (roi).

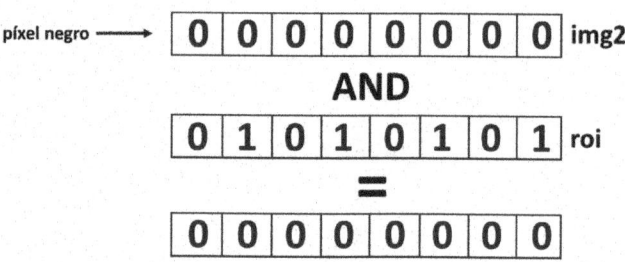

En esta nueva figura, se realiza la operación AND entre un píxel de color blanco (representado por un byte en el que todos sus bits tienen el valor 1) con otro de cualquier otro color. El resultado será un píxel de este último color. Es decir, se mantendrá el color del píxel del recorte (roi).

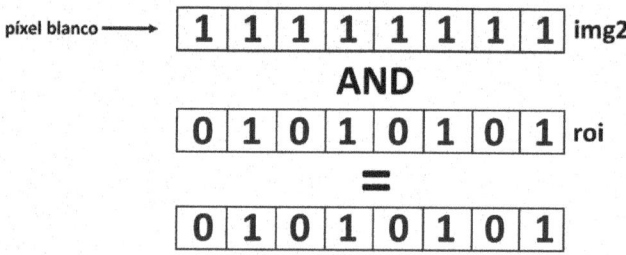

En resumen, al juntar ambas imágenes empleando la operación AND, donde hay un píxel negro en el logo, este se trasladará al recorte, mientras que los blancos se vuelven transparentes.

Solo queda sustituir el recorte original por el obtenido tras realizar la operación AND con el logo. Para ello, se sustituyen los píxeles del área de la imagen original (img1) donde se realizó el recorte por los de dicho recorte modificado (roi).

```
img1[0:alto, 0:ancho ] = roi
```

Finamente, se muestra en pantalla la imagen modificada del cuadro de la niña.

```
cv2.imshow('Composicion imagenes', img1)
```

Más abajo puede observar el efecto conseguido tras la ejecución del programa. Como se adelantó, el fondo blanco del logo ha desaparecido.

¿Qué hubiera pasado si en vez de esta operación hubiera utilizado la de adición de imágenes? Sustituya la sentencia:

```
roi = cv2.bitwise_and(img2, roi)
```

Por esta otra:

```
roi = cv2.add(img2, roi)
```

En este caso, al hacerse una suma aritmética (no bit a bit) del valor de cada píxel, los blancos del logo sustituyen a los del cuadro de la niña porque su valor es el más alto (255), mientras que los negros se vuelven transparentes debido a que dicho color tiene un valor 0, el cual, sumado al color de cada píxel del cuadro, da como resultado el mismo color.

¿Y si utilizara la operación de sustracción? Para ello, sustituya la sentencia anterior por:

```
roi = cv2. substract(roi, img2)
```

En este caso, al realizarse una resta, el color blanco (cuyo valor es 255) dejaría a cero cualquier otro color, y lo convertiría en negro. Por el contrario, el negro se volvería transparente porque, si al valor de cualquier píxel se le quita 0, se quedaría como está.

## **6.7** CAMBIO DEL ESPACIO DE COLOR

Hasta ahora ha trabajado tanto con imágenes en blanco y negro como en color. En el primer caso, la imagen solo contiene información del nivel de luz en cada píxel, mientras que, en el segundo, incluye la correspondiente a los tres colores primarios BGR. Ha utilizado la función `imread()` con el fin de cargar las imágenes de una u otra forma, incluso ha recurrido a la función `cvtColor()` para convertir una imagen ya cargada en color a blanco y negro. Precisamente, esta última función se puede usar para realizar cualquier tipo de conversión de espacios de color. Solo hay que cambiar la constante de su segundo argumento. Como ya conoce, el código `COLOR_BGR2GRAY` se emplea para pasar una imagen en color BGR a otra en blanco y negro. Ahora aprenderá a convertir una imagen en color BGR a otra HSV utilizando el código `COLOR_BGR2HSV`.

HSV se define como un espacio de color basado en los componentes: matiz, saturación y valor. Son precisamente estos componentes los que dan nombre al modelo (HSV: *hue, saturation, value*). Sus aplicaciones prácticas son similares a las descritas en el apartado donde se estudió la separación de colores RGB. Sin embargo, su eficiencia es mayor en la aplicación de técnicas como la de *color tracking*, o las de identificación y seguimiento de objetos en escena.

> ℹ️ A este espacio de color también se le conoce con el término HSB (*hue, saturation, brightness*; matiz, saturación, brillo).

En la siguiente imagen, tomada de https://es.wikipedia.org/wiki/Modelo_de_color_HSV, se aprecian los componentes del espacio de color HSV que se describen a continuación.

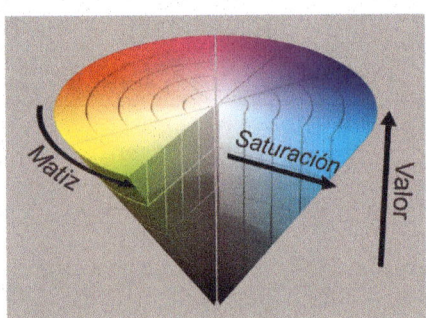

El matiz se representa como un ángulo cuyos valores posibles van de 0 a 360° (aunque en el caso de OpenCV será de 0 a 179), en el que cada valor corresponde a un color. Dentro de este rango, cada color BGR ocupa

180/3= 60 valores. Así, a partir del valor 0 se encuentran los matices rojos, mientras que desde el 120 empezarán las tonalidades azules. Para colores intermedios se utilizan valores intermedios.

La saturación representa la pureza o predominio del color, entendida como la cantidad o profundidad del pigmento. Sus valores posibles van del 0 al 100 % (aunque en OpenCV están en el intervalo 0-255). Cuanto menor sea la saturación de un color, mayor tonalidad grisácea tendrá y más decolorado estará.

El brillo varía del 0 al 100 % aunque, de nuevo, en OpenCV lo hace entre 0 y 255. El valor 0 siempre es negro y el 255 blanco. Con valores intermedios se obtendría un color más o menos claro.

A continuación va a realizar un ejercicio práctico de uso de este espacio de color, pero antes será necesario que conozca una nueva función que permite obtener una máscara con la que se pueden extraer los colores de una imagen dentro de un margen determinado. El resultado de esta función será una imagen binaria, cuyos píxeles tendrán el valor 255 cuando los correspondientes de la imagen original tengan un valor comprendido entre el mínimo y el máximo; y 0 en caso contrario. Dicha función es:

```
inRange(imagen, matriz límite inferior, matriz límite superior)
```

El primer argumento de esta función es la imagen original. Los otros dos argumentos son matrices NumPy que representan imágenes en las que todos sus píxeles tienen el valor mínimo y máximo del rango fijado (segundo y tercer argumento, respectivamente). Evidentemente, dichas matrices deberán ser del mismo tamaño que la imagen del primer argumento.

Ahora sí, ya está en condiciones de entender el código de este programa, que mostrará tres imágenes:

- La original.

- La máscara. Imagen auxiliar que permite filtrar los colores de un rango. Dicho rango tendrá como valor medio el seleccionado en una barra de desplazamiento situada en la imagen original.

- El resultado. Contiene únicamente los colores de la imagen original que están dentro del rango.

El código del programa es el siguiente:

```
import cv2
import numpy as np

intervalo = 5

img = cv2.imread('../imagenes/lgtb.jpg')
hsv = cv2.cvtColor(img, cv2.COLOR_BGR2HSV)
```

```
def filtra_matiz(matiz):
    matiz_inferior = np.array([matiz- intervalo,0,0])
    matiz_superior = np.array([matiz + intervalo,255,255])
    mascara = cv2.inRange(hsv, matiz_inferior, matiz_superior)

    res = cv2.bitwise_and(img,img, mask=mascara)

    cv2.imshow('Mascara',mascara)
    cv2.imshow('Imagen filtrada',res)
    cv2.imshow('Imagen original',img)

filtra_matiz(0)

cv2.createTrackbar('Matiz', 'Imagen original', 0, 179, filtra_matiz)
```

En este programa no solo se importa la librería OpenCV, sino también NumPy. Esta última se utilizará para crear dos matrices cuyos elementos tengan el valor mínimo y máximo del matiz por el que se quiere filtrar.

```
import cv2
import numpy as np
```

Luego se declara la variable que establece el margen de valores, por arriba y por debajo del valor seleccionado, utilizado para filtrar el matiz. Por ejemplo, si se eligiera el valor 100 con la barra de desplazamiento, dicho margen sería 95-105.

```
intervalo = 5
```

A continuación se carga la imagen sobre la que se va a realizar el filtrado (img) y se convierte al espacio de color HSV con la función cvtColor(). El resultado se guarda en la variable hsv, que contiene la misma imagen almacenada en img, pero representada en modo HSV.

```
img = cv2.imread('../imagenes/lgtb.jpg')
hsv = cv2.cvtColor(img, cv2.COLOR_BGR2HSV)
```

Después se declara la función filtra_matiz(), cuyo argumento de entrada es el valor medio del rango de matices por el que se va a filtrar la imagen (el seleccionado en la barra de desplazamiento).

```
def filtra_matiz(matiz):
    ...
```

Lo primero que se hace dentro de esta función es crear dos matrices, cuyos elementos son ternas de números con el matiz, la saturación y el brillo de un píxel descrito en el espacio de color HSV. La primera (`matiz_inferior`) contendrá el valor inferior del matiz para el rango seleccionado. La saturación y el brillo corresponderán al valor mínimo (0). En la segunda (`matiz_superior`), el matiz será el valor superior de dicho rango. Los valores de saturación y brillo serán los máximos (255). De esa forma, el rango englobará todos los valores posibles de ambos componentes.

El valor mínimo del rango de matices será el del argumento de entrada menos el intervalo establecido. El máximo será el que se obtenga de sumar al valor del argumento de entrada ese mismo intervalo.

```
matiz_inferior = np.array([matiz - intervalo,0,0])
matiz_superior = np.array([matiz + intervalo,255,255])
```

Una vez que se tienen las matrices (imágenes) cuyos elementos (píxeles) tienen el valor mínimo y máximo de cada componente HSV (`matiz_inferior` y `matiz_superior`), se usa la función `inRange()` con el objeto de crear otra cuyos píxeles sean blancos allí donde los correspondientes de la imagen origen pasen el filtro (su valor está comprendido entre el mínimo y el máximo), y negros en caso contrario. Dicha imagen se utilizará de máscara, tal como verá a continuación.

```
mascara = cv2.inRange(hsv, matiz_inferior, matiz_superior)
```

¿Cómo se aplica esa máscara a la imagen original? Realizando una operación AND, bit a bit. De esta forma, los píxeles blancos de la máscara (los que superan el filtro) harán que los correspondientes de la imagen resultante tengan el mismo valor (color) de la original; mientras que los píxeles negros se verán de ese color.

```
res = cv2.bitwise_and(img,img, mask=mascara)
```

Para finalizar la función, solo queda mostrar la imagen original (`img`), la de la máscara (`mascara`) y el resultado del filtrado por rango de matices, en ventanas independientes (`res`).

```
cv2.imshow('Mascara',mascara)
cv2.imshow('Imagen filtrada',res)
cv2.imshow('Imagen original',img)
```

Las sentencias anteriores finalizan la declaración de la función `filtra_matiz()`. Volviendo de nuevo al flujo del programa principal, lo siguiente que se hace es llamar a esta función con el valor 0 (correspondiente al color rojo).

```
filtra_matiz(0)
```

A continuación, se crea la barra de desplazamiento con la que se podrán elegir otros valores de matiz. Como sabe, este varía entre 0 y 179. El valor inicial de la barra de desplazamiento es 0 y la función de *callback* a la que se llamará cuando se mueva es `filtra_matiz()`, descrita anteriormente. Dicha barra de desplazamiento, identificada como "Matiz", se asocia a la ventana que muestra la imagen original ("Imagen original").

```
cv2.createTrackbar('Matiz', 'Imagen original', 0, 179, filtra_matiz)
```

Las últimas sentencias esperan que se pulse cualquier tecla para cerrar todas las ventanas y finalizar la ejecución del programa.

```
cv2.waitKey(0)
cv2.destroyAllWindows()
```

Llegó el momento de ejecutar este programa. Inicialmente, tal como se esperaba, en la imagen filtrada se muestra únicamente aquella parte de la original que tiene tonalidades rojizas, zona que aparece en color blanco en la máscara, al pasar esos mismos píxeles el filtro de matiz establecido.

Si ahora eligiera el valor 120 (correspondiente al azul), los píxeles de la imagen original que cayeran dentro de este nuevo margen de matices (115-125) teñirían de blanco los correspondientes de la máscara. Esos mismos píxeles serían los únicos que mantendrían el color de la imagen original en la filtrada.

En la práctica anterior jugó con uno de los componentes del modelo de color HSV, el matiz. Ahora va a trabajar con el brillo. El resultado será un programa capaz de aumentar o disminuir el nivel de luz de una imagen.

El código que tendrá que desarrollar es el siguiente:

```python
import cv2

img = cv2.imread('../imagenes/cuadro.jpg')
img_original = img.copy()
cv2.imshow('Imagen', img)

def incrementa_brillo(brillo):
    img = img_original.copy()

    hsv = cv2.cvtColor(img, cv2.COLOR_BGR2HSV)
    h, s, v = cv2.split(hsv)

    limite = 255 - brillo
    v[v > limite] = 255
    v[v <= limite] += brillo

    hsv = cv2.merge((h, s, v))
    img = cv2.cvtColor(hsv, cv2.COLOR_HSV2BGR)
    cv2.imshow('Imagen', img)
```

```
cv2.createTrackbar('Incremento', 'Imagen', 0, 255, incrementa_brillo)

cv2.waitKey(0)
cv2.destroyAllWindows()
```

Tras importar la librería OpenCV se carga la imagen a la que se le va a aumentar el brillo y se muestra en la ventana "Imagen." También se realiza una copia de esta porque las modificaciones del brillo se hacen sobre la original, no sobre la que aparece en pantalla.

```
img = cv2.imread('../imagenes/cuadro.jpg')
img_original = img.copy()
cv2.imshow('Imagen', img)
```

A continuación, se declara la función incrementa_brillo (), encargada de modificar el nivel de luz de la imagen, que se llamará cuando se mueva la barra de desplazamiento. Su argumento de entrada es, precisamente, el valor de incremento del brillo.

```
def incrementa_brillo (brillo):
    ...
```

Dentro de dicha función, lo primero que se hace es una copia de la imagen cargada inicialmente, ya que el cambio de brillo se realizará sobre esta y no sobre la mostrada en ese momento.

```
img = img_original.copy()
```

A continuación, se convierte la imagen BGR a HSV con la función cvtColor().

```
hsv = cv2.cvtColor(img, cv2.COLOR_BGR2HSV)
```

Luego, se separan los componentes matiz (h), saturación (s) y brillo (v) con la función split(). De todos ellos, solo se va a modificar el que determina el nivel de luz de la imagen (v).

```
h, s, v = cv2.split(hsv)
```

Las siguientes sentencias son las que incrementan el brillo de la imagen. La condición que tiene entre corchetes la variable que contiene el nivel de luz de la imagen (v) indica que la operación de asignación solo se realizará para aquellos elementos de v que la cumplan. De esta forma, se asegura que ninguno sobrepase el valor máximo (255).

```
limite = 255 - brillo
v[v > limite] = 255
v[v <= limite] += brillo
```

Una vez modificado el componente del brillo de la imagen (v), se vuelve a juntar con los otros dos (h y s) utilizando la función `merge()`.

```
hsv = cv2.merge((h, s, v))
```

Después, la imagen se restaura al espacio de color original con el fin de poder mostrarla en una ventana mediante la función `imshow()`. Para ello, se utiliza de nuevo la función `cvtColor()`, solo que ahora su segundo argumento toma el valor `COLOR_HSV2BGR`.

```
img = cv2.cvtColor(hsv, cv2.COLOR_HSV2BGR)
cv2.imshow('Imagen', img)
```

Las sentencias anteriores finalizan la declaración de la función `incrementa_brillo ()`. De vuelta al flujo principal del programa, se crea la barra de desplazamiento con la que establecerá el incremento de brillo de la imagen original. Su valor inicial es 0, el máximo 255, y la función de *callback* a la que se llamará cuando se produzca algún cambio será la que se acaba de describir.

```
cv2.createTrackbar('Incremento', 'Imagen', 0, 255, incrementa_brillo)
```

Las últimas sentencias esperan que se pulse alguna tecla para cerrar la ventana y terminar el programa.

Estará deseando ver los resultados que se pueden llegar a obtener con este código. A modo de ejemplo, la siguiente imagen muestra el aspecto del cuadro de la niña con un incremento de luz de 80 respecto del nivel de brillo original.

# Unidad 7
# HISTOGRAMAS

Un histograma es un gráfico de barras en el que el eje X representa los niveles de luz (o color de un canal) y el eje Y es el número de píxeles que tiene cada uno de esos niveles. A continuación se muestra de manera gráfica.

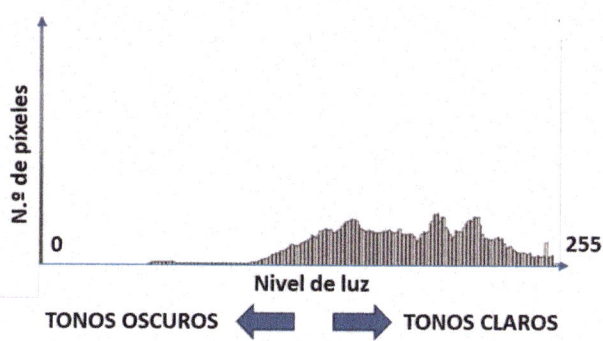

Cuanto mayor sea el número de píxeles que se encuentren en la parte derecha, más luminosa será la imagen. Al contrario, si se situaran a la izquierda, se trataría de una imagen oscura.

Para obtener un histograma, OpenCV ofrece la función:

```
calcHist (imágenes, canales, máscara, histSize, rango)
```

Los argumentos de esta función son los siguientes:

- Imágenes. Lista de imágenes para las que se va a realizar el histograma.

- Canales. Índice del canal para el que se calcula el histograma. En caso de utilizar el nivel de luz en una imagen en blanco y negro, su valor es [0]. Si fuera en color, el valor [0] correspondería al color azul; el [1], al verde, y el [2], al rojo.

- Máscara. Permite obtener el histograma de una región específica de la imagen. Normalmente se realiza de la imagen completa, por lo que su valor es None.

- histSize. Representa el número de puntos con los que se dibuja la línea del histograma. Si quiere que haya uno para cada nivel de luz, su valor debe ser [256].

- Rango. Es el rango de valores de intensidad que se desea medir. Si son todos, su valor es [0,256].

Para practicar con esta nueva función y así ver el histograma de una imagen, escriba el siguiente código:

```python
import cv2
from matplotlib import pyplot as plt

img = cv2.imread('../imagenes/Moises.jpg', 0)

hist = cv2.calcHist([img],[0],None,[256],[0,256])

cv2.imshow('Imagen', img)

plt.xlabel('Nivel de luz')
plt.ylabel('Nº de píxeles')
plt.title('Histograma')
plt.plot(hist)
plt.show()

cv2.waitKey(0)
cv2.destroyAllWindows()
```

En este programa, como novedad, además de la librería OpenCV, se importa matplotlib, en concreto, la colección de funciones para el dibujo de gráficas pyplot, a la que, por comodidad, se llamará plt. De todas ellas, las que se van a utilizar son las siguientes:

- xlabel(*etiqueta eje X*). Asigna una etiqueta al eje X, para indicar la magnitud medida. En el caso de los histogramas, será el nivel de luz.

- ylabel(*etiqueta eje Y*). Igual que la función anterior, pero aplicado al eje Y. Los histogramas muestran el número de píxeles para cada nivel de luz.

- title(*nombre de la gráfica*). Asigna un nombre a la gráfica. Evidentemente, en este programa será "Histograma".

- plot(*gráfica*). Contiene la lista de coordenadas *x, y* de los puntos que se muestran en la gráfica. Tiene el formato:

$$[[x1, x2, x3, …], [y1, y2, y3, …]]$$

Si x1, x2, x3… coincidiera con la secuencia 0, 1, 2… (como en este caso), dicho argumento podría ser una lista con el formato:

$$[y1, y2, y3, …]$$

- show(). Muestra la gráfica en una ventana.

> *i* Las posibilidades de este grupo de funciones son enormes. Si quiere conocerlas en mayor profundidad, el siguiente tutorial las explica de forma clara: https://matplotlib.org/tutorials/introductory/pyplot.html.

> *i* Para usar esta librería, antes deberá haberla instalado en su entorno Python ejecutando el siguiente comando en una ventana de símbolo del sistema:
>
> ```
> pip install matplotlib
> ```

A continuación, se carga en blanco y negro la imagen del Moisés de Miguel Ángel, que será de la que se obtenga el histograma con la función calcHist(). Dicho histograma, que se aplicará a toda la imagen (sin máscara), calculará un valor para todos los niveles de luz.

```
hist = cv2.calcHist([img],[0],None,[256],[0,256])
```

> *i* Puesto que la función espera como primer argumento una lista de imágenes, aunque haya solo una, esta deberá encerrarse entre corchetes.

Después de mostrar la imagen con la función imshow(), se crea y muestra el histograma en otra ventana con las siguientes sentencias.

```
plt.xlabel('Nivel de luz')
plt.ylabel('Nº de píxeles')
plt.title('Histograma')
plt.plot(hist)
plt.show()
```

Al ejecutar el programa, verá dos ventanas: en una de ellas se muestra la imagen del Moisés y en la otra su histograma. Al tratarse de una imagen oscura, la mayor parte de los píxeles están situados en la zona izquierda del histograma, aquella donde el nivel de luz es menor.

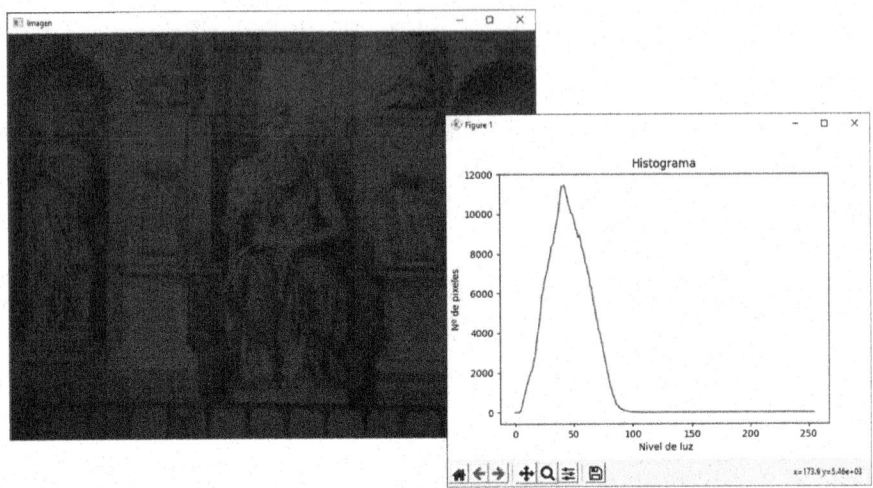

Ahora cambie el nombre del archivo cargado en el código anterior con la función `imshow()` por "panteon.jpg", que contiene la imagen del Panteón de Roma. En dicha fotografía, la mayor parte de los píxeles se encuentran en el área media, ya que son más luminosos que los de la imagen anterior. Incluso puede ver que en el extremo derecho hay un pico de píxeles con un máximo de intensidad de luz, correspondientes al ojo de la cúpula, por la que entra la luz del sol.

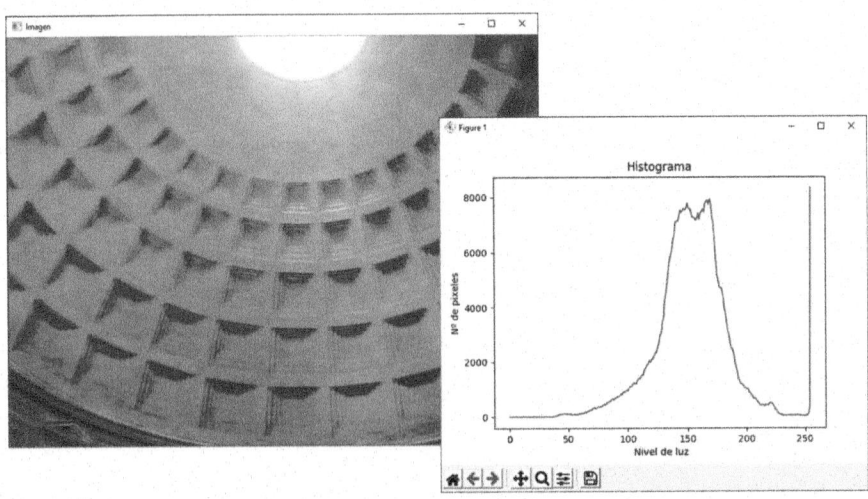

# Unidad 8
# FILTROS DE PROCESAMIENTO DE IMÁGENES

Los filtros de procesamiento toman una imagen de entrada y generan otra de salida, con el objetivo de enfatizar aquellas áreas en las que posteriormente se tenga que hacer uso de técnicas específicas de análisis.

Conozca los principales filtros con los que se realiza esta actividad de procesamiento de imágenes, previa a la de análisis.

## 8.1 FILTROS BASADOS EN UMBRAL

El uso de este tipo de filtros representa el método de segmentación más simple. Los píxeles de la imagen destino serán de color blanco cuando los correspondientes de la imagen origen superen el valor de un umbral establecido, dejando el resto en color negro. Puesto que la imagen destino está compuesta de blancos y negros puros (no hay grises), al proceso realizado por este tipo de filtro se le llama binarizado.

Su principal utilidad es la selección de las regiones de una imagen que contengan los objetos de interés, y se descarta el resto. Este proceso de separación de los objetos de una imagen se conoce como segmentación.

Existen diversos tipos de filtros basados en umbral, dependiendo de si hay que proporcionar su valor, se calcula automáticamente o es diferente para cada píxel:

- Umbral simple
- Umbral Otsu
- Umbral adaptativo

A continuación, se analiza en detalle cada uno de ellos.

> ℹ️ Este tipo de filtros solo funciona con imágenes en blanco y negro, por lo que, si estuvieran en color, tendría que convertirlas a escala de grises utilizando, por ejemplo, la función:
>
> cvtColor(*imagen*, cv2.COLOR_BGR2GRAY)

## 8.1.1 Filtro de umbral simple

Esta técnica de segmentación se utiliza para separar un objeto del fondo. Hay diferentes tipos de filtros de umbral simple, de los que el más sencillo es el binario. Para entender su funcionamiento, observe el siguiente histograma, correspondiente a la imagen de la cúpula del Panteón de Roma.

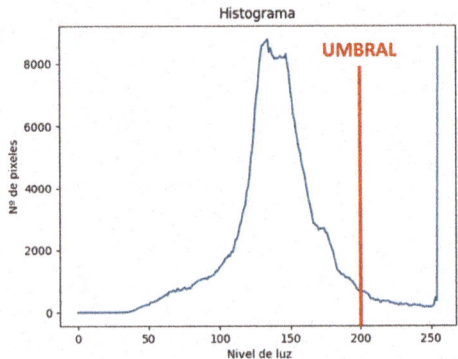

En dicho histograma, se ha dibujado una línea roja que marca el umbral cuyos píxeles situados a la izquierda aparecerán en negro en la imagen destino (valor 0). Los que estén a la derecha, se mostrarán con el valor máximo que se indique (generalmente 255).

La función de OpenCV que realiza este tipo de filtrado es:

threshold(*imagen*, *valor umbral*, *valor máximo*, *tipo umbral*)

El primer argumento es la imagen sobre la que se va a aplicar el filtro, que necesariamente debe ser en blanco y negro. El segundo argumento es el valor del umbral. El tercero tiene el valor máximo que se asignará a los píxeles que superen dicho umbral (generalmente 255, que corresponden al blanco). El último argumento establece el tipo de filtro de umbral utilizado, dependiendo del valor que se le asigne:

• THRESH_BINARY. Es el que se acaba de explicar.

- THRESH_BINARY_INV. Su comportamiento es el contrario al anterior, es decir, aquel en el que los píxeles situados a la derecha del umbral son los que aparecerán en negro en la imagen destino, mientras que los de la izquierda tendrán el valor máximo.

- THRESH_TRUNC. Los píxeles situados a la derecha del umbral toman el valor del umbral, mientras que los de la izquierda mantienen el que tienen.

- THRESH_TOZERO. Los píxeles situados a la derecha del umbral toman el valor del umbral, mientras que los de la izquierda pasan a ser 0.

- THRESH_TOZERO_INV. Su comportamiento es el contrario al anterior, es decir, los píxeles situados a la izquierda del umbral toman el valor del umbral, mientras que los de la derecha pasan a ser 0.

Esta función devuelve dos resultados: el valor del umbral utilizado y la imagen filtrada.

A continuación, se describe el código de un programa que realiza el filtrado THRESH_BINARY (el explicado al comienzo de este apartado) sobre una imagen con un fondo de color azul, degradado verticalmente.

El programa mostrará tanto la imagen original como la obtenida como resultado del filtrado. Además, en la imagen original dispondrá de una barra de desplazamiento mediante la que podrá seleccionar el valor del umbral. Así, tendrá ocasión de apreciar más claramente los efectos producidos por este filtro.

El código del programa es el siguiente:

```
import cv2

def actualizar_imagen(umbral):
    _, img_umbral = cv2.threshold(img, umbral, 255, cv2.THRESH_BINARY)
    cv2.imshow('Imagen filtrada', img_umbral)
```

```
img = cv2.imread('../imagenes/degradado.jpg', 0)
cv2.imshow('Imagen original', img)

cv2.createTrackbar('Umbral', 'Imagen original', 0, 255,
actualizar_imagen)

actualizar_imagen(0)

cv2.waitKey(0)
cv2.destroyAllWindows()
```

Como viene siendo habitual, primero se importa la librería OpenCV, tras lo cual se declara la función de *callback* `actualizar_imagen()`, que se llamará cada vez que se modifique el valor del umbral. Dentro de dicha función, lo que se hace es aplicar un filtro binario a la imagen con la función `threshold()`. El umbral utilizado por este filtro, de tipo `THRESH_BINARY`, es el valor del argumento de entrada a la función (`umbral`), que será el seleccionado en la barra de desplazamiento. Los píxeles que superen dicho valor se pintarán en blanco (valor 255). La imagen resultante se mostrará en la ventana "Imagen filtrada" con `imshow()`.

```
def actualizar_imagen(umbral):
    _, img_umbral = cv2.threshold(img, umbral, 255, cv2.THRESH_BINARY)
    cv2.imshow('Imagen filtrada', img_umbral)
```

Volviendo al flujo principal del programa, la sentencia que sigue la declaración de esta función carga la imagen en blanco y negro sobre la que se va a aplicar el filtro y la muestra en la ventana "Imagen original". De esa forma, al ver ambas imágenes en pantalla, podrá apreciar mejor los efectos del filtrado para cada valor del umbral.

```
img = cv2.imread('../imagenes/degradado.jpg', 0)
cv2.imshow('Imagen original', img)
```

Después se crea la barra de desplazamiento (identificada como "Umbral") asociada a la ventana "Imagen original". Su valor inicial es 0 y puede tomar un rango de valores hasta 255. El último argumento establece que la función de *callback* a la que se llame cuando se modifique su posición sea `actualizar_imagen()`, declarada previamente.

```
cv2.createTrackbar('Umbral', 'Imagen original', 0, 255, actualizar_imagen)
```

La siguiente sentencia invoca la función `actualizar_imagen()` con un valor de umbral 0. El resultado es que la imagen filtrada que aparece inicialmente es completamente blanca, ya que todos los píxeles de la imagen original tienen un valor igual o superior al de dicho umbral.

```
actualizar_imagen(0)
```

Las últimas sentencias cerrarán las dos ventanas abiertas y finalizarán el programa cuando pulse cualquier tecla.

```
cv2.waitKey(0)
cv2.destroyAllWindows()
```

A continuación, puede ver el resultado de la ejecución del programa con un valor de umbral bajo (77). Como puede observar, la mayoría de los puntos superan este nivel de luz, por lo que la zona blanca de la imagen filtrada es muy superior a la negra.

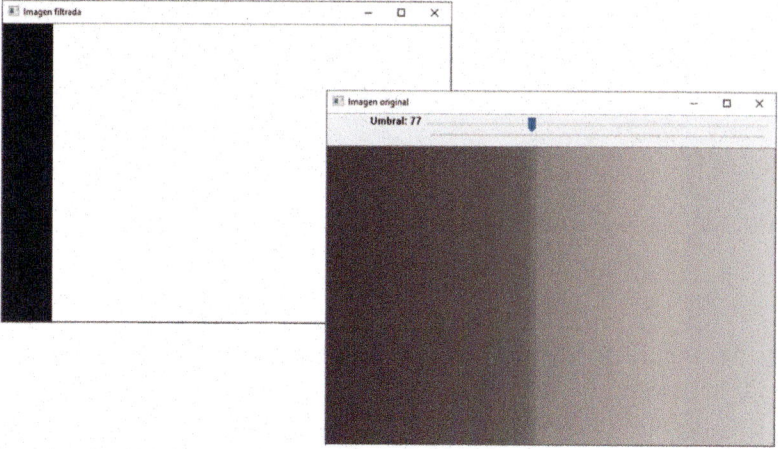

En la siguiente imagen se ha elevado el valor del umbral a 204. Ahora, el nivel de píxeles que superan ese nivel de luz es mucho menor, por lo que el área blanca de la imagen filtrada ha disminuido considerablemente.

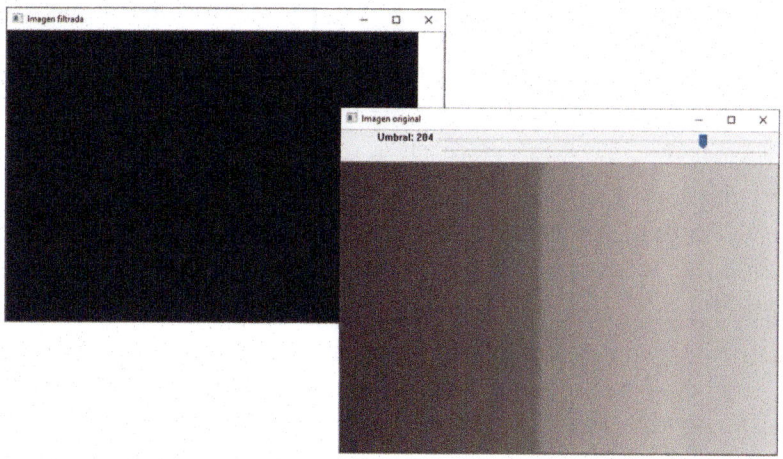

Le animo a que modifique el código del programa anterior para utilizar otros tipos de umbral simple y experimentar con los efectos producidos por cada uno de ellos.

## 8.1.2 Filtro de umbral Otsu

En los filtros de umbral simple se debe establecer manualmente el valor del umbral. Con el filtro Otsu no será necesario, ya que se calcula de forma automática. Funciona muy bien en imágenes con histogramas en los que hay dos picos (bimodales), es decir, aquellos que se componen de dos tipos de píxeles. En estas imágenes, la intensidad de la luz se distribuye de una forma similar a la mostrada por el siguiente histograma.

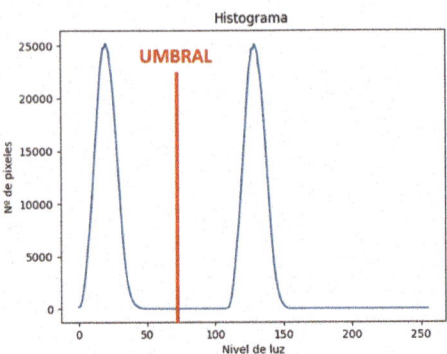

En este caso, el filtro Otsu situaría el umbral en medio de ambos picos, por lo que, si la imagen fuera de mala calidad y uno de ellos fuera producto del ruido, este sería reducido considerablemente.

La función ofrecida por OpenCV para realizar este tipo de filtros es:

```
threshold(imagen, valor umbral, valor máximo, tipo umbral)
```

Tanto el nombre de la función como los argumentos son los del umbral simple. La única diferencia es que ahora el tipo de umbral es una combinación entre el simple elegido y el Otsu (THRESH_OTSU). Por otra parte, el valor umbral es intrascendente ya que el algoritmo se encarga de obtener el valor óptimo.

Al igual que en el caso del umbral simple, esta función devuelve como respuesta la imagen filtrada y el umbral aplicado, que, en este caso, será el óptimo calculado por la propia función, no el proporcionado como argumento.

Para demostrar su funcionamiento, va a utilizar el código del programa anterior, en el que se elimina la barra de desplazamiento (cambiar el valor del umbral no tendría efecto en el resultado) y se modifica el argumento que determina el tipo de filtro en la función threshold() por:

```
cv2.THRESH_BINARY+cv2.THRESH_OTSU
```

Realizados estos cambios, el programa quedaría de la siguiente forma:

```
import cv2

img = cv2.imread('../imagenes/degradado.jpg, 0)

_, img_umbral = cv2.threshold(img, 0, 255,
                            cv2.THRESH_BINARY+cv2.THRESH_OTSU)
cv2.imshow('Imagen filtrada', img_umbral)

cv2.imshow('Imagen original', img)

cv2.waitKey(0)
cv2.destroyAllWindows()
```

Como el código anterior es una simplificación del utilizado para el filtro de umbral simple, no se requiere dar ninguna explicación adicional. Únicamente, destacar que la sentencia clave de este programa es la que llama a la función threshold(), en la que se ha elegido un valor umbral de 0 (podría haber sido otro cualquiera), un valor máximo de 255 y el filtro cv2.THRESH_BINARY+cv2.THRESH_OTSU.

```
_, img_umbral = cv2.threshold(img, 0, 255,
                            cv2.THRESH_BINARY+cv2.THRESH_OTSU)
```

El resultado de la ejecución de este programa lo puede ver a continuación. Como cabía esperar, el umbral se establece en el punto medio, y da como resultado una imagen con una mitad blanca y otra negra.

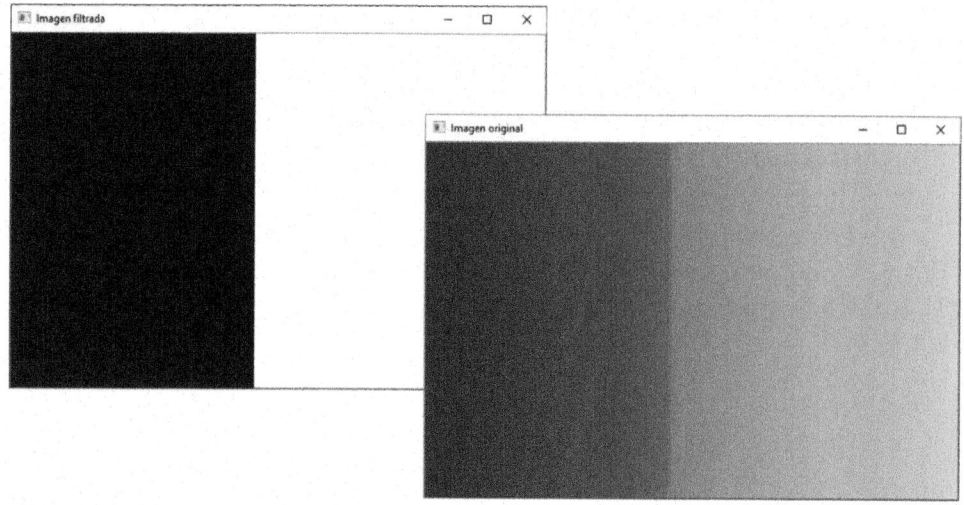

## **8.1.3** Filtro de umbral adaptativo

Los filtros que tienen un umbral fijo no funcionan correctamente en imágenes mal iluminadas. Para resolver esta situación, surgen los filtros de umbral adaptativo, que, a diferencia de los anteriores, tienen un valor diferente en cada punto de la imagen, calculado en función de una pequeña región a su alrededor.

La función de OpenCV utilizada para ejecutar este tipo de filtros es:

```
adaptiveThreshold (imagen, valor máximo, método, tipo umbral,
                   área vecindad, constante)
```

Para entender esta función, se empezará explicando el tercer argumento, que es el que establece el método utilizado para calcular el valor del umbral en cada píxel. Hay dos, que se identifican con las siguientes constantes:

- ADAPTIVE_THRESH_MEAN_C. El valor del umbral en cada píxel es la media de los valores del área de vecindad menos el valor de la constante contenida en el último argumento.

- ADAPTIVE_THRESH_GAUSSIAN_C. El valor del umbral en cada píxel es una media gaussiana ponderada del área de vecindad menos el valor de la constante contenida en el último argumento.

Un área de vecindad es un grupo de píxeles que engloban a otro. Su tamaño (utilizado para determinar el valor del umbral en cada píxel según los métodos descritos anteriormente) queda establecido en el quinto argumento.

El resto de argumentos (imagen, valor máximo y tipo umbral) tienen el mismo significado que en los filtros de umbral simple.

> *i* El tamaño del área de vecindad debe ser, al menos, de 3 píxeles, y se va incrementando de dos en dos (5, 7, etc.), es decir, se trata de un número impar.

Con el fin de practicar con este nuevo tipo de filtros, se utilizará la siguiente imagen, que representa una lista de 100 números situados en casillas con dos tonos de fondo.

| 1 | 2 | 3 | 4 | 5 | 6 | 7 | 8 | 9 | 10 |
|---|---|---|---|---|---|---|---|---|---|
| 11 | 12 | 13 | 14 | 15 | 16 | 17 | 18 | 19 | 20 |
| 21 | 22 | 23 | 24 | 25 | 26 | 27 | 28 | 29 | 30 |
| 31 | 32 | 33 | 34 | 35 | 36 | 37 | 38 | 39 | 40 |
| 41 | 42 | 43 | 44 | 45 | 46 | 47 | 48 | 49 | 50 |
| 51 | 52 | 53 | 54 | 55 | 56 | 57 | 58 | 59 | 60 |
| 61 | 62 | 63 | 64 | 65 | 66 | 67 | 68 | 69 | 70 |
| 71 | 72 | 73 | 74 | 75 | 76 | 77 | 78 | 79 | 80 |
| 81 | 82 | 83 | 84 | 85 | 86 | 87 | 88 | 89 | 90 |
| 91 | 92 | 93 | 94 | 95 | 96 | 97 | 98 | 99 | 100 |

El objetivo es eliminar el fondo, de manera que se vean únicamente los números. Para ello, va a desarrollar un programa en el que utilizará un filtro de umbral adaptativo gaussiano. Para analizar mejor su comportamiento, este programa mostrará una ventana con la imagen original y otra con el resultado una vez filtrada. En la ventana donde está la imagen de muestra, habrá dos barras de desplazamiento que le permitirán modificar el valor del tamaño del área de vecindad y su constante. De esta forma, podrá combinar ambos parámetros para tratar de obtener el mejor resultado.

El código del programa es el siguiente:

```
import cv2

bloque = 3
constante = 0

def actualizar_bloque(blq):
    global bloque
    bloque = blq
    if bloque < 3 : bloque = 3
    elif bloque%2 == 0 : bloque += 1
    img_umbral = cv2.adaptiveThreshold(img, 255,
                      cv2.ADAPTIVE_THRESH_GAUSSIAN_C,
                      cv2.THRESH_BINARY, bloque, constante)
    cv2.imshow('Imagen filtrada', img_umbral)
```

```
def actualizar_constante(cte):
    global constante
    constante = cte
    img_umbral = cv2.adaptiveThreshold(img,255,
                            cv2.ADAPTIVE_THRESH_GAUSSIAN_C,
                            cv2.THRESH_BINARY,bloque,constante)
    cv2.imshow('Imagen filtrada', img_umbral)


img = cv2.imread('../imagenes/tabla_numeros.jpg', 0)


img_umbral = cv2.adaptiveThreshold(img,255,
                            cv2.ADAPTIVE_THRESH_GAUSSIAN_C,
                            cv2.THRESH_BINARY, bloque,constante)
cv2.imshow('Imagen filtrada', img_umbral)

cv2.imshow('Imagen original', img)
cv2.createTrackbar('Bloque', 'Imagen original', bloque, 255,
                            actualizar_bloque)
cv2.createTrackbar('Constante', 'Imagen original', constante, 255,
                            actualizar_constante)


cv2.waitKey(0)
cv2.destroyAllWindows()
```

Tras importar la librería OpenCV, se definen las variables de configuración que contienen los valores iniciales de los parámetros que establecen el tamaño del área de vecindad y la constante utilizada por el método de la media gaussiana ponderada, elegidos para realizar el filtrado.

```
bloque = 3
constante = 0
```

A continuación, se declaran las funciones de *callback* de las barras de desplazamiento que determinan el valor de dichas variables. En concreto, actualizar_bloque() para el tamaño del área de vecindad, y actualizar_constante() para la constante.

```
def actualizar_bloque(blq):
    ...


def actualizar_constante(cte):
    ...
```

La primera sentencia de `actualizar_bloque()` define como global la variable `bloque`, ya que es la de configuración creada al principio del programa, a la que se asigna el valor del argumento de entrada de esta función, correspondiente al seleccionado en la barra de desplazamiento. Como un argumento no se puede definir como global y en la declaración de una variable global no se puede asignar un valor, la forma de hacer que el seleccionado en la barra de desplazamiento sea global es con las siguientes sentencias:

```
global bloque
bloque = blq
```

ℹ️ Si no quisiera usar variables globales, puede utilizar la función:

```
getTrackbarPos(ventana, barra desplazamiento)
```

Esta función devuelve el valor de la barra de desplazamiento situada en la ventana cuyos nombres se pasan como argumento. Para su correcto funcionamiento, deberá ser llamada dentro de un bucle `while` que obtenga dicho valor de forma continua.

Las sentencias `if` que vienen a continuación aseguran que el tamaño del bloque sea siempre un valor impar e igual o superior a tres.

```
if bloque < 3 : bloque = 3
elif bloque%2 == 0 : bloque += 1
```

Las últimas sentencias aplican el filtro a la imagen original y muestran el resultado en la ventana "Imagen filtrada". Para obtener el valor del umbral en cada píxel, se aplica una media gaussiana ponderada a los que forman parte de su área de vecindad (`ADAPTIVE_THRESH_GAUSSIAN_C`). El tipo de filtro que va a utilizar este umbral en cada punto es `THRESH_BINARY`, el cual tendrá como valor máximo 255 (los píxeles que superen dicho valor se pintarán en blanco). El tamaño del área de vecindad será el seleccionado en la barra de desplazamiento (`bloque`), mientras que la constante tendrá el valor de la variable global asignado en la función de *callback* `actualizar_constante()`, que se describirá a continuación.

```
img_umbral = cv2.adaptiveThreshold(img, 255,
                        cv2.ADAPTIVE_THRESH_GAUSSIAN_C,
                        cv2.THRESH_BINARY, bloque, constante)
cv2.imshow('Imagen filtrada', img_umbral)
```

La función de *callback* `actualizar_constante()` atiende los cambios de posición de la barra de desplazamiento que modifican el valor de la constante del método de filtrado. En dicha función, la variable `constante` se establece como global, ya que se utiliza la de configuración creada al principio del programa. Siguiendo las mismas explicaciones dadas en la función de *callback* anterior, las sentencias utilizadas para asignarle un valor son estas:

```
global constante
constante = cte
```

Las últimas sentencias de esta función realizan un filtrado de la imagen original aplicando el valor de la nueva constante, cuyo resultado se mostrará en la ventana "Imagen filtrada". Los parámetros utilizados para dicho filtrado son los mismos de la función de *callback* anterior, por lo que no se añadirá ningún comentario adicional.

```
img_umbral = cv2.adaptiveThreshold(img,255,
                        cv2.ADAPTIVE_THRESH_GAUSSIAN_C,
                        cv2.THRESH_BINARY,bloque,constante)

cv2.imshow('Imagen filtrada', img_umbral)
```

Volviendo al flujo principal del programa, el código que sigue a la declaración de las funciones de *callback* anteriores carga la imagen original y aplica el filtro de umbral adaptativo por primera vez, utilizando los valores iniciales del tamaño de bloque y la constante (`bloque` y `constante`).

```
img = cv2.imread('../imagenes/tabla_numeros.jpg', 0)
img_umbral = cv2.adaptiveThreshold(img,255,
                        cv2.ADAPTIVE_THRESH_GAUSSIAN_C,
                        cv2.THRESH_BINARY,bloque,constante)
```

Las siguientes sentencias muestran la imagen original y la filtrada (`img`, `img_umbral`) en dos ventanas independientes ("Imagen original" e "Imagen filtrada").

```
cv2.imshow('Imagen filtrada', img_umbral)
cv2.imshow('Imagen original', img)
```

Después, a la ventana que muestra la imagen original se le añaden las dos barras de desplazamiento utilizadas para modificar el tamaño del área de vecindad y la constante, parámetros requeridos por el método gaussiano. El valor inicial de ambas barras de desplazamiento es el asignado a las variables de configuración `bloque` y `constante` al inicio del programa. Su valor máximo en ambos casos es 255. Las funciones de *callback* a las que se llamará cuando se modifique su posición en cada una de ellas es `actualizar_bloque()` y `actualizar_constante()`, descritas anteriormente.

```
cv2.createTrackbar('Bloque', 'Imagen original', bloque, 255,
                   actualizar_bloque)
cv2.createTrackbar('Constante', 'Imagen original', constante, 255,
                   actualizar_constante)
```

Las últimas sentencias cerrarán ambas ventanas y finalizarán el programa cuando pulse cualquier tecla.

Llegó el momento de comprobar el comportamiento de este filtro con la imagen de muestra. Más abajo, y a modo de ejemplo, se puede ver (de izquierda a derecha) el resultado obtenido a medida que se incrementa el tamaño del área de vecindad. Observe cómo va cambiando la nitidez con la que se ven los números a medida que aumenta su valor, hasta que, finalmente, aquellos situados en las casillas de fondo gris terminan por dejar de verse.

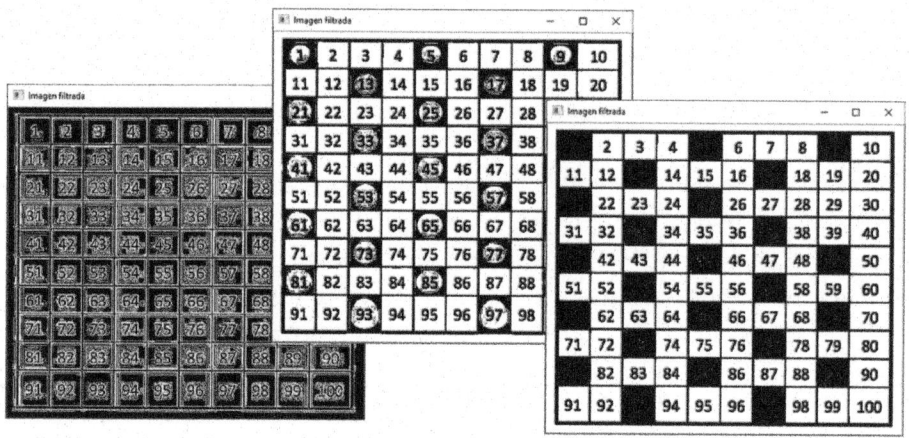

Este resultado puede ser claramente mejorado combinando el valor del área de vecindad con el de la constante, alcanzando resultados como el mostrado a continuación. En este caso, la imagen filtrada se ha obtenido con un tamaño de bloque de 83 y un valor de la constante de 51. En ella se aprecian claramente todos los números y se hace desaparecer el fondo de las casillas, que era el objetivo perseguido.

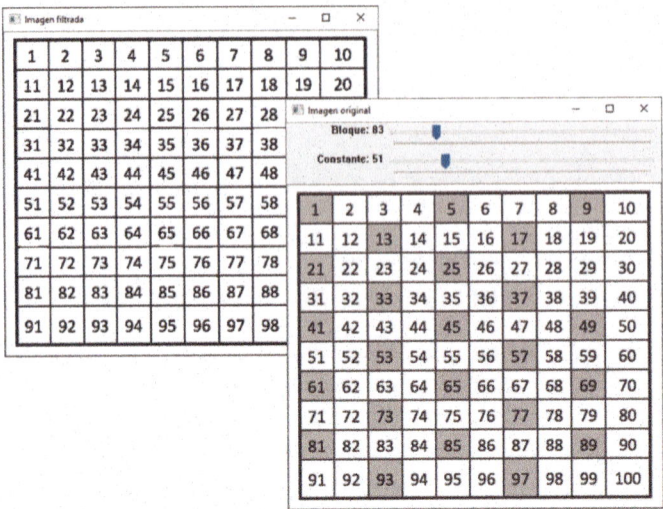

Le animo a que haga la misma prueba empleando el método de la media de los valores del área de vecindad y compare los resultados con estos que acaba de ver.

## 8.1.4 Comparación entre filtros

Para demostrar que el comportamiento del filtro de umbral adaptativo es mejor que el del resto de filtros de umbral cuando se trabaja con imágenes tomadas del mundo real, se van a utilizar dos fotografías de una misma hoja de papel en la que se ha imprimido la tabla de números anterior. A diferencia de la imagen original, dichas fotografías ya no tienen colores puros y, además, están algo desenfocadas y deformadas (han sido tomadas con una webcam de baja resolución). Incluso, en la foto de la derecha se ha creado deliberadamente una sombra en la parte superior izquierda.

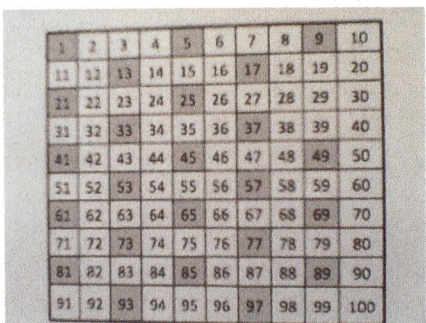
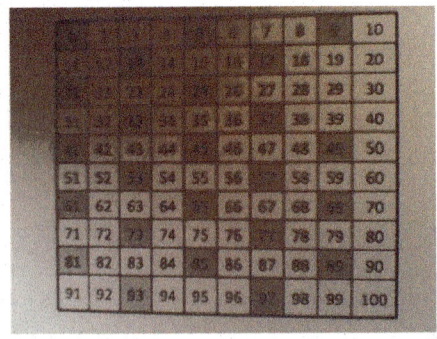

Las dos imágenes que hay más abajo muestran los mejores resultados obtenidos para cada fotografía tras aplicar un filtro de umbral simple con diversos valores de umbral. En la imagen de la derecha, destaca el hecho de que los números de la zona donde se encuentra la sombra son irreconocibles, lo que demuestra que, cuando hay áreas de luz diferentes, usar un umbral fijo no es lo más adecuado.

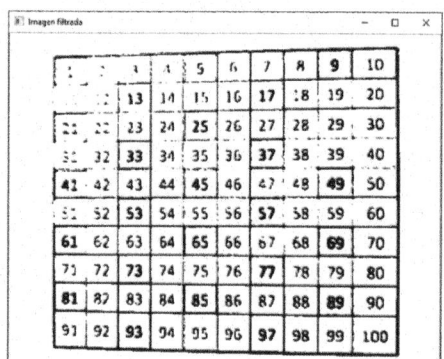
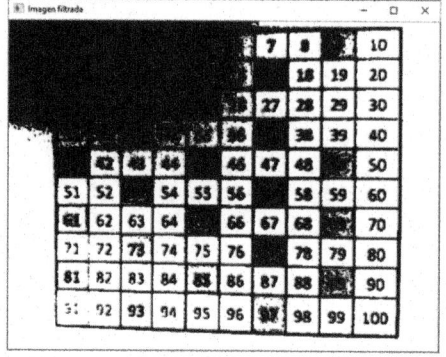

Ahora observe el resultado de aplicar el filtro Otsu. Aunque la imagen de la izquierda (la que no tenía sombra) es algo más oscura que la obtenida por una selección manual del valor del umbral, los números que se pueden distinguir claramente vienen a ser los mismos. En la imagen de la derecha, la zona de sombra tiene resultados igual de malos que los obtenidos con un filtro de umbral simple. Por lo tanto, la conclusión es que Otsu eligió automáticamente el umbral de forma correcta, pero sigue adoleciendo de los defectos de usar un umbral único.

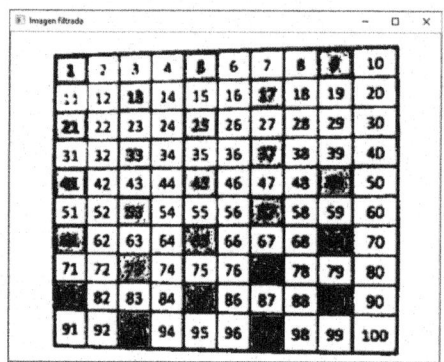
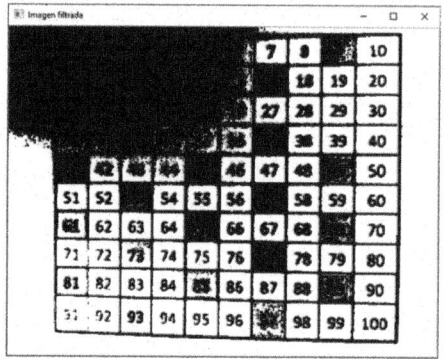

Por último, si aplicara un umbral adaptativo a estas mismas fotografías, una vez encontrada la mejor combinación de tamaño de vecindad y constante, se puede observar que el resultado es igual de bueno en ambas imágenes. Por lo tanto, se concluye que a este tipo de filtros no le afectan los cambios de luz que pudiera haber en una misma imagen, algo muy común en el mundo real.

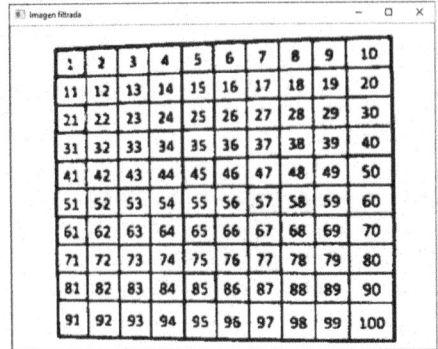 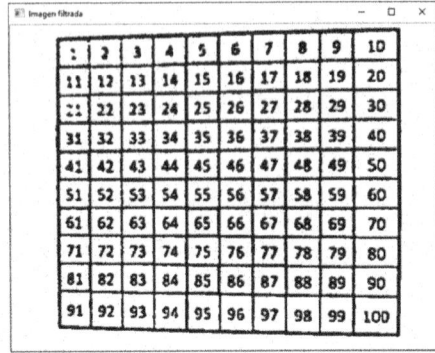

## 8.2 FILTROS LINEALES

Los filtros lineales son aquellos que, para el cálculo del nivel de luz de los píxeles de la imagen destino, utilizan una combinación lineal de los correspondientes a la imagen origen.

Dependiendo de la transformación realizada sobre la imagen origen, hay dos tipos de filtros:

- Filtro paso bajo. Suavizan la imagen, la difuminan.

- Filtro paso alto. Realzan las zonas de la imagen en las que se producen cambios bruscos de intensidad, aumentan su contraste.

Estudiemos en detalle el comportamiento de cada uno de ellos.

### 8.2.1 Filtro paso bajo (suavizado)

Este tipo de filtros disminuye los cambios bruscos de intensidad de la luz y, por lo tanto, el contraste de las imágenes. La consecuencia más visible que tiene es la de difuminarlas, las hace más borrosas. Este efecto, que puede parecer que empeora la imagen, es útil para eliminar ruido. También, al suavizar la imagen, se eliminan los bordes de baja intensidad con los que se entremezclan los contornos de los objetos de interés, de manera que se facilita así su localización.

OpenCV proporciona cuatro técnicas de desenfoque, pero la más intuitiva es aquella que consiste en hacer que cada píxel de la imagen destino tenga el valor promedio de los píxeles contenidos en al área que rodea al píxel correspondiente de la imagen origen. Para entenderlo, vea el siguiente gráfico, que representa un caso extremo en el que hay un píxel negro rodeado de píxeles blancos en un área (kernel) de 5 × 5.

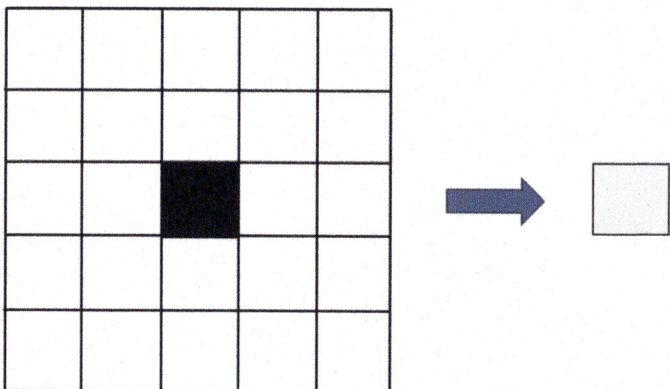

El valor de intensidad del píxel central en la imagen destino será la media de los valores de los 25 píxeles que componen dicha zona. Puesto que el blanco tiene un valor de 255, y el negro, de 0, en este caso la media sería (255 × 24 + 0) / 25 = 245. Eso supone que el píxel de la imagen destino sería ligeramente gris, totalmente diferente al de la imagen origen.

Para generar una imagen destino completa, el proceso anterior se repetiría con todos y cada uno de los píxeles de la imagen origen. El resultado sería otra imagen, que sería más borrosa cuanto mayor fuera el tamaño del kernel utilizado.

La función OpenCV que permite aplicar este filtro es:

```
blur(imagen, kernel).
```

El primer argumento de esta función es la imagen sobre la que se va a aplicar el filtro y, el segundo, una tupla que especifica el tamaño del kernel (ancho, alto).

Para ver los efectos de este filtro sobre una imagen, escriba el siguiente programa, que muestra la imagen original en una ventana y la suavizada en otra:

```
import cv2

img = cv2.imread('../imagenes/Invalidos.jpg', 0)

img_suavizada = cv2.blur(img, (10, 10))
cv2.imshow('Imagen filtrada', img_suavizada)
```

```
cv2.imshow('Imagen original', img)

cv2.waitKey(0)
cv2.destroyAllWindows()
```

Dicho código no requiere de explicaciones adicionales. Únicamente se destaca la sentencia que aplica el filtro paso bajo utilizando la función blur() con un kernel de 10 × 10 píxeles.

```
img_suavizada = cv2.blur(img, (10, 10))
```

Los efectos del filtro son evidentes, tal como se aprecia al ver el resultado obtenido tras la ejecución del programa, en el que la imagen original ha quedado totalmente desenfocada.

Si disminuyera el valor del kernel utilizado en el filtro, observaría que la imagen se hace más nítida. En cambio, si lo aumentara, el resultado sería el contrario.

Las otras tres técnicas de desenfoque salen fuera del estudio de este libro, pero, debido a su relevancia, se describen brevemente para que, si fueran de su interés, pueda profundizar en su conocimiento:

- Desenfoque gaussiano. En este caso, el valor de cada píxel de la imagen destino es una media gaussiana ponderada de los contenidos dentro del kernel en la imagen origen. Aunque este tipo del filtro tiene también el problema de que difumina los bordes, no es tan acusado como el de la media simple. Es muy eficaz para eliminar el ruido gaussiano de una imagen, que se muestra como una variación aleatoria del brillo o el color. También se utiliza como etapa de preprocesamiento antes de aplicar modelos de aprendizaje automático.

La función utilizada para realizar este tipo de filtrado es `GaussianBlur()`.

• Desenfoque medio. Con este filtro, los píxeles de la imagen destino se generan calculando la mediana de aquellos que hay debajo del kernel situando sobre los correspondientes de la imagen origen. Este tipo de filtros funciona muy bien cuando el ruido que pueda tener una imagen sea aleatorio.

La función OpenCV que permite aplicarlo es `medianBlur()`.

• Filtrado bilateral. Utiliza dos filtros gaussianos, lo que hace que sea el más lento. A cambio, es el más eficaz en la eliminación de ruido, a la vez que mantiene los bordes nítidos.

La función que lo implementa es `bilateralFilter()`.

## 8.2.2 Filtro paso alto (de gradiente)

El filtro paso bajo, como ha comprobado, elimina información de la imagen, la difumina. Pero ¿qué pasaría si fueran precisamente esos detalles los que quisiera enfatizar? Tendría que utilizar el filtro contrario, es decir, uno de tipo paso alto que acentúe las zonas con cambios bruscos de intensidad de luz. Puesto que esas zonas son las utilizadas por los algoritmos de detección de contornos, su uso previo permite aumentar el grado de efectividad.

OpenCV dispone de tres funciones que implementan cada uno de los filtros de gradiente existentes:

• `sobel()`. Filtro Sobel.
• `scharr()`. Filtro Scharr.
• `laplacian()`. Filtro Laplacian.

Para entender el funcionamiento de cada uno de estos filtros y, por lo tanto, el valor de los parámetros de las funciones que los implementan, habría que entrar en temas matemáticos de los que se huye en esta obra. Por ese motivo, para destacar las zonas con cambios bruscos de intensidad, se va a utilizar un método mucho más sencillo (aunque menos efectivo) que consiste en eliminar las opuestas. Puesto que los filtros paso bajo que acaba de estudiar es precisamente lo que hacen, solo tendrá que hallar la diferencia entre la imagen original y el resultado de haberla transformado con un filtro paso bajo.

*Imagen paso alto = imagen original - imagen paso bajo*

Para ver el resultado que se obtendría con este método sobre la imagen utilizada en el filtro anterior, escriba el siguiente programa.

```
import cv2

img = cv2.imread('../imagenes/Invalidos.jpg', 0)

img_paso_bajo = cv2.blur(img, (10, 10))
img_paso_alto = cv2.subtract(img, img_paso_bajo)
cv2.imshow('Imagen filtrada', img_paso_alto)

cv2.imshow('Imagen original', img)

cv2.waitKey(0)
cv2.destroyAllWindows()
```

Las sentencias clave del programa son las que primero realizan un filtrado paso bajo con la función `blur()`, para, posteriormente, sustraer el resultado obtenido de la imagen original con la función `subtract()`.

```
img_paso_bajo = cv2.blur(img, (10, 10))
img_paso_alto = cv2.subtract(img, img_paso_bajo)
```

El resultado obtenido tras la ejecución de este programa muestra una imagen en la que se aprecian las zonas donde hay un marcado cambio de luz y desaparece todo lo demás.

Podría pensar en utilizar este tipo de filtros para la detección de bordes, aunque ya existe otro mucho más específico, cuyos resultados son claramente mejores. Se trata del filtro Canny, que conocerá más adelante.

## 8.3 FILTROS MORFOLÓGICOS

Los filtros morfológicos transforman la imagen origen utilizando un elemento estructurante que, situado sobre cada uno de sus píxeles, permite calcular el correspondiente de la imagen destino como el valor máximo o mínimo de todos los que tenga debajo.

Por lo tanto, hay dos tipos de filtros morfológicos:

- Dilatación. Los píxeles de la imagen destino toman el valor máximo de los que hay debajo del elemento estructurante en la imagen origen.

- Erosión. Al contrario de lo que sucede con el filtro anterior, los píxeles de la imagen destino toman el valor mínimo de los que hay debajo del elemento estructurante en la imagen origen.

A partir de estos dos filtros básicos, se pueden realizar diferentes combinaciones que darán lugar a otros como los de apertura, de cierre, etc., que también se describirán brevemente.

Las principales ventajas de este tipo de filtros, que utilizan imágenes binarias, es que eliminan el ruido y enfatizan la separación de objetos dispares.

En los siguientes apartados conocerá las funciones que proporciona OpenCV para todos ellos y comprobará el efecto que tienen en las imágenes sobre las que se apliquen.

## 8.3.1 Filtro de dilatación

Este filtro asigna a cada píxel de la imagen destino el valor máximo de los píxeles contenidos en el elemento estructurante situado sobre el píxel correspondiente de la imagen origen. ¿En qué afecta al aspecto de la imagen? Para entenderlo, observe las siguientes figuras, que representan un elemento estructurante de 25 píxeles.

En la primera de ellas, el elemento estructurante está ubicado sobre un píxel blanco (valor 255). Aunque está completamente rodeado de píxeles negros (valor 0), dicho píxel mantendrá el mismo valor en la imagen destino (255) puesto que se toma el máximo de todos ellos.

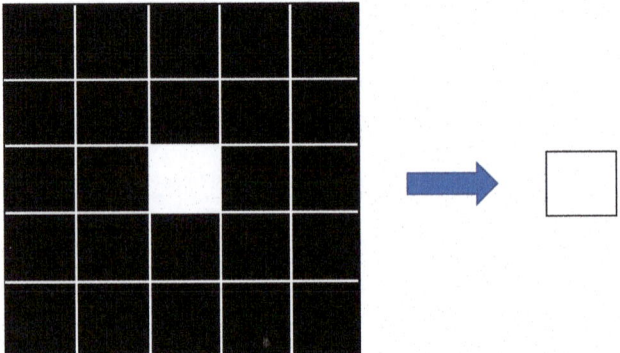

En esta segunda imagen, el elemento estructurante está situado sobre un píxel negro (valor 0) rodeado completamente de píxeles blancos (valor 255). En consecuencia, el píxel correspondiente de la imagen destino será blanco, ya que su valor es el máximo de todos ellos.

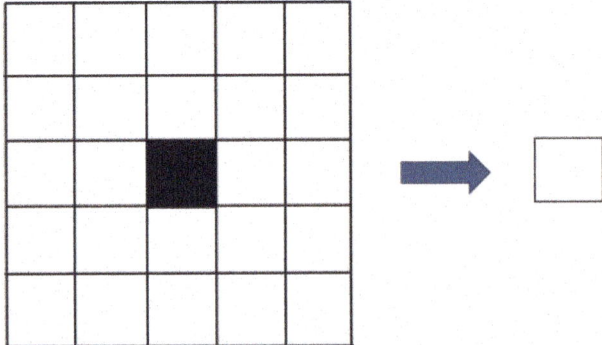

Incluso aunque hubiera un único píxel blanco dentro del elemento estructurante, el píxel correspondiente de la imagen destino seguiría siendo blanco, tal como se aprecia a continuación.

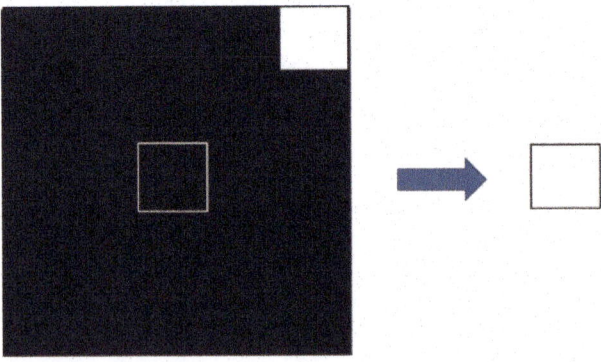

En resumen, el píxel de la imagen destino siempre será blanco, excepto cuando todos los píxeles del elemento estructurante de la imagen origen sean negros. Aplicado a una imagen real, esto tiene como resultado un efecto de dilatación de las zonas claras adyacentes a otras más oscuras.

> **Precisamente, este filtro toma el nombre de dilatación porque aumenta (dilata) las zonas claras contiguas a otras oscuras.**

La forma de aplicar este filtro a todos los píxeles de una imagen será desplazando el área estructurante por todos ellos para ir obteniendo el valor de cada uno de los píxeles de la imagen destino.

Para ejecutar un filtro de dilatación, OpenCV ofrece la siguiente función:

```
dilate(imagen, elemento estructurante)
```

El primer argumento es la imagen sobre la que se aplica el filtro, mientras que el segundo es el elemento estructurante, representado por una matriz NumPy (objeto de la clase `ndarray`).

Para analizar el comportamiento de este filtro, va a utilizar la imagen de más abajo, en la que hay una cuadrícula formada por una serie de líneas de diferente grosor.

El código mediante el que se realizará la dilatación de las áreas blancas de esta imagen es el siguiente:

```
import cv2
import numpy as np

kernel = np.ones((5,5),np.uint8)

img = cv2.imread('../imagenes/cuadricula.jpg', 0)
```

```
img_dilatada = cv2.dilate(img, kernel)
cv2.imshow('Imagen filtrada', img_dilatada)

cv2.imshow('Imagen original', img)

cv2.waitKey(0)
cv2.destroyAllWindows()
```

En esta ocasión, además de importar la librería de OpenCV, también hará lo mismo con NumPy. La usará parar crear el objeto de la clase ndarray que representa el elemento estructurante utilizado por el filtro de dilatación.

```
import cv2
import numpy as np
```

Dicho elemento estructurante estará formado por una matriz de 5 × 5 píxeles cuyos valores serán del tipo np.uint8 (enteros sin signo en el rango 0-255, que ocupan un byte).

```
kernel = np.ones((5,5),np.uint8)
```

No se va a explicar ninguna otra sentencia de este programa, de sobra conocidas por usted, excepto aquella en la que se realiza el filtro de dilatación con el elemento estructurante creado anteriormente (kernel).

```
img_dilatada = cv2.dilate(img, kernel)
```

Como puede ver a continuación, la aplicación de este filtro a la imagen de muestra tiene como efecto la eliminación de las líneas más finas, ya que la zona blanca que las rodeaba se ha extendido hasta borrarlas. Ese mismo efecto se puede apreciar en las líneas que aún se ven, las cuales son ahora más delgadas.

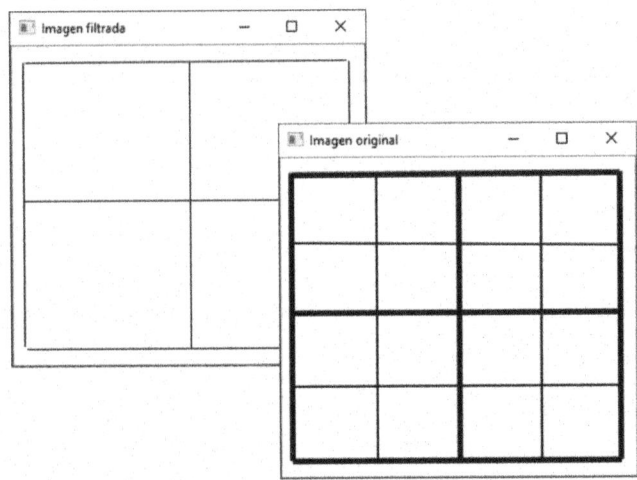

Modifique el código para que ejecute dos veces seguidas el filtro de dilatación. Comprobará cómo desaparecen todas las líneas.

Una de las utilidades de este filtro es la eliminación del ruido de una imagen, como puede apreciarse en la siguiente fotografía del monumento de Los Inválidos de París, que había sido estropeada intencionadamente añadiendo una serie de puntos negros de forma aleatoria.

Como puede apreciar en la imagen de la izquierda (la filtrada), se ha conseguido eliminar dichos puntos, afectando de forma imperceptible la calidad de la imagen original.

> ℹ Para no suavizar demasiado la imagen, el bloque estructurante utilizado en este caso fue de 2 × 2 píxeles.

> ℹ Aunque este tipo de filtros, junto con los lineales, se pueden emplear para eliminar pequeñas cantidades de ruido, si este fuera generalizado (por ejemplo, cuando se toman fotografías en condiciones de luz escasa), sería más conveniente recurrir a funciones especialmente creadas para esta tarea. Entre ellas destacan:

- `fastNlMeansDenoising()`. **Se aplica a una sola imagen en blanco y negro.**
- `fastNlMeansDenoisingColored()`. **Igual que la anterior, pero con una imagen en color.**
- `fastNlMeansDenoisingMulti()`. **Utiliza una secuencia de imágenes en blanco y negro, capturada en un periodo corto de tiempo.**
- `fastNlMeansDenoisingColoredMulti()`. **Igual que la anterior, pero para imágenes en color.**

La descripción de todas ellas la puede encontrar en:

https://docs.opencv.org/master/d5/d69/tutorial_py_non_local_means.html

## 8.3.2 Filtro de erosión

Este filtro, como indica su nombre, erosiona los límites de los objetos que están en primer plano (aquellos con mayor nivel de luz). Para ello, asigna a cada píxel de la imagen destino el valor mínimo de todos los que hay debajo del elemento estructurante en la imagen origen. El resultado obtenido es justo el contrario del filtro anterior, ya que recorta las zonas claras que limitan con otras más oscuras. Se usa para:

- Eliminar ruido blanco (lo que se conoce como nieve).
- Separar objetos que estén conectados.

Generalmente, después de eliminar el ruido con este filtro, se aplica el de dilatación porque, junto con el ruido, la erosión reduce el área de los objetos. Por la misma razón, también serviría para disminuir las imperfecciones de dichos objetos.

Para ejecutar un filtro de erosión, OpenCV ofrece la función:

```
erode(imagen, elemento estructurante)
```

Al igual que en la función del filtro anterior, el primer argumento es la imagen sobre la que se aplica el filtro y, el segundo, la matriz NumPy que representa el elemento estructurante.

Para probar este filtro, se va a utilizar una imagen en la que aparece una serie de círculos, algunos de los cuales tienen defectos (agujeros).

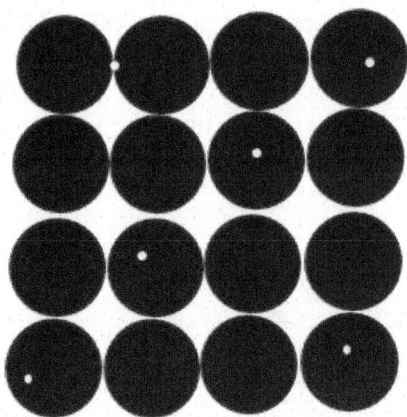

El objetivo del programa que se va a desarrollar será tapar dichas imperfecciones, algo en lo que es especialmente eficaz el filtro de erosión. El código de dicho programa es el siguiente:

```
import cv2
import numpy as np

kernel = np.ones((5,5),np.uint8)

img = cv2.imread('../imagenes/agujeros.jpg', 0)
img_erosionada = cv2.erode(img,kernel)

cv2.imshow('Imagen filtrada', img_erosionada)

cv2.imshow('Imagen original', img)

cv2.waitKey(0)
cv2.destroyAllWindows()
```

En este programa, la única sentencia destacable es aquella en la que se aplica el filtro de erosión con la función erode(), que tiene como argumentos la imagen sobre la que se va a realizar el filtrado y el elemento estructurante creado previamente.

```
img_erosionada = cv2.erode(img,kernel)
```

Como puede apreciar a continuación, la ejecución de este programa obtiene el objetivo deseado, ya que, al erosionar las zonas claras (en este caso, lo agujeros) rellenándolas del color adyacente (negro), permite tapar estas imperfecciones. Como efecto colateral, observe que los círculos han aumentado también de tamaño.

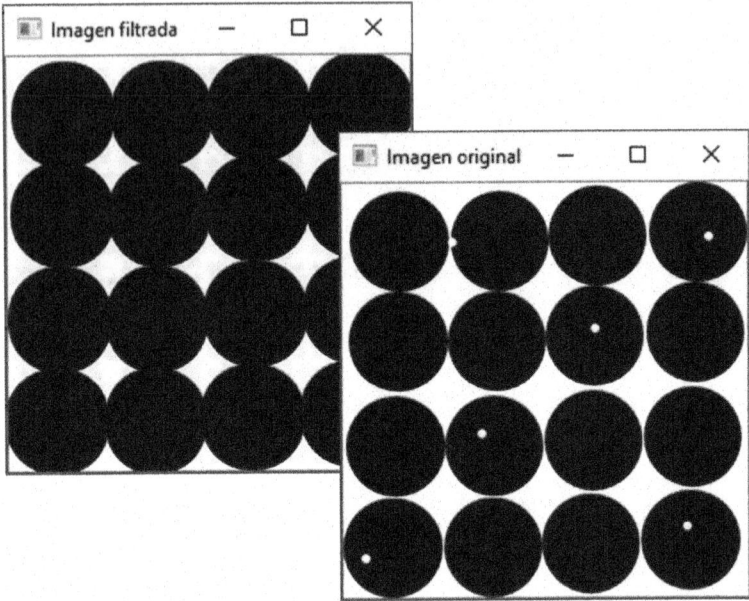

En la práctica dichos agujeros podrían ser reflejos de una fuente de luz sobre objetos esféricos que podrían confundirse con otros de menor tamaño, lo que provocaría falsos positivos. En ese caso, la forma de eliminarlos sería empleando previamente un filtro de erosión. Para restaurar los círculos a su tamaño original, podría usar posteriormente un filtro de dilatación.

### 8.3.3 Otros filtros morfológicos

Los filtros anteriores se pueden combinar para crear otros nuevos. Veamos cada uno de ellos.

El filtro de apertura se realiza con una erosión seguida de una dilatación. Es útil para eliminar el ruido. Para aplicarlo a una imagen, deberá invocar la función:

```
morphologyEx (imagen, cv.MORPH_OPEN, área estructurante)
```

El filtro de clausura o cierre es el inverso al de apertura, es decir, aplica una dilatación a la imagen seguida de una erosión. Se utiliza para cerrar pequeños agujeros (o puntos negros) dentro de objetos en primer plano (más claros que los del fondo). La función OpenCV que tendrá que usar para realizar este tipo de filtro es:

```
morphologyEx (imagen, cv.MORPH_CLOSE, área estructurante)
```

El filtro de gradiente morfológico se obtiene como la diferencia entre la dilatación y la erosión de una imagen. El resultado obtenido será el contorno del objeto. Para ello, emplee la función:

```
morphologyEx (imagen, cv.MORPH_GRADIENT, área estructurante)
```

El filtro de sombrero de copa calcula la diferencia entre la imagen original y la de apertura. La función que lo implementa es:

```
morphologyEx (imagen, cv.MORPH_TOPHAT, área estructurante)
```

Por último, el filtro de sombrero negro es la diferencia entre la imagen de cierre y la original. En este caso, OpenCV proporciona la función:

```
morphologyEx (imagen, cv.MORPH_BLACKHAT, área estructurante)
```

Le animo a que experimente con todos ellos, a conocer su comportamiento y adquirir la experiencia necesaria para saber cuál es el más adecuado en las situaciones que se encuentre durante la realización de sus propios proyectos.

## 8.4 FILTRO CANNY

El filtro Canny es la herramienta proporcionada por OpenCV para la detección de bordes, es decir, la identificación de los límites de los objetos de una imagen. Este filtro es un algoritmo de múltiples etapas, cuyo funcionamiento voy a tratar de simplificar para que, sin entrar en aspectos matemáticos, se puedan entender los conceptos subyacentes que lo sustentan, que son:

- Filtrado del ruido
- Gradiente
- Histéresis

Puesto que la detección de bordes es susceptible al ruido de una imagen, para eliminarlo se utiliza un filtro gaussiano con un kernel de 5 × 5.

El gradiente representa la diferencia de intensidad que hay entre píxeles adyacentes. Cuanto mayor sea dicha diferencia, mayor será el gradiente. Por ejemplo, en las proximidades de una línea negra dibujada sobre un fondo blanco, el gradiente sería máximo. En cualquier otra parte, el gradiente sería nulo, ya que todos los puntos son del mismo color (el del fondo).

La histéresis se emplea para decidir qué es un borde y qué no, en base al gradiente. Para eso se establecen dos valores de umbral, uno mínimo y otro máximo. Cualquier zona de la imagen con un gradiente mayor que el valor máximo contendrá seguramente un borde, mientras que los que estén por debajo del valor mínimo es probable que no lo tengan, con lo que se descartan. Los que están entre medias se clasificarán como bordes, o no, según su conectividad. Si son adyacentes (están conectados) a píxeles que seguramente sean bordes, se consideran parte de dichos bordes. De lo contrario, se descartan.

Para la obtención de bordes, OpenCV proporciona la función:

```
Canny(imagen, umbral inferior, umbral superior)
```

El primer argumento de la función es la imagen sobre la que se aplica el filtro. Los dos argumentos siguientes fijan los umbrales de gradiente utilizados en la histéresis para decidir qué es un borde y qué no. Pueden ajustarse para capturar solo los bordes más definidos y obtener contornos más limpios. Cuanto más altos sean, más limpios serán dichos bordes. En cualquier caso, se recomienda que la relación entre el nivel superior e inferior esté entre 2:1 y 3:1.

Para comprobar los espectaculares resultados de este filtro, escriba el siguiente código:

```
import cv2

img = cv2.imread('../imagenes/Invalidos.jpg', 0)

img_canny = cv2.Canny(img, 100, 200)
cv2.imshow('Imagen filtrada', img_canny)

cv2.imshow('Imagen original', img)

cv2.waitKey(0)
cv2.destroyAllWindows()
```

De este programa, la sentencia clave es la que realiza el filtro Canny sobre la imagen de Los Inválidos de París. Para ello, los valores de los umbrales elegidos son 100:200, aunque le animo a experimentar con otros diferentes.

```
img_canny = cv2.Canny(img, 100, 200)
```

Ejecute el programa. El resultado obtenido será similar al de un dibujo a mano alzada de la imagen original.

No menos espectacular es la transformación realizada con esta otra imagen, formada por figuras geométricas diferentes.

Como puede ver a continuación, en la imagen generada como resultado de aplicar el filtro Canny se delimitan claramente los bordes de todas las figuras geométricas, y se aprecia con facilidad que el triángulo se sitúa delante del cuadrado y el círculo.

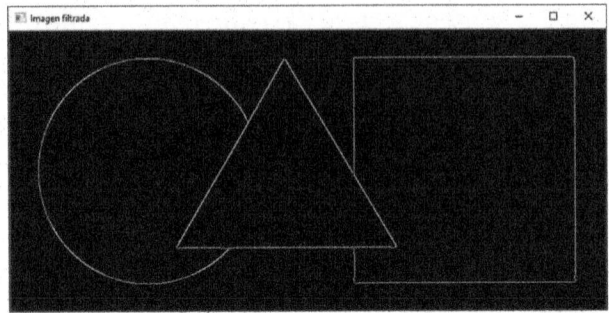

Por último, observe cómo sería, seguramente, el boceto realizado por el pintor del cuadro de la niña.

En este caso, además del filtro Canny, se ha aplicado otro de umbral simple inverso con la función `threshold()`. Como valor de umbral se ha elegido 0, porque la imagen resultado de aplicar previamente el filtro Canny solo tiene blancos y negros (no hay tonos de grises).

```python
import cv2

img = cv2.imread('../imagenes/cuadro.jpg', 0)

img_canny = cv2.Canny(img, 100, 200)
_, img_inversa = cv2.threshold(img_canny, 0, 255, cv2.THRESH_BINARY_INV)
cv2.imshow('Imagen filtrada', img_inversa)

cv2.waitKey(0)
cv2.destroyAllWindows()
```

# Unidad 9
# CONTORNOS

Un contorno es una línea formada por todos los puntos del mismo color e intensidad que bordean un objeto. Su importancia es enorme en visión artificial, ya que se utiliza para la detección y el reconocimiento de objetos. Con el fin de poder manejarlos, OpenCV proporciona una amplia gama de funciones que van, desde su identificación, pasando por el cálculo de su perímetro o su área, hasta el uso de técnicas de *bounding box*, que reducen la complejidad de su forma (por muy intrincada que sea) a figuras geométricas sencillas, como rectángulos o elipses, fácilmente manejables por los programas de visión artificial.

## 9.1 IDENTIFICACIÓN

Con el fin de localizar los contornos de una imagen, y en última instancia, los objetos a los que pertenecen, OpenCV ofrece la función:

```
findContours(imagen, modo, método)
```

El primer argumento es la imagen en la que se buscan los contornos, el segundo es el modo de recuperación, y el tercero, el método de aproximación utilizado.

El modo de recuperación determina qué contornos de una imagen se devuelven y/o la relación jerárquica entre ellos. Se identifican los siguientes:

- `RETR_EXTERNAL`. Recupera solo los contornos exteriores. Es decir, no se tienen en cuenta los que hay dentro de estos.

- `RETR_LIST`. Recupera todos los contornos sin establecer relaciones jerárquicas.

- RETR_CCOMP. Recupera todos los contornos y los organiza en una jerarquía de dos niveles. Los contornos externos de cada objeto se colocan en el primer nivel, mientras que los internos (si los hubiera) estarían en el segundo. Pero si un contorno interno tuviera dentro otros diferentes, este pasaría al primer nivel de la jerarquía, mientras que los más interiores estarían en el segundo. Así sucesivamente.

- RETR_TREE. Recupera todos los contornos y los organiza en una jerarquía completa de contornos anidados.

Para ayudar a entender mejor el funcionamiento de estos modos de recuperación, la siguiente figura muestra tres rectángulos, uno de los cuales se encuentra dentro de otro. Si se utilizara el modo RETR_EXTERNAL, la función findContours() devolvería como resultado los contornos más exteriores: el (1) y el (3). Con RETR_LIST se devolvería una lista con los tres contornos. Si eligiera RETR_CCOMP, en el primer nivel de la jerarquía estarían los contornos (1) y (3), y en el segundo, el (2). Por último, con RETR_TREE obtendría una jerarquía en la que el contorno (2) sería hijo de (1), mientras que el (3) estaría solo.

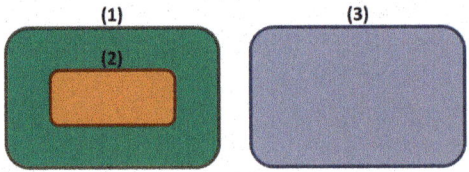

Respecto al método de aproximación, determina el número de puntos que se almacenan de cada contorno. Se pueden usar diferentes métodos, de los que se destacan los siguientes:

- CHAIN_APPROX_NONE. Almacena todos los puntos de contorno.

- CHAIN_APPROX_SIMPLE. Almacena únicamente los puntos inicial y final de cada uno de los segmentos con los que se dibuja el contorno. Por ejemplo, el contorno de un rectángulo estaría formado por cuatro puntos.

Ya conoce los argumentos de entrada a esta función. Como salida, devuelve dos valores: la lista de contornos detectados y, opcionalmente, su jerarquía. Pero ¿cómo se representa en Python un contorno? Con una matriz NumPy cuyos elementos son los puntos (coordenadas *x*, *y*) con los que se dibuja.

> ℹ No se estudiarán las jerarquías de contornos. Si quiere conocer esta estructura de datos, visite la página
> https://docs.opencv.org/master/d3/dc0/group__imgproc__shape.html

Para que los algoritmos de detección de contornos funcionen adecuada-mente, se requiere trabajar con imágenes binarias. Por ese motivo, primero se deben pasar a escala de grises, y luego, aplicar un filtro de umbral.

> *i* Los mejores resultados se obtienen cuando se utilizan objetos claros sobre un fondo oscuro.

## 9.2 DIBUJO

Para ver los contornos de una imagen, es preciso saber cómo dibujarlos. Con este fin, OpenCV proporciona la función:

```
drawContours(imagen, contornos, índice, color)
```

Su primer argumento es la imagen sobre la que se van a pintar los con-tornos, el segundo contiene una lista de contornos, el tercero es el índice de aquel que se desea dibujar (si su valor fuera -1, se trazarían todos) y, el último, el color de trazo utilizado.

> *i* Esta función tiene más argumentos opcionales. Por ejemplo, después del color se podría especificar el grosor de la línea del contorno. Para conocerlos todos, consulte:
>
> https://docs.opencv.org/master/d6/d6e/group__imgproc__draw.html

Una vez conocida la teoría, es momento de pasar a la práctica. Para ello, el primer programa de dibujo de contornos lo realizará con una imagen de muestra que contiene diversas figuras geométricas.

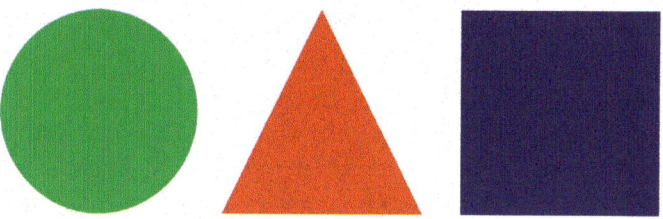

El código que identificará sus contornos es el siguiente:

```
import cv2

umbral = 200
color = (0,255,255)
grosor = 3
```

```
img = cv2.imread('../imagenes/figuras_geometricas3.jpg')

img_byn = cv2.cvtColor(img, cv2.COLOR_BGR2GRAY)
_, img_umbral = cv2.threshold(img_byn, umbral, 255, cv2.THRESH_BINARY)
cv2.imshow('Imagen binarizada', img_umbral)

contornos, _ = cv2.findContours(img_umbral, cv2.RETR_LIST,
                                cv2.CHAIN_APPROX_NONE)

cv2.drawContours(img, contornos, -1, color, grosor)
cv2.imshow('Contorno CHAIN_APPROX_NONE', img)

cv2.waitKey(0)
cv2.destroyAllWindows()
```

Una vez importada la librería OpenCV, se declaran las variables de configuración del programa, empezando por la que fija el valor del umbral, utilizado para realizar un filtrado de umbral simple de la imagen previo a la identificación de los contornos. Para determinar dicho valor, se ha utilizado el programa que se desarrolló con el fin de observar el comportamiento del filtro de umbral simple. Modifíquelo para cargar el archivo "figuras_geometricas3.jpg" (en vez de "degradado.jpg") y mueva la barra de desplazamiento hasta que en la ventana que muestra la imagen filtrada destaquen claramente dichas figuras geométricas.

```
umbral = 200
```

Las otras dos variables determinan el color y el grosor de la línea con la que se van a dibujar los contornos.

```
color = (0,255,255)
grosor = 3
```

A continuación, se carga la imagen. Observe que la función `imread()` solo tiene como argumento la ruta de acceso al archivo donde se encuentra, por lo que se cargará en color. ¿Por qué no se carga directamente en blanco y negro, sabiendo que es imprescindible para realizar un filtrado por umbral? Porque los contornos identificados se dibujarán sobre la imagen original en color.

```
img = cv2.imread('../imagenes/figuras_geometricas3.jpg')
```

Por lo tanto, al haber cargado la imagen en color, hay que pasarla a blanco y negro. De esta forma, se dispone de dos imágenes: una en color (`img`) sobre la que se dibujarán los contornos, y otra en blanco y negro (`img_byn`), que se binarizará como paso previo a la identificación de dichos contornos.

```
img_byn = cv2.cvtColor(img, cv2.COLOR_BGR2GRAY)
```

Una vez que se tiene la imagen en blanco y negro, se aplica el filtro de umbral simple (THRESH_BINARY). Es fundamental elegir un valor de umbral adecuado, ya que de eso dependerá el éxito o el fracaso del proceso de identificación de los contornos.

```
_, img_umbral = cv2.threshold(img_byn, umbral, 255, cv2.THRESH_BINARY)
```

Aunque no es necesaria, se ha incluido una sentencia en la que se llama a la función imshow(), para mostrar en una ventana independiente la imagen binarizada utilizada para detectar los contornos.

```
cv2.imshow('Imagen binarizada', img_umbral)
```

Como puede comprobar, cada figura geométrica queda perfectamente identificada, con independencia de su color.

Una vez binarizada la imagen, se procede a la identificación de todos sus contornos. El modo utilizado tiene en cuenta únicamente los contornos exteriores (RETR_LIST), mientras que el método guardará todos los puntos del contorno (CHAIN_APPROX_NONE).

```
contornos, _ = cv2.findContours(img_umbral, cv2.RETR_LIST,
                        cv2.CHAIN_APPROX_NONE)
```

La siguiente sentencia dibuja sobre la imagen original (img) dichos contornos (contornos) con la función drawContours(). El valor de su tercer argumento es -1, lo que indica que se pintarán todos. Su color y grosor vienen determinados por las variables color y grosor, cuyo valor se estableció al principio del programa. Una vez dibujados los contornos sobre la imagen original, se muestran en pantalla con la función imshow().

```
cv2.drawContours(img, contornos, -1, color, grosor)
cv2.imshow('Contorno CHAIN_APPROX_NONE', img)
```

Ejecute el programa y observe que las figuras geométricas aparecen rodeadas por contornos de color amarillo que se ajustan perfectamente a su forma.

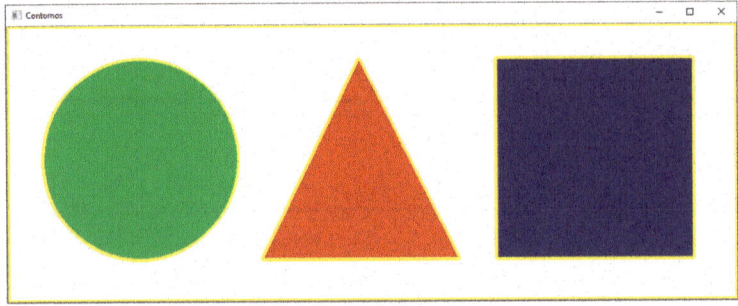

En la imagen anterior, habrá advertido que el marco de la ventana se ha identificado también como un contorno. Si quiere evitar este efecto, utilice el filtro de umbral simple inverso (THRESH_BINARY_INV). En ese caso, la sentencia en la que se realiza el binarizado de la imagen quedaría ahora así:

```
_, img_umbral = cv2.threshold(img_byn, umbral, 255,
                              cv2.THRESH_BINARY_INV)
```

Tras ejecutar de nuevo el programa, la imagen binarizada tendrá el siguiente aspecto, donde ahora los objetos son de color blanco sobre fondo oscuro.

Como la función findContours() se fija en objetos que tienen los contornos blancos, ahora se dibujan únicamente los correspondientes a las figuras geométricas.

Podría llegar a pensar que la identificación de contornos funciona solo con objetos sencillos, con colores y trazos perfectos, como los vistos hasta ahora. Para demostrar que eso no es así, utilizará la siguiente fotografía.

Como sabe, la elección de un valor de umbral apropiado es la clave para una correcta detección de contornos. En esta ocasión, para ayudar a escoger el más adecuado, va a modificar el programa anterior para incorporar una barra de desplazamiento con la que pueda experimentar el efecto producido con diferentes valores de umbral. Su código es el siguiente:

```
import cv2


color = (0,255,255)
grosor = 3


img = cv2.imread('../imagenes/hoja.jpg')
img_original = img.copy()
img_byn = cv2.cvtColor(img, cv2.COLOR_BGR2GRAY)

def mostrar_imagen_binarizada(umbral):
    global img_umbral
    _, img_umbral = cv2.threshold(img_byn, umbral, 255,
                            cv2.THRESH_BINARY_INV)
    cv2.imshow('Imagen binarizada', img_umbral)

def mostrar_contornos():
    contornos, _ = cv2.findContours(img_umbral, cv2.RETR_LIST,
                            cv2.CHAIN_APPROX_NONE)
```

```
    img = img_original.copy()
    cv2.drawContours(img, contornos, -1, color, grosor)
    cv2.imshow('Contornos', img)

def actualizar_imagenes(umbral):
    mostrar_imagen_binarizada(umbral)
    mostrar_contornos()

actualizar_imagenes(0)

cv2.createTrackbar('Umbral', 'Contornos', 0, 255, actualizar_imagenes)

cv2.waitKey(0)
cv2.destroyAllWindows()
```

En la declaración inicial de variables, se observan las mismas utilizadas en el programa de base que determinan el color o el grosor con el que se dibujarán los contornos. Sin embargo, desaparece la variable umbral, ya que ahora su valor será establecido por la barra de desplazamiento.

```
color = (0,255,255)
grosor = 3
```

Después de cargar la fotografía de la hoja, se realiza una copia. El motivo es porque, antes de dibujar sobre la imagen original el contorno (resultado de aplicar el valor del umbral seleccionado con la barra de desplazamiento), hay que borrar el trazado anterior. Una forma indirecta de hacerlo es volver a cargar la imagen original.

```
img = cv2.imread('../imagenes/hoja.jpg')
img_original = img.copy()
```

Una vez creada la copia de la imagen original, y al igual que en el programa utilizado de base, se crea otra equivalente en blanco y negro, que será la empleada para realizar el filtrado de umbral simple.

```
img_byn = cv2.cvtColor(img, cv2.COLOR_BGR2GRAY)
```

A continuación se realiza la declaración de las funciones. La primera de ellas es la encargada de binarizar la imagen en blanco y negro con threshold(), tal como se hacía en el programa utilizado de base, por lo que no se van a dar explicaciones adicionales.

```
def mostrar_imagen_binarizada(umbral):
    global img_umbral
    _, img_umbral = cv2.threshold(img_byn, umbral, 255,
                                   cv2.THRESH_BINARY_INV)
    cv2.imshow('Imagen binarizada', img_umbral)
```

> ℹ️ De nuevo, se ha empleado un filtro `THRESH_BINARY_INV` porque el color de la hoja es más oscuro que el del fondo.

La segunda función identifica los contornos de la imagen binarizada y los dibuja sobre la imagen original con las funciones `findContours()` y `drawContours()`, respectivamente. De nuevo, el código es similar al programa utilizado de base. La única diferencia es que, antes de dibujar los nuevos contornos, se "borran" los que se hubieran podido pintar anteriormente haciendo una copia de la imagen original (`img_original`).

```
def mostrar_contornos():
    contornos, _ = cv2.findContours(img_umbral, cv2.RETR_LIST,
                                     cv2.CHAIN_APPROX_NONE)
    img = img_original.copy()
    cv2.drawContours(img, contornos, -1, color, grosor)
    cv2.imshow('Contornos', img)
```

La última función es la de *callback* de la barra de desplazamiento. Su argumento de entrada (`umbral`) es el valor del umbral seleccionado. Dentro de esta función se llama a las dos anteriores, ya que, cada vez que se modifica el umbral, se debe volver a binarizar la imagen con el nuevo valor y, posteriormente, identificar y dibujar los contornos sobre la imagen original.

```
def actualizar_imagenes(umbral):
    mostrar_imagen_binarizada(umbral)
    mostrar_contornos()
```

Finalizada la declaración de las funciones, ya de vuelta al flujo principal del programa, se llama a esta última con un valor de umbral 0 (el que tiene inicialmente la barra de desplazamiento). El objetivo es mostrar, al arrancar el programa, la imagen binarizada con este valor de umbral, junto con los contornos identificados.

```
actualizar_imagenes(0)
```

La siguiente sentencia crea la barra de desplazamiento "Umbral" en la ventana "Contornos", con un valor inicial de 0 y un valor máximo de 255. La función de *callback* que tendrá asociada es `actualizar_imagenes()`, descrita anteriormente.

```
cv2.createTrackbar('Umbral', 'Contornos', 0, 255, actualizar_imagenes)
```

Las últimas sentencias esperan que se pulse una tecla para cerrar las ventanas y finalizar el programa.

Analice el comportamiento de este programa según se incrementa el valor del umbral. En la imagen de más abajo, se ha seleccionado un valor relativamente bajo. Como puede observar, se aprecian los contornos de los nervios de la hoja, así como los provocados por las sombras que se producen sobre el plano en la que está situada.

En la siguiente imagen se ha elegido un valor de umbral óptimo. Por ese motivo, el contorno recorre de forma fiel el tallo y los picos de la hoja.

La última imagen muestra lo que sucede si se sigue incrementando el valor del umbral. En ese caso, se aprecia claramente que, cuando se tomó la fotografía, la luz incidía con mayor intensidad en la zona superior izquierda. Eso ha provocado que esté más iluminada que el resto y que cree su propio contorno, dentro del cual el nivel de luz es superior al del resto de la imagen.

## 9.3 CÁLCULO DEL PERÍMETRO Y EL ÁREA

Tal como se ha comentado anteriormente, un contorno se almacena en Python como un *array* NumPy con las coordenadas *x, y* de los puntos que lo forman, lo que permite obtener la longitud de su perímetro o el área que comprende. Esta última característica es muy importante, porque en muchos procesos industriales se realizan clasificaciones por tamaño, tanto de la materia prima como de la manufacturada.

Para obtener la longitud de un contorno, OpenCV proporciona la función:

```
arcLength(contorno, tipo)
```

El primer argumento es el contorno del que se desea saber su longitud, mientras que el segundo es un valor booleano que indica si es cerrado (True) o abierto (False). El resultado de esta función será la longitud del contorno.

Si lo que se quiere saber es su área, la función que ofrece OpenCV es:

```
contourArea(contorno, tipo)
```

A continuación, va a desarrollar un programa que usa precisamente el área del contorno para identificar el valor de cada una de las monedas de una imagen. Por simplicidad, dichas monedas serán de 1, 2 y 5 céntimos de euro. Para probar su funcionamiento, se utilizarán dos imágenes tomadas con una webcam sencilla, sin variar su posición.

> ℹ️ Las imágenes de las monedas se deben tomar siempre a la misma distancia de la cámara para que no varíe su tamaño, que es el parámetro por el que se va a identificar su valor.

El código que le permitirá identificar el valor y el número de monedas de cada tipo es el siguiente:

```python
import cv2

fuente = cv2.FONT_HERSHEY_COMPLEX
color = (0,255,255)
grosor = 2
escala = 1
posicion_texto_1 = (20, 30)
posicion_texto_2 = (20, 60)
posicion_texto_5 = (20, 90)

umbral = 120

area_min_1 = 4000
area_min_2 = 6000
area_min_5 = 8000

num_monedas_1 = num_monedas_2 = num_monedas_5 = 0
```

```
img = cv2.imread('../imagenes/monedas2.jpg')
img_byn = cv2.cvtColor(img, cv2.COLOR_BGR2GRAY)
_, img_umbral = cv2.threshold(img_byn, umbral, 255,
                            cv2.THRESH_BINARY_INV)
contornos, _ = cv2.findContours(img_umbral, cv2.RETR_LIST,
                            cv2.CHAIN_APPROX_NONE)

for contorno in contornos:
    area = abs(cv2.contourArea(contorno, True))
    if area >= area_min_5: num_monedas_5 += 1
    elif area >= area_min_2: num_monedas_2 += 1
    elif area >= area_min_1: num_monedas_1 += 1

cv2.putText(img, "Monedas de 1 centimo:  " + str(num_monedas_1),
            posicion_texto_1, fuente, escala, color, grosor)
cv2.putText(img, "Monedas de 2 centimos: " + str(num_monedas_2),
            posicion_texto_2, fuente, escala, color, grosor)
cv2.putText(img, "Monedas de 5 centimos: " + str(num_monedas_5),
            posicion_texto_5, fuente, escala, color, grosor)
cv2.imshow('Contornos', img)
```

Lo primero que se hace en el programa tras importar la librería OpenCV es declarar las variables relacionadas con los textos que indicarán el número de monedas de 1, 2 y 5 céntimos que hay en la imagen. En concreto, el tipo de fuente (FONT_HERSHEY_COMPLEX), el color (amarillo), el grosor y la escala.

```
fuente = cv2.FONT_HERSHEY_COMPLEX
color = (0,255,255)
grosor = 2
escala = 1
```

Las variables que hay a continuación indican la posición en la que se escribirán dichos textos, que será en la parte superior izquierda de la ventana.

```
posicion_texto_1 = (20, 30)
posicion_texto_2 = (20, 60)
posicion_texto_5 = (20, 90)
```

La siguiente variable es el valor del umbral utilizado para binarizar la imagen. Su valor debe elegirse de forma que los contornos queden claramente definidos. Para obtener dicho valor, se ha utilizado el programa de la práctica anterior, en el que se ha cargado la foto con los tres tipos de monedas ("monedas2.jpg") en vez de la hoja ("hoja.jpg"). A continuación, puede ver que, con un valor de umbral de 120, dichos contornos quedan perfectamente establecidos.

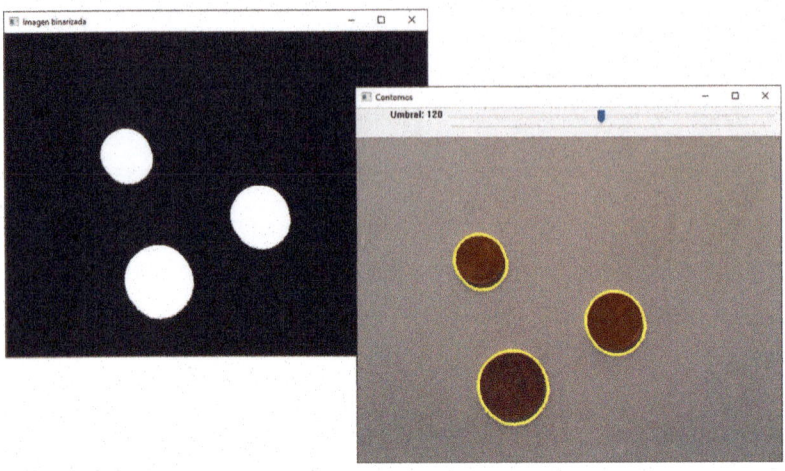

> **i**
> Como puede observar, el contorno no es perfectamente circular porque a este se ha incorporado la pequeña sombra de la moneda en su parte inferior.

Por lo tanto, la variable `umbral` se crea con dicho valor.

```
umbral = 120
```

Después, se declaran las variables que contienen el tamaño mínimo de cada tipo de moneda. Se toma el valor mínimo porque la estrategia que hay que seguir consiste en que, para cada contorno identificado en la imagen, se obtiene su tamaño y se verifica si corresponde a una moneda de 5 céntimos (la más grande). Luego, se probaría con la de 2 céntimos y, en último término, con la de 1 céntimo.

```
area_min_1 = 4000
area_min_2 = 6000
area_min_5 = 8000
```

Para conseguir el valor de estos tamaños, utilice de nuevo el programa de la práctica anterior (con el que consiguió el valor del umbral), en el que tendrá que sustituir la función `mostrar_contornos()` por la siguiente.

```
def mostrar_contornos():
    contornos, _ = cv2.findContours(img_umbral, cv2.RETR_LIST,
                            cv2.CHAIN_APPROX_NONE)
```

```
for contorno in contornos:
    print(cv2.contourArea(contorno, True))
print("------------")

img = img_original.copy()
cv2.drawContours(img, contornos, -1, color, grosor)
cv2.imshow('Contornos', img)
```

> ℹ️ Quizás le resulte más cómodo realizar estas modificaciones en una copia del programa de la práctica anterior.

El único cambio respecto de la original es que ahora, cuando se identifican los contornos de la imagen, se recorren con un bucle for que escribe en la *shell* el tamaño de cada uno de ellos. Por eso, una vez seleccionado el umbral óptimo, observe los datos que aparecen.

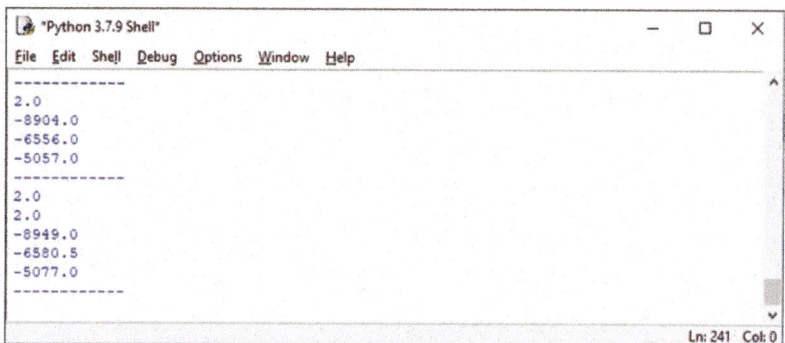

En la pantalla anterior puede apreciar que no solo están los tres contornos que esperaba, sino alguno más. Son pequeños (su valor es 2.0) y seguramente estén pegados a los de las monedas, por lo que le habrán pasado desapercibidos. Pero también son contornos y pueden provocar problemas si no se manejan adecuadamente. Con la estrategia de identificación de monedas basada en un valor de área mínimo quedarían automáticamente descartados y no supondrían ningún inconveniente.

Lo siguiente que puede observar es que el valor del área es un valor negativo. Aunque la documentación de OpenCV no lo deja claro, su signo podría depender de si el contorno utilizado para el cálculo del área es el interno o externo al objeto. Para que esto no provoque problemas de programación, convierta siempre a positivo este valor con la función de Python abs().

En la imagen anterior, los valores obtenidos en la *shell* dan un tamaño entre 8904-8949 a las monedas de 5 céntimos, entre 6556-6580 a las de 2 céntimos y entre 5057-5077 a las de 1 céntimo. Sin embargo, estos variarán ligeramente de una imagen a otra (es difícil que coincidan), por lo que se ha decidido redondear su tamaño mínimo a 8000, 6000 y 4000, respectivamente.

Volviendo de nuevo al código del programa de identificación de monedas, la siguiente sentencia inicia a cero las variables que almacenarán el número de monedas de 1, 2 y 5 céntimos (num_monedas_1, num_monedas_2 y num_monedas_5, respectivamente):

```
num_monedas_1 = num_monedas_2 = num_monedas_5 = 0
```

Finalizada la declaración de las variables de configuración, se carga la imagen de las monedas, se convierte a blanco y negro, se binariza y, por último, se identifican los contornos. Las funciones y sus argumentos ya los conoce, por lo que no se dará ninguna explicación adicional.

```
img = cv2.imread('../imagenes/monedas2.jpg')
img_byn = cv2.cvtColor(img, cv2.COLOR_BGR2GRAY)
_, img_umbral = cv2.threshold(img_byn, umbral, 255,
                        cv2.THRESH_BINARY_INV)
contornos, _ = cv2.findContours(img_umbral, cv2.RETR_LIST,
                        cv2.CHAIN_APPROX_NONE)
```

Una vez encontrados los contornos, se recorren con un bucle for para obtener su tamaño, ya que esta característica será la utilizada para identificar el tipo de moneda. La forma de hacerlo es llamando a la función contourArea(), cuyo segundo argumento (True) indica que se trata de contornos cerrados. Además, su valor se convierte a positivo con la función abs() por lo comentado anteriormente. A continuación, las sentencias if...elif utilizan el valor del área obtenido para incrementar la variable que cuenta el número de monedas de cada tipo.

```
for contorno in contornos:
    area = abs(cv2.contourArea(contorno, True))
    if area >= area_min_5: num_monedas_5 += 1
    elif area >= area_min_2: num_monedas_2 += 1
    elif area >= area_min_1: num_monedas_1 += 1
```

Obtenido el número de monedas de 1, 2 y 5 céntimos, se añaden a la imagen los tres textos mediante los que se deja constancia con putText().

```
cv2.putText(img, "Monedas de 1 centimo:  " + str(num_monedas_1),
            posicion_texto_1, fuente, escala, color, grosor)
```

```
cv2.putText(img, "Monedas de 2 centimos: " + str(num_monedas_2),
            posicion_texto_2, fuente, escala, color, grosor)
cv2.putText(img, "Monedas de 5 centimos: " + str(num_monedas_5),
            posicion_texto_5, fuente, escala, color, grosor)
```

Por último, se muestra la imagen en pantalla.

```
cv2.imshow('Contornos', img)
```

Seguro que estará deseando ver el resultado de la ejecución de este programa. Como puede comprobar más abajo, en la primera imagen de prueba se ha identificado una moneda de cada tipo, tal como se esperaba.

En la segunda imagen, se detecta únicamente una moneda de 1 céntimo y otra de 5 céntimos, lo que demuestra de nuevo su correcto funcionamiento.

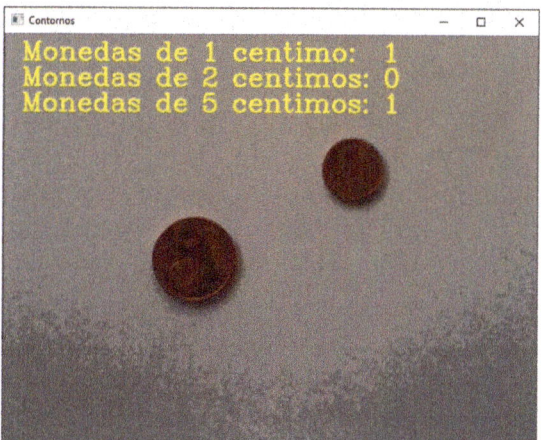

143

Con el fin de dificultar la identificación del tipo de cada moneda, se va a utilizar una tercera imagen tomada en condiciones de luz diferentes. A continuación, puede observar que aparecen nuevos contornos asociados a reflejos. Aunque en este caso se tendría que haber usado un valor de umbral diferente (varía con la iluminación), el resultado sigue siendo correcto.

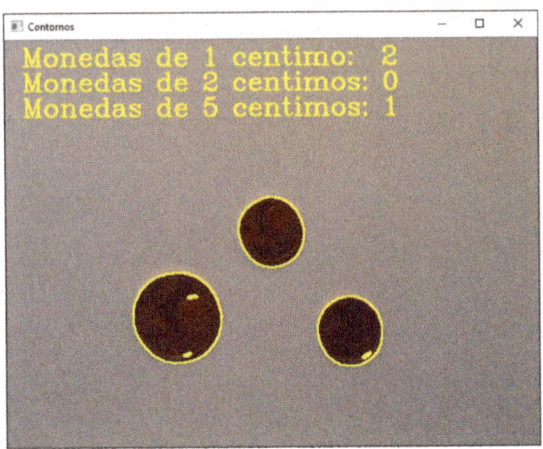

Si las condiciones fueran todavía más dispares o se produjeran molestos reflejos en las monedas, la forma de resolverlo sería utilizando un filtro paso bajo. Para demostrarlo, sustituya la sentencia en la que aplica el filtro de binarización:

```
_, img_umbral = cv2.threshold(img_byn, umbral, 255,
                              cv2.THRESH_BINARY_INV)
```

por estas otras:

```
img_suavizada = cv2.blur(img_byn, (10, 10))
_, img_umbral = cv2.threshold(img_suavizada, umbral, 255,
                              cv2.THRESH_BINARY_INV)
```

La única diferencia con el código original es que, previo al filtro de umbral, se realiza el suavizado de la imagen original con la función blur(). La imagen resultante (img_suavizada) será la utilizada ahora en el proceso de binarización.

Vuelva a probar el programa con todas las imágenes y verifique que funciona correctamente. Además, en la última ya no aparecerán los molestos contornos fantasma que podrían haber provocado falsos positivos.

## 9.4 BOUNDING BOX

Un *bounding box* es el rectángulo más pequeño dentro del que cabe un contorno. Al tratarse de una figura geométrica sencilla, se utiliza para facilitar su manejo, independientemente de la forma que tenga, por muy intrincada que sea.

La función proporcionada por OpenCV para realizar *bounding box* es:

```
boundingRect (contorno)
```

Esta función toma como argumento de entrada el contorno que se va a enmarcar dentro del rectángulo. Lo que devuelve son cuatro valores en el siguiente orden:

- La coordenada *x* de la esquina superior izquierda del rectángulo
- La coordenada *y* de esa misma esquina
- El ancho
- El alto

Para mostrar cómo se utiliza esta función, desarrollará un programa capaz de detectar y enmarcar dentro de un rectángulo la hoja de la fotografía utilizada en una práctica anterior.

```
import cv2

umbral = 175

color = (0,0,255)
grosor = 3

img = cv2.imread('../imagenes/hoja.jpg')
img_byn = cv2.cvtColor(img, cv2.COLOR_BGR2GRAY)
_, img_umbral = cv2.threshold(img_byn, umbral, 255,
                              cv2.THRESH_BINARY_INV)
contornos, _ = cv2.findContours(img_umbral, cv2.RETR_LIST,
                              cv2.CHAIN_APPROX_NONE)

for contorno in contornos:
    x,y,ancho,alto = cv2.boundingRect(contorno)
    cv2.rectangle(img,(x,y),(x+ancho,y+alto), color, grosor)

cv2.imshow('Bounding box', img)

cv2.waitKey(0)
cv2.destroyAllWindows()
```

Como viene siendo habitual, una vez importada la librería OpenCV, se declaran las variables de configuración del programa. La primera (umbral) contiene el valor del umbral utilizado para la binarización de la imagen. Si recuerda la práctica realizada anteriormente, al seleccionar un valor de 175 en la barra de desplazamiento, se obtenía un contorno que seguía de manera bastante fiel el de la hoja. Las otras dos variables establecen el color y el grosor de la línea con la que se dibujarán los rectángulos.

```
umbral = 175


color = (0,0,255)
grosor = 3
```

Las siguientes sentencias cargan el archivo de la hoja, pasan la imagen que contiene a blanco y negro, la binarizan e identifican los contornos que pudiera contener. El código es el habitual, por lo que no se van a dar explicaciones adicionales.

```
img = cv2.imread('../imagenes/hoja.jpg')
img_byn = cv2.cvtColor(img, cv2.COLOR_BGR2GRAY)
_, img_umbral = cv2.threshold(img_byn, umbral, 255,
                        cv2.THRESH_BINARY_INV)
contornos, _ = cv2.findContours(img_umbral, cv2.RETR_LIST,
                        cv2.CHAIN_APPROX_NONE)
```

El bucle for que hay a continuación será el encargado de recorrer los contornos devueltos por la función findContours(). Como enseguida comprobará, además del que rodea la hoja, hay otros que deberá tener en cuenta, ya que representan ruido que tendrá que saber cómo eliminar.

Dentro del bucle for, se obtienen las coordenadas de la esquina superior izquierda de los rectángulos que comprenden cada contorno (x, y), así como su ancho y alto (ancho, alto), datos necesarios para dibujarlos con la función rectangle(), estudiada en el capítulo de interfaz gráfica.

```
for contorno in contornos:
    x,y,ancho,alto = cv2.boundingRect(contorno)
    cv2.rectangle(img,(x,y),(x+ancho,y+alto), color, grosor)
```

Por último, se muestra la imagen con sus contornos en la ventana "Bounding box".

```
cv2.imshow('Bounding box', img)
```

Las últimas sentencias esperan que se pulse cualquier tecla para cerrar la ventana y finalizar el programa.

El resultado de la ejecución de este programa se puede ver en la siguiente imagen, donde se observa que el contorno de la hoja queda perfectamente enmarcado por un rectángulo.

Pero, como suele suceder cuando se trabaja con imágenes del mundo real, además del correspondiente al objeto de interés, aparecen otros contornos que podrían causar falsos positivos en el proceso de identificación de objetos. Para eliminar este ruido, habría que analizar las condiciones de iluminación del entorno en el que se sitúa. Por ejemplo, si hubiera grandes contrastes de luz en diferentes zonas, podría pensar en utilizar un filtro de umbral adaptativo; o, si la imagen fuera más clara que el fondo, otro de umbral simple (sin invertir). Pero, en este caso, los contornos que molestan están provocados por imperfecciones formadas, principalmente, en la parte del tallo, como se aprecia en la imagen binarizada.

Para resolver este problema, aplique un filtro de erosión previo al binarizado que evite su identificación posterior como contornos.

> La elección de la combinación adecuada de filtros depende de la escena en la que se tomen las imágenes y, sobre todo, de la experiencia que vaya adquiriendo en su manejo.

El código en ese caso quedaría de la siguiente forma:

```python
import cv2
import numpy as np

kernel = np.ones((10,10),np.uint8)

umbral = 175
color = (0,0,255)
grosor = 3

img = cv2.imread('../imagenes/hoja.jpg')

img_byn = cv2.cvtColor(img, cv2.COLOR_BGR2GRAY)
img_erosionada = cv2.erode(img_byn,kernel)
_, img_umbral = cv2.threshold(img_erosionada, umbral, 255,
                        cv2.THRESH_BINARY_INV)
contornos, _ = cv2.findContours(img_umbral, cv2.RETR_LIST,
                        cv2.CHAIN_APPROX_NONE)

for contorno in contornos:
    x,y,ancho,alto = cv2.boundingRect(contorno)
    cv2.rectangle(img,(x,y),(x+ancho,y+alto), color, grosor)

cv2.imshow('Bounding box', img)

cv2.waitKey(0)
cv2.destroyAllWindows()
```

Este programa es similar al anterior, por lo que solo se explicarán los cambios realizados, que básicamente son los relacionados con la aplicación de un filtro de erosión. Dicho filtro requiere de un elemento estructurante representado por una matriz NumPy del tamaño elegido. Por eso, además de OpenCV, se importa también la librería NumPy.

```
import cv2
import numpy as np
```

A continuación, se crea con la función `ones()` de esta última librería la matriz de 10 × 10 que se utilizará como elemento estructurante (`kernel`) en el filtro de erosión.

```
kernel = np.ones((10,10),np.uint8)
```

El filtro se aplica sobre la imagen en blanco y negro antes de proceder a su binarizado.

```
img_erosionada = cv2.erode(img_byn,kernel)
```

Ejecute este nuevo programa y advierta que, esta vez, el resultado es el esperado, y se identifica únicamente el contorno de la hoja.

Conociendo las coordenadas del *bounding box*, se abre un amplio mundo de posibilidades. Podrá conocer la posición de un objeto en la imagen, incluso respecto de otros objetos. También sabrá su tamaño, lo que permitirá realizar clasificaciones por esta característica, por ejemplo, el calibre de ciertos alimentos, cuya calidad (y precio) están directamente relacionados. Incluso se podría usar para recortar la imagen y crear otra que contenga únicamente el objeto de interés, como la cara de una persona, con el fin de realizar procesamientos adicionales que permitan localizar dentro sus ojos o saber si está sonriendo.

Aunque suele ser lo más habitual, el área que rodea un contorno no solo se puede delimitar con un rectángulo. También podría utilizarse una circunferencia. En ese caso, la función OpenCV empleada sería:

```
minEnclosingCircle(contorno)
```

Dicha función toma como argumento de entrada el contorno. Como salida, devuelve dos valores:

- Una tupla (*x, y*) con las coordenadas del centro de la circunferencia
- Su radio

En caso de que prefiera una elipse, use:

```
fitEllipse(contorno)
```

Esta función también toma como argumento de entrada un contorno, pero como salida devuelve la elipse circunscrita en el rectángulo girado que mejor se adapte al contorno.

Pruebe estas dos nuevas funciones sustituyendo, en el programa anterior, las sentencias:

```
for contorno in contornos:
    x,y,ancho,alto = cv2.boundingRect(contorno)
    cv2.rectangle(img,(x,y),(x+ancho,y+alto), color, grosor)
```

por estas otras, en las que el rectángulo que rodea la hoja se sustituye por una circunferencia:

```
for contorno in contornos:
    (x, y), radio = cv2.minEnclosingCircle(contorno)
    centro = (int (x), int (y))
    radio = int (radio)
    cv2.circle (img, centro, radio, color, grosor)
```

El resultado lo puede ver a continuación:

Si quisiera rodear la hoja por una elipse, las sentencias que sustituirían a las originales serían:

```
for contorno in contornos:
    elipse = cv2.fitEllipse (contorno)
    cv2.ellipse (img, elipse, color, grosor)
```

La imagen que obtendría ahora sería la siguiente.

## 9.4.1 Pasatiempos. Las siete diferencias

En la siguiente práctica usará el *bounding box* para resolver los famosos pasatiempos de las siete diferencias. Para conseguirlo, se utilizarán dos imágenes en las que, por simplicidad, solo hay una diferencia entre ellas. En cualquier caso, será suficiente para demostrar el correcto funcionamiento de esta técnica, independientemente de las que haya.

La primera imagen muestra el supermercado de un importante centro comercial.

Esta otra imagen es la misma... o eso parece, porque entre ambas hay una diferencia. A ver si es capaz descubrirla.

Si no lo ha conseguido, no desespere, porque dispone de un aliado que le prestará ayuda en esta difícil tarea. Se trata del siguiente programa:

```
import cv2

umbral = 25

color = (0,255,255)
grosor = 3
tamanio_flecha = 50


img1 = cv2.imread('../imagenes/mercado1.jpg')
img2 = cv2.imread('../imagenes/mercado2.jpg')

img = cv2.subtract(img1, img2)
img_byn = cv2.cvtColor(img, cv2.COLOR_BGR2GRAY)
img_suavizada = cv2.blur(img_byn, (10, 10))
_, img_umbral = cv2.threshold(img_suavizada, umbral, 255,
                        cv2.THRESH_BINARY)
contornos, _ = cv2.findContours(img_umbral, cv2.RETR_LIST,
                        cv2.CHAIN_APPROX_NONE)

for contorno in contornos:
    x,y,ancho,alto = cv2.boundingRect(contorno)
    x_extremo1 = x + ancho + tamanio_flecha
```

```
    y_extremo1 = y + int(alto/2) - tamanio_flecha
    x_extremo2 = x + ancho
    y_extremo2 = y + int(alto/2)
    cv2.arrowedLine(img1, (x_extremo1, y_extremo1), (x_extremo2,
                    y_extremo2), color, grosor)

cv2.imshow('Imagen 1', img1)
cv2.imshow('Imagen 2', img2)

cv2.waitKey(0)
cv2.destroyAllWindows()
```

En él, tras importar la librería OpenCV, se declaran las variables utilizadas a lo largo del programa. De nuevo, la más crítica es el umbral (umbral). Se ha escogido un valor muy bajo porque la diferencia entre ambas imágenes es algo de color oscuro (ya tiene una pista para encontrarlo).

```
umbral = 25
```

Si no quiere utilizar el método de prueba y error para calcular este valor, modifique el programa empleado para explicar el comportamiento del filtro de umbral simple. Lo único que tiene que hacer es cargar las dos imágenes del mercado (en vez de la imagen degradada), realizar la diferencia entre ellas y aplicar el filtro de umbral simple sobre la imagen obtenida como resultado. Es decir, sustituir la sentencia:

```
img = cv2.imread('../imagenes/degradado.jpq, 0)
```

por estas otras:

```
img1 = cv2.imread('../imagenes/mercado1.jpg')
img2 = cv2.imread('../imagenes/mercado2.jpg')

img = cv2.subtract(img1, img2)
```

Cuando ejecute el programa, solo tiene que mover la barra de desplazamiento hasta encontrar el valor con el que se vean más nítidamente unas manchas blancas situadas en la zona donde está la diferencia entre ambas imágenes (esta es la pista definitiva para saber qué es lo que se ha cambiado entre ambas imágenes).

Más abajo puede observar la imagen binarizada obtenida con un valor de umbral de 25, que es el que finalmente se ha elegido.

Las siguientes variables determinan el color (color), el grosor (grosor) y el tamaño de la flecha (tamanio_flecha) que se dibujará apuntando al área de la imagen donde está la diferencia (más adelante se describirá cómo se utiliza esta última variable).

```
color = (0,255,255)
grosor = 3
tamanio_flecha = 50
```

A continuación, se cargan las dos imágenes del mercado.

```
img1 = cv2.imread('../imagenes/mercado1.jpg')
img2 = cv2.imread('../imagenes/mercado2.jpg')
```

Estas sentencias son seguidas por las encargadas del procesamiento de la imagen. La primera sustrae ambas imágenes, cuyo resultado se convierte a blanco y negro. Posteriormente, sobre dicha imagen se realiza el proceso de binarización previo a la identificación de los contornos.

Nada diferente a lo que ha venido haciendo hasta ahora excepto que, antes de aplicar el filtro de umbral simple, se realiza otro de suavizado con la función blur(). El objetivo es fundir las diversas manchas blancas que aparecen como diferencia de ambas imágenes, para que se vean como una sola de mayor tamaño. El motivo de que haya varias son los cambios de luz que hay dentro de esa pequeña área.

> *i*
>
> También se podría haber aplicado un filtro de dilatación, que aumentaría el tamaño de las pequeñas zonas blancas y las agruparía en otra más grande.

La última consideración que cabría hacer respecto a este grupo de sentencias tiene que ver con el uso del filtro de umbral simple, en vez del simple inverso. El motivo es porque, a diferencia de los casos anteriores, la zona de interés es una mancha blanca, es decir, más clara que el fondo.

```
img = cv2.subtract(img1, img2)
img_byn = cv2.cvtColor(img, cv2.COLOR_BGR2GRAY)
img_suavizada = cv2.blur(img_byn, (10, 10))
_, img_umbral = cv2.threshold(img_suavizada, umbral, 255,
                    cv2.THRESH_BINARY)
contornos, _ = cv2.findContours(img_umbral, cv2.RETR_LIST,
                    cv2.CHAIN_APPROX_NONE)
```

Una vez obtenidos los contornos (en este caso, idealmente solo uno), se recorren con un bucle `for`.

```
for contorno in contornos:
    …
```

Dentro del bucle, lo primero que se hace es obtener el *bounding box* de cada uno de ellos con la función `boundingRect()`.

```
x,y,ancho,alto = cv2.boundingRect(contorno)
```

A continuación, se procede al cálculo de las coordenadas de inicio/fin de la flecha que apunta hacia cada contorno. Para ello, se utilizan de referencia las de la esquina superior izquierda del *bounding box,* así como su alto y su ancho. Para entender cómo se calculan dichas coordenadas, observe la siguiente figura.

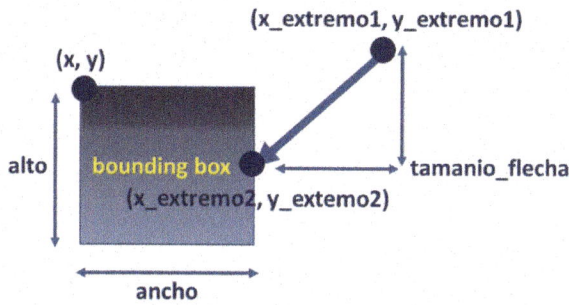

155

Según la imagen anterior, las sentencias que calcularían las coordenadas de los extremos del segmento que forman la flecha son estas:

```
x_extremo1 = x + ancho + tamanio_flecha
y_extremo1 = y + int(alto/2) - tamanio_flecha
x_extremo2 = x + ancho
y_extremo2 = y + int(alto/2)
```

Una vez calculadas estas coordenadas, se dibuja la flecha sobre la primera imagen con la función arrowedLine():

```
cv2.arrowedLine(img1, (x_extremo1, y_extremo1), (x_extremo2,
                y_extremo2), color, grosor)
```

Ya solo queda mostrar ambas imágenes en pantalla, cada una en su correspondiente ventana.

```
cv2.imshow('Imagen 1', img1)
cv2.imshow('Imagen 2', img2)
```

Como siempre, las últimas sentencias esperan que el usuario pulse una tecla para cerrar las ventanas y finalizar el programa.

Ejecute el programa. Ahora sí podrá ver claramente dónde está la diferencia que tanto le ha costado descubrir.

Al ampliar la imagen, se podrá ver mejor que en la zona marcada por la flecha en la imagen de la izquierda no está la bolsita de papel con fruta que había en la de la derecha (se la han llevado).

Lo que resulta un simple pasatiempo también tiene múltiples aplicaciones prácticas, por ejemplo, la automatización de los procesos de control de calidad de una fábrica. Si se compara un objeto con otro de muestra, podrían detectarse fácilmente defectos de producción.

## 9.5 CONTORNOS DE APROXIMACIÓN

Entre las aplicaciones prácticas de la detección de contornos está la identificación de los objetos a los que pertenecen. Una forma de hacerlo sería localizando aquellos puntos que señalan sus vértices. Contando su número y/o teniendo en cuenta la distancia que los separa, podría llegar a saber de qué objeto se trata. Aunque existen métodos específicos de identificación de esquinas, en aquellos casos donde se manejan objetos de formas sencillas se pueden utilizar contornos de aproximación. Este tipo de contornos estará formado por un número de puntos, que depende del grado de precisión deseado. A mayor precisión, el contorno de aproximación se ajustará más al original, por lo que requerirá de un mayor número de puntos. El factor crítico será, por lo tanto, elegir un valor de precisión que ofrezca el mínimo número de puntos con el que se puedan identificar los objetos de interés.

OpenCV ofrece una función para obtener contornos de aproximación:

```
approxPolyDP(contorno, error, tipo)
```

El primer argumento de esta función es el contorno del que se quiere obtener el de aproximación. El segundo es el margen de error admitido, es decir, la precisión con la que el contorno de aproximación se ajusta al original. Su valor es la distancia máxima permitida entre ambos. El último argumento es un valor booleano que indica si el contorno es abierto (False) o cerrado (True).

El valor devuelto por esta función es un contorno de aproximación.

Esta función implementa el algoritmo de Douglas-Peucker.

Para que el reconocimiento de los objetos se realice de forma correcta, deberá elegir un margen de error que no genere un contorno de aproximación muy diferente del original. En la práctica, este margen de error se especifica como un porcentaje de la longitud del contorno original. Por ejemplo, un margen de error del 1 % se calcularía como:

margen de error = 0.01 × longitud de contorno original

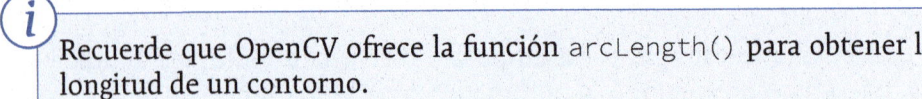 Recuerde que OpenCV ofrece la función `arcLength()` para obtener la longitud de un contorno.

Para aprender a usar estas funciones, va a desarrollar un sencillo programa que identifica figuras geométricas y escribe su nombre dentro de cada una de ellas. La imagen utilizada de ejemplo para demostrar su efectividad se muestra a continuación.

El objetivo del programa será conseguir contornos de aproximación que, en el caso del cuadrado, estén formados por cuatro puntos; en el del triángulo, por tres, y en el del pentágono, por cinco. El código que tendrá que desarrollar es el siguiente:

```python
import cv2

umbral = 200

porcentaje_error = 0.01

fuente = cv2.FONT_HERSHEY_SIMPLEX
color = (0,0,0)
grosor = 2
escala = 1
texto = ""

img = cv2.imread('../imagenes/figuras_geometricas4.jpg')
```

```
img_byn = cv2.cvtColor(img, cv2.COLOR_BGR2GRAY)
_, img_umbral = cv2.threshold(img_byn, umbral, 255,
                              cv2.THRESH_BINARY_INV)


contornos, _ = cv2.findContours(img_umbral, cv2.RETR_LIST,
                                cv2.CHAIN_APPROX_SIMPLE)


for contorno in contornos:
    x,y,ancho,alto = cv2.boundingRect(contorno)

    margen_error = porcentaje_error*cv2.arcLength(contorno, True)
    contorno_aprox = cv2.approxPolyDP(contorno, margen_error, True)

    if len(contorno_aprox) == 3: texto = "TRIANGULO"
    elif len(contorno_aprox) == 4:texto = "CUADRADO"
    elif len(contorno_aprox) == 5: texto = "PENTAGONO"

    (ancho_texto, alto_texto), _ = cv2.getTextSize(texto, fuente,
                                                   escala, grosor)
    posicion_x = int(x + (ancho - ancho_texto) / 2)
    posicion_y = int(y + (alto / 2 + alto_texto / 2))

    cv2.putText(img, texto, (posicion_x, posicion_y), fuente, escala,
                color, grosor)

cv2.imshow('Figuras geometricas', img)

cv2.waitKey(0)
cv2.destroyAllWindows()
```

Una vez importada la librería OpenCV, se procede a declarar las variables utilizadas a lo largo del programa. En primer lugar, se encuentra la que contiene el valor del umbral utilizado para la binarización de la imagen, previa a la identificación de los contornos. Su valor es el mismo utilizado en el programa desarrollado al principio del capítulo, en el que también se manejaban figuras geométricas. Allí se describe cómo obtenerlo.

```
umbral = 200
```

Luego se declara la variable que establece un porcentaje de error del 1 % entre el contorno original y el aproximado. Más adelante se explicará cómo se ha fijado este valor.

```
porcentaje_error = 0.01
```

Después, se crean las variables con la fuente, el color, el grosor y la escala del texto utilizado para escribir el nombre de cada figura geométrica. La última (texto), ahora vacía, contendrá su nombre.

```
fuente = cv2.FONT_HERSHEY_SIMPLEX
color = (0,0,0)
grosor = 2
escala = 1
texto = ""
```

Las siguientes sentencias son las responsables de cargar la imagen y procesarla, pasándola a blanco y negro, binarizándola y, finalmente, identificando los contornos que contiene.

```
img = cv2.imread('../imagenes/figuras_geometricas4.jpg')
img_byn = cv2.cvtColor(img, cv2.COLOR_BGR2GRAY)
_, img_umbral = cv2.threshold(img_byn, umbral, 255,
                              cv2.THRESH_BINARY_INV)
contornos, _ = cv2.findContours(img_umbral, cv2.RETR_LIST,
                                cv2.CHAIN_APPROX_SIMPLE)
```

En el bucle for que hay a continuación se recorren todos los contornos, realizando las operaciones necesarias para comprobar si alguno de ellos corresponde a un triángulo, un cuadrado o un pentágono.

```
for contorno in contornos:
    ...
```

La primera sentencia dentro de este bucle obtiene el tamaño y la posición del *bounding box* dentro del que se sitúa cada contorno. Dicha información será la utilizada posteriormente para centrar el nombre de la figura tanto horizontal como verticalmente.

```
x,y,ancho,alto = cv2.boundingRect(contorno)
```

La sentencia en la que realmente se realiza el proceso de identificación de las figuras geométricas es aquella en la que se invoca la función approxPolyDP(), que devuelve el contorno que mejor se adapta a cada objeto con el mínimo número de puntos. En el caso de un triángulo serían tres; en un cuadrado, cuatro, y en un pentágono, cinco.

Con el fin de que el reconocimiento de las figuras geométricas se realice de forma correcta, se tendría que elegir un margen de error para el que no se generen contornos de aproximación que se separen demasiado del original y, por lo tanto, produzcan resultados erróneos. Para ello, deberá probar con distintos valores. En las siguientes imágenes se muestran los contornos de aproximación obtenidos con un margen de error del 10 %.

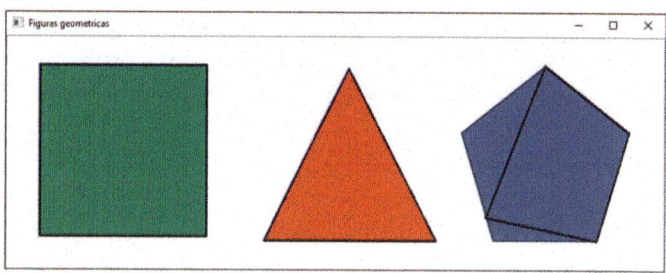

Como puede observar, aunque este margen de error es aceptable en el caso del triángulo y el cuadrado, no sirve con el pentágono, ya que el contorno de aproximación tiene cuatro puntos, es decir, los mismos que un cuadrado. Puesto que este número de puntos será precisamente el que identifique la figura geométrica de la que se trata, dicho margen de error no es asumible.

En las siguientes figuras se realiza la misma operación con márgenes del 5 % (arriba) y del 1 % (abajo). En ambos casos, el contorno de aproximación del pentágono estaría formado por cinco puntos, por lo que estos márgenes de error ya serían asumibles.

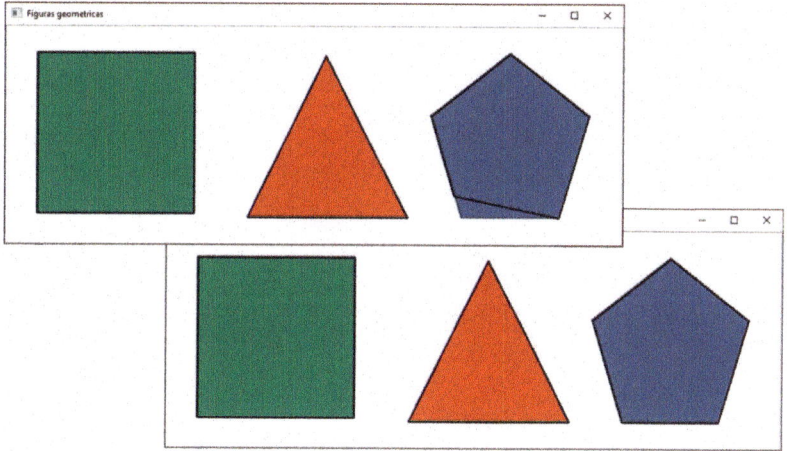

Finalmente, se ha optado por coger un margen de error del 1 % de la longitud del contorno original porque el de aproximación es idéntico en todas las figuras geométricas.

Las siguientes sentencias serían las que obtendrían dichos contornos aplicando el porcentaje de error elegido.

```
margen_error = porcentaje_error*cv2.arcLength(contorno, True)
contorno_aprox = cv2.approxPolyDP(contorno, margen_error, True)
```

Para obtener gráficos similares a los de las imágenes anteriores, en los que se dibuja el contorno de aproximación, solo tiene que añadir la siguiente sentencia después de las dos anteriores:

```
cv2.drawContours(img, [contorno_aprox], 0, color, grosor)
```

Una vez obtenidos los contornos de aproximación, solo queda contar el número de puntos de cada uno de ellos con la función `len()` y asignar a la variable `texto` el nombre de la figura correspondiente en función de su valor.

```
if len(contorno_aprox) == 3: texto = "TRIANGULO"
elif len(contorno_aprox) == 4: texto = "CUADRADO"
elif len(contorno_aprox) == 5: texto = "PENTAGONO"
```

Las siguientes sentencias obtienen el ancho y alto del texto que contiene el nombre de la figura geométrica con la función `getTextSize()`, para situarlo centrado horizontal y verticalmente dentro de esta. El objetivo es obtener las coordenadas *x, y* (`posicion_x` y `posicion_y`) en las que deba empezar a escribirse el nombre de cada figura geométrica.

```
(ancho_texto, alto_texto), _ = cv2.getTextSize(texto, fuente, escala, grosor)
posicion_x = int(x + (ancho - ancho_texto) / 2)
posicion_y = int(y + (alto / 2 + alto_texto / 2))
```

La última sentencia que hay dentro del bucle `for` escribe el nombre de la imagen en la posición que se acaba de calcular.

```
cv2.putText(img, texto, (posicion_x, posicion_y), fuente, escala,
            color, grosor)
```

Ya fuera del bucle `for`, solo queda mostrar la imagen en la que se identifican dichas figuras.

```
cv2.imshow('Figuras geometricas', img)
```

Como viene siendo habitual, las últimas sentencias cierran la ventana abierta por el programa y finalizan su ejecución.

Tendrá ganas de ver los resultados que se obtienen. Como puede observar en la siguiente imagen, se ha puesto nombre a cada una de las figuras geométricas de la imagen utilizada de muestra.

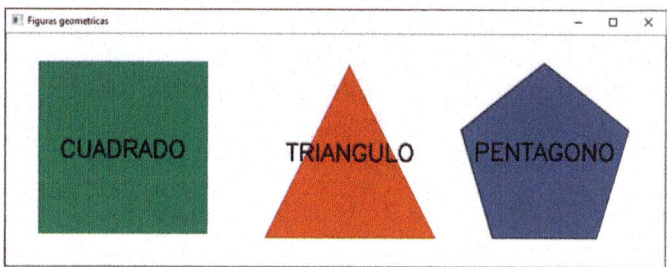

> ⓘ Por simplicidad, no se diferencia entre cuadrados y rectángulos. En cualquier caso, es muy sencillo hacerlo: solo tiene añadir una nueva condición cuando el número de vértices sea cuatro, que compruebe si el ancho y el alto del *bounding box* son iguales (aplicando un margen de error).

Ahora, cargue esta otra imagen en la que se ha cambiado la posición de dichas figuras geométricas. El resultado de la ejecución del programa, como no podía ser de otra manera, vuelve a ser el esperado.

> ⓘ Para el desarrollo de esta práctica, se ha tomado como premisa que los puntos del contorno de aproximación de un objeto coinciden con los de sus esquinas. Sin embargo, dicha premisa no sería válida en objetos con formas complejas. Para la detección real de esquinas, OpenCV ofrece la función `cornerHarris()`, que implementa el detector de esquinas de Harris. Puesto que su uso implica entrar en temas matemáticos, no se va estudiar. Si quiere saber más acerca de esta función, visite https://docs.opencv.org/3.4/dc/d0d/tutorial_py_features_harris.html

## 9.6 OTRAS FUNCIONES

Para finalizar este capítulo, se describirán dos funciones que le pueden resultar de mucha utilidad. La primera de ellas da información de la posición de un punto respecto de un contorno:

`pointPolygonTest (contorno, punto, tipo)`

El primer argumento de esta función es el contorno. El segundo es una tupla con las coordenadas *x, y* del punto del que se quiere saber su posición respecto del contorno. Finalmente, el tercer argumento es un valor booleano que determina el tipo de salida de esta función, en concreto:

- `True`. La función devuelve la distancia más corta entre el punto y el contorno. Dicho valor será positivo cuando el punto esté fuera del contorno, negativo si está dentro y cero si forma parte de él.

- `False`. La función solo busca si el punto está dentro, fuera o en el propio contorno, y devuelve el valor 1, -1 o 0, respectivamente.

Las aplicaciones prácticas de esta función tienen que ver con la posición relativa entre objetos: detectan si se acercan, se alejan o están en contacto.

Otra función que le puede resultar de utilidad es aquella que permite comparar contornos y devuelve un valor que muestra su grado de similitud. Cuanto menor sea dicho valor, mayor será la coincidencia y, por lo tanto, la probabilidad de que se trate de un mismo objeto. En concreto, la función en cuestión es:

`matchShapes (contorno1, contorno2, método, parámetro)`

Los dos primeros parámetros son los contornos que se desea comparar. El tercero es el método de comparación utilizado. Existen tres métodos, identificados por las constantes: `CONTOURS_MATCH_I1`, `CONTOURS_MATCH_I2` y `CONTOURS_MATCH_I2`, en cuyos detalles de funcionamiento no se va a entrar. El último argumento sería un parámetro específico del método elegido, que todavía no tiene uso. Asígnele siempre el valor 0.0.

Para probar esta función, va a realizar un sencillo programa OCR capaz de reconocer los números 1, 2 y 3. Para ello, se van a utilizar las siguientes imágenes de referencia.

> ℹ Aunque parezca que es una imagen, son tres independientes.

El programa debe ser capaz de identificar dichos números en cualquier otra imagen, aunque sean de diferente tamaño o se encuentren girados. El resultado se mostrará en la esquina superior izquierda de la imagen, la cual indica de cuáles se trata. El código de este programa es el siguiente:

```python
import cv2
import numpy as np

umbral = 100

similitud = 0.1

fuente = cv2.FONT_HERSHEY_SIMPLEX
color = 0
grosor = 2
escala = 1
posicion = (20, 30)
numeros = "Numeros: "

img = cv2.imread('../imagenes/numeros.jpg', 0)

img1 = cv2.imread('../imagenes/uno.jpg',0)
img2 = cv2.imread('../imagenes/dos.jpg',0)
img3 = cv2.imread('../imagenes/tres.jpg',0)

_, img1_umbral = cv2.threshold(img1, umbral, 255, cv2.THRESH_BINARY_INV)
_, img2_umbral = cv2.threshold(img2, umbral, 255, cv2.THRESH_BINARY_INV)
_, img3_umbral = cv2.threshold(img3, umbral, 255, cv2.THRESH_BINARY_INV)
contornos1, _ = cv2.findContours(img1_umbral, cv2.RETR_EXTERNAL,
                    cv2.CHAIN_APPROX_NONE)
contornos2, _ = cv2.findContours(img2_umbral, cv2.RETR_EXTERNAL,
                    cv2.CHAIN_APPROX_NONE)
contornos3, _ = cv2.findContours(img3_umbral, cv2.RETR_EXTERNAL,
                    cv2.CHAIN_APPROX_NONE)
contorno1 = contornos1[0]
contorno2 = contornos2[0]
contorno3 = contornos3[0]

_, img_umbral = cv2.threshold(img, umbral, 255, cv2.THRESH_BINARY_INV)
contornos, _ = cv2.findContours(img_umbral, cv2.RETR_EXTERNAL,
                    cv2.CHAIN_APPROX_NONE)
```

```
for contorno in contornos:
    if cv2.matchShapes(contorno, contorno1, cv2.CONTOURS_MATCH_I1,0.0)
        <= similitud:
        numeros = numeros + "1"
    elif cv2.matchShapes(contorno, contorno2, cv2.CONTOURS_MATCH_I1,0.0)
        <= similitud:
        numeros = numeros + "2"
    elif cv2.matchShapes(contorno, contorno3, cv2.CONTOURS_MATCH_I1,0.0)
        <= similitud:
        numeros = numeros + "3"

cv2.putText(img, numeros, posicion, fuente, escala, color, grosor)
cv2.imshow('Numeros', img)

cv2.waitKey(0)
cv2.destroyAllWindows()
```

Tras importar la librería OpenCV, y como viene siendo habitual en los programas que identifican contornos, se declara la variable que contiene el valor del umbral utilizado para binarizar la imagen, previo a la ejecución de la función `findContours()`. Se ha elegido un valor de 100, aunque, al tratarse de una imagen que solo utiliza el blanco y el negro, a partir de 50 ya se identificaría nítidamente el contorno de cualquier número.

```
umbral = 100
```

La siguiente variable es el grado de similitud que se va a utilizar para decidir si el contorno identificado en una imagen coincide con el de alguno de los números de referencia. Si su valor fuera 0.0, significaría que son exactamente iguales. Según se vaya incrementando este valor, aumentarían sus diferencias, por lo que el contorno identificado en la imagen se parecería cada vez menos al de los números de referencia.

El método utilizado para elegir este margen de error fue crear un programa que comparaba entre sí los contornos de los propios números de referencia. La ejecución de este programa (cuyo código lo encontrará al final del apartado) dio como diferencia mínima entre números el valor 0.43, por lo que un valor menor podría interpretarse como una coincidencia entre contornos.

La siguiente imagen muestra los resultados obtenidos con dicho programa.

```
Python 3.7.9 Shell                                    —    □    ×
File  Edit  Shell  Debug  Options  Window  Help
Python 3.7.9 (tags/v3.7.9:13c94747c7, Aug 17 2020, 18:58:18) [MSC v.1900 64 bit
(AMD64)] on win32
Type "help", "copyright", "credits" or "license()" for more information.
>>>
= RESTART: C:\Users\Tomas\Documents\Python3\OpenCV\Contornos\ocr_calculo_similit
ud.py
similitud entre el 1 y el 2:  0.8780561245077955
similitud entre el 1 y el 3:  1.2164889784204718
similitud entre el 2 y el 3:  0.4333163157863965
>>>
```

Con el fin de aumentar la fiabilidad del programa, se ha decidido rebajar este error hasta 0.1, aunque usted puede aumentarlo si quisiera utilizarlo, por ejemplo, para el reconocimiento de números escritos con fuentes diferentes.

```
similitud = 0.1
```

Las siguientes variables establecen la fuente, el color, el grosor y la escala del texto con el que se van a escribir los números identificados.

```
fuente = cv2.FONT_HERSHEY_SIMPLEX
color = 0
grosor = 2
escala = 1
```

Las últimas variables de configuración determinan la posición en la que se va a escribir el texto (posicion), que se almacenará en la variable números.

```
posicion = (20, 30)
numeros = "Numeros: "
```

A continuación, se carga la imagen en blanco y negro de la que se quiere saber los números que contiene.

```
img = cv2.imread('../imagenes/numeros.jpg', 0)
```

Luego, se hace lo mismo con las imágenes en blanco y negro usadas de referencia para los números 1, 2 y 3.

```
img1 = cv2.imread('../imagenes/uno.jpg',0)
img2 = cv2.imread('../imagenes/dos.jpg',0)
img3 = cv2.imread('../imagenes/tres.jpg',0)
```

Después, se procede al binarizado de cada una de ellas, paso previo a la identificación de los contornos. Puesto que ya se sabe que dichas imágenes solo tienen un contorno, se extrae de la lista de contornos (contornos1, contornos2 y contornos3) utilizando el índice 0 (una lista con un único elemento, necesariamente es el primero). El resultado serán los contornos de referencia que podrán compararse con los identificados en la imagen de muestra (contorno1 para el contorno del número 1, contorno2 para el del número 2 y contorno3 para el del número 3).

```
_, img1_umbral = cv2.threshold(img1, umbral, 255, cv2.THRESH_BINARY_INV)
_, img2_umbral = cv2.threshold(img2, umbral, 255, cv2.THRESH_BINARY_INV)
_, img3_umbral = cv2.threshold(img3, umbral, 255, cv2.THRESH_BINARY_INV)
contornos1, _ = cv2.findContours(img1_umbral, cv2.RETR_EXTERNAL,
                        cv2.CHAIN_APPROX_NONE)
contornos2, _ = cv2.findContours(img2_umbral, cv2.RETR_EXTERNAL,
                        cv2.CHAIN_APPROX_NONE)
contornos3, _ = cv2.findContours(img3_umbral, cv2.RETR_EXTERNAL,
                        cv2.CHAIN_APPROX_NONE)
contorno1 = contornos1[0]
contorno2 = contornos2[0]
contorno3 = contornos3[0]
```

Una vez obtenidos los contornos de referencia de los números 1, 2 y 3, se repite el proceso con la imagen de muestra (binarizándola previamente).

```
_, img_umbral = cv2.threshold(img, umbral, 255, cv2.THRESH_BINARY_INV)
contornos, _ = cv2.findContours(img_umbral, cv2.RETR_EXTERNAL,
                        cv2.CHAIN_APPROX_NONE)
```

Solo queda recorrerlos con un bucle for para compararlos con los de referencia. Si en algún caso el grado de similitud obtenido con la función matchShapes() es inferior al establecido al principio del programa en la variable similitud, se considerará que se ha encontrado una coincidencia, y se añadirá el número identificado al texto que se escribirá en la esquina superior izquierda de la imagen (numeros).

```
for contorno in contornos:
    if cv2.matchShapes(contorno, contorno1, cv2.CONTOURS_MATCH_I1,0.0)
        <= similitud:
        numeros = numeros + "1"
    elif cv2.matchShapes(contorno, contorno2, cv2.CONTOURS_MATCH_I1,0.0)
        <= similitud:
        numeros = numeros + "2"
    elif cv2.matchShapes(contorno, contorno3, cv2.CONTOURS_MATCH_I1,0.0)
        <= similitud:
        numeros = numeros + "3"
```

Solo queda añadir dicho texto a la imagen y mostrarla en la ventana "Numeros".

```
cv2.putText(img, numeros, posicion, fuente, escala, color, grosor)
cv2.imshow('Numeros', img)
```

Seguro que estará deseando ver en acción este programa. Más abajo puede comprobar que ha sido capaz de identificar correctamente todos los números contenidos en la imagen utilizada de muestra.

En efecto, ha detectado dos números uno, un dos y un tres. Ahora, póngaselo más difícil con otra imagen en la que los números están girados y tienen diferentes tamaños.

De nuevo, el programa vuelve a identificarlos de forma correcta. Se demuestra que a la función matchShapes() no le afectan ni las dimensiones ni la posición de los contornos.

Para finalizar esta práctica, se presenta el código del programa utilizado para calcular el valor de la variable similitud. En él, lo primero que se hace es leer los archivos con las imágenes de referencia de los números 1, 2 y 3. Luego, se identifican sus contornos y se comparan entre sí para obtener y mostrar en la *shell* el valor de coincidencia devuelto por la función matchShapes(). El mínimo valor devuelto será el máximo que deberá utilizar como valor de similitud.

```python
import cv2

umbral = 150

img1 = cv2.imread('../imagenes/uno.jpg',0)
img2 = cv2.imread('../imagenes/dos.jpg',0)
img3 = cv2.imread('../imagenes/tres.jpg',0)

_, img1_umbral = cv2.threshold(img1, umbral, 255, cv2.THRESH_BINARY_INV)
_, img2_umbral = cv2.threshold(img2, umbral, 255, cv2.THRESH_BINARY_INV)
_, img3_umbral = cv2.threshold(img3, umbral, 255, cv2.THRESH_BINARY_INV)
contornos1, _ = cv2.findContours(img1_umbral, cv2.RETR_EXTERNAL,
                                 cv2.CHAIN_APPROX_NONE)
contornos2, _ = cv2.findContours(img2_umbral, cv2.RETR_EXTERNAL,
                                 cv2.CHAIN_APPROX_NONE)
contornos3, _ = cv2.findContours(img3_umbral, cv2.RETR_EXTERNAL,
                                 cv2.CHAIN_APPROX_NONE)
contorno1 = contornos1[0]
contorno2 = contornos2[0]
contorno3 = contornos3[0]

similitud12 = cv2.matchShapes(contorno1, contorno2,
                              cv2.CONTOURS_MATCH_I1, 0.0)
similitud13 = cv2.matchShapes(contorno1, contorno3,
                              cv2.CONTOURS_MATCH_I1, 0.0)
similitud23 = cv2.matchShapes(contorno2, contorno3,
                              cv2.CONTOURS_MATCH_I1, 0.0)

print("similitud entre el 1 y el 2: ", similitud12)
print("similitud entre el 1 y el 3: ", similitud13)
print("similitud entre el 2 y el 3: ", similitud23)
```

# Unidad 10
# BÚSQUEDA DE IMÁGENES

Seguramente conozca la afamada serie de libros ¿Dónde está Wally? En ellos, se propone como reto localizar a este simpático personaje, vestido con un jersey de rayas rojas y blancas, oculto en una multitud. Estoy convencido de que, aunque inicialmente hubiera probado suerte buscando de forma aleatoria en diferentes partes de la imagen, finalmente se habrá rendido a la estrategia de recorrerla de forma sistemática (de izquierda a derecha y de arriba hacia abajo) con el fin de no dejar ningún rincón sin explorar. Aun así, no siempre será fácil dar con él.

OpenCV ofrece una función para realizar esto mismo, buscando la ubicación de una imagen (conocida como plantilla o patrón) dentro de otra. Para ello, desliza la plantilla sobre la imagen en la que se pretender encontrar, y compara el valor de los píxeles de esta con los que hay debajo durante su desplazamiento. Se trata de la función:

```
matchTemplate(imagen, plantilla, método)
```

El primer argumento de esta función es la imagen sobre la que se va a buscar la plantilla contenida en el segundo argumento. El tercero determina el método de comparación utilizado, identificado por las constantes: TM_SQDIFF, TM_SQDIFF_NORMED, TM_CCORR, TM_CCORR_NORMED, TM_CCOEFF y TM_CCOEFF_NORMED. Entender su funcionamiento implica entrar en detalles matemáticos que salen fuera del alcance de este libro, por lo que le recomiendo probarlos en el escenario donde vaya a emplearlos para quedarse con el que obtenga una mayor tasa de éxito.

El resultado devuelto es una imagen en blanco y negro que indica dónde se parecen más los píxeles de la imagen principal a los de la plantilla. Cuanto mayor o menor sea el valor de sus píxeles (dependiendo del método utilizado), más probabilidades habrá de que la plantilla esté situada en dicha área.

Con objeto de averiguar dónde se produce la mayor coincidencia, OpenCV proporciona otra función que permite obtener dicho valor y su posición. Se trata de:

```
minMaxLoc(imagen)
```

El argumento de entrada de esta función es la imagen en blanco y negro generada por la función `matchTemplate()`. Como resultado, devuelve cuatro valores en el siguiente orden:

- Valor mínimo
- Valor máximo
- Coordenadas *x, y* del valor mínimo
- Coordenadas *x, y* del valor máximo

> *i* Para los métodos `TM_SQDIFF` y `TM_SQDIFF_NORMED` se toma como referencia el valor mínimo, mientras que para el resto se usa el valor máximo.

Para conocer cómo funciona esta función, desarrollará un programa capaz de encontrar la siguiente imagen (en la que se ve la parte superior de tres arcos) en otra donde se muestra el interior del Coliseo de Roma.

Aunque esta imponente construcción romana está formada por infinidad de arcos, lo más seguro es que le resulte relativamente fácil encontrar los tres mostrados en la imagen anterior. Inténtelo antes de seguir.

¿No lo ha conseguido? El siguiente programa le servirá de ayuda para localizarlos:

```
import cv2

color = (0, 155, 255)
grosor = 2

img = cv2.imread('../imagenes/coliseo.jpg')
patron = cv2.imread('../imagenes/coliseo_recorte.jpg')

res = cv2.matchTemplate(img, patron, cv2.TM_SQDIFF_NORMED)

min_val, max_val, min_loc, max_loc = cv2.minMaxLoc(res)
esq_sup_izq = min_loc
alto, ancho, _ = patron.shape
esq_inf_der = (esq_sup_izq[0] + ancho, esq_sup_izq[1] + alto)

cv2.rectangle(img, esq_sup_izq, esq_inf_der, color, grosor)

cv2.imshow('Imagen original', img)
cv2.imshow('Patron', patron)

cv2.waitKey(0)
cv2.destroyAllWindows()
```

Una vez importada la librería OpenCV, se declaran las variables con el color y el grosor del rectángulo que se dibujará para delimitar el área de la imagen principal donde se encuentra la utilizada como patrón.

```
color = (0, 155, 255)
grosor = 2
```

Luego, se cargan ambas imágenes y se invoca la función matchTemplate(), que devuelve una imagen en blanco y negro (res) cuyos píxeles con menor valor (los más negros) delatan la zona donde hay mayor coincidencia.

```
img = cv2.imread('../imagenes/coliseo.jpg')
patron = cv2.imread('../imagenes/coliseo_recorte.jpg')

res = cv2.matchTemplate(img, patron, cv2.TM_SQDIFF_NORMED)
```

Si observa la imagen de más abajo, dichos píxeles son los correspondiente a la delgada zona señalada en la ventana situada a la izquierda.

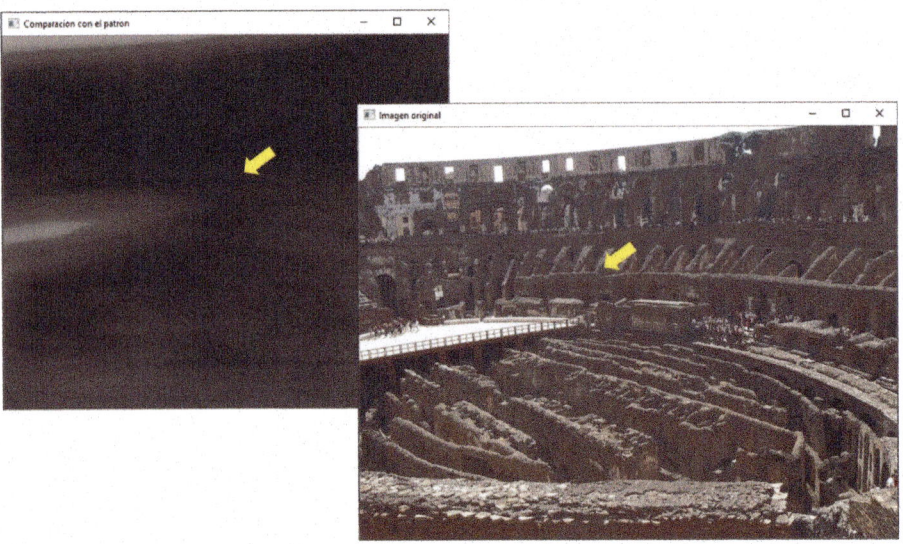

La siguiente sentencia es la encargada de obtener la posición de dicha área. Al haber utilizado el filtro TM_SQDIFF_NORMED, coincidirá con el valor mínimo (el más oscuro). Para saber cuál es y dónde está situado, se utiliza la función minMaxLoc().

```
min_val, max_val, min_loc, max_loc = cv2.minMaxLoc(res)
```

Las coordenadas de dicho valor mínimo corresponden a la esquina superior izquierda del patrón en el punto de mayor coincidencia, durante su desplazamiento por la imagen principal.

```
esq_sup_izq = min_loc
```

Las coordenadas de la esquina inferior derecha se calculan sumando el ancho y el alto del patrón (obtenido de su atributo `shape`) a las de la esquina superior izquierda.

```
alto, ancho, _ = patron.shape
esq_inf_der = (esq_sup_izq[0] + ancho, esq_sup_izq[1] + alto)
```

Una vez conocidas las esquinas del rectángulo, solo queda pintarlo en la imagen principal.

```
cv2.rectangle(img, esq_sup_izq, esq_inf_der, color, grosor)
```

Por último, se muestran tanto la imagen principal como el patrón.

```
cv2.imshow('Imagen original', img)
cv2.imshow('Patron', patron)
```

Ha llegado el momento de ejecutar el programa. Como cabía esperar, el rectángulo se sitúa en la posición exacta donde se encuentran los tres arcos buscados.

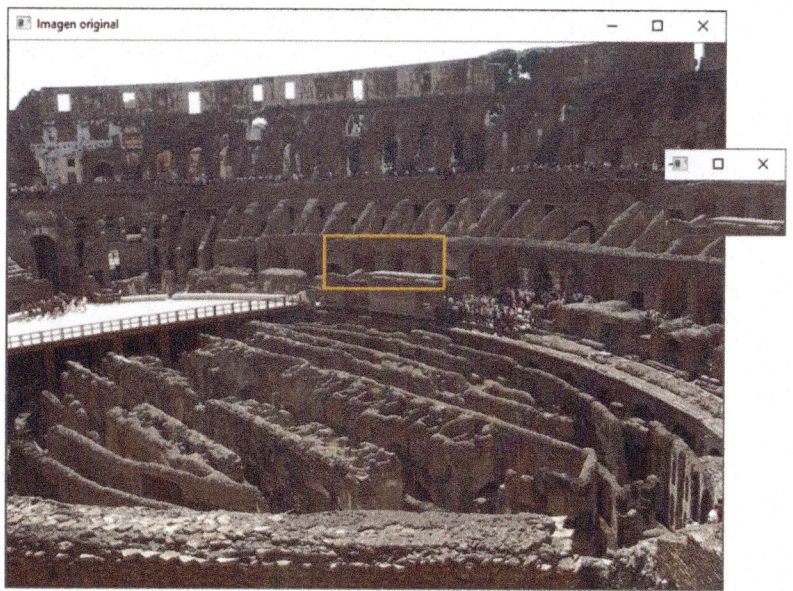

Aunque en este caso el resultado ha sido satisfactorio, dependiendo del método de comparación elegido, el éxito puede ser dispar. Además, la aplicación de esta función tiene una serie de limitaciones de carácter general:

- La imagen utilizada como plantilla (patrón) solo se reconocerá si tiene la misma orientación (no está rotada) y el mismo tamaño en la imagen original.

- Su ejecución es muy pesada, por lo que el tiempo de procesamiento puede llegar a ser alto en imágenes de mucha resolución.

A pesar de estos inconvenientes, sus aplicaciones prácticas siguen siendo muchas. Así, por ejemplo, cuando aprenda a reconocer caras en una imagen, usará esta función para identificar por su nombre a una persona, tal y como verá más adelante.

## Unidad 11
# RECONOCIMIENTO DE OBJETOS

En este apartado aprenderá a utilizar una de las principales técnicas de reconocimiento de objetos y, más en concreto, la cara y los ojos de una persona. Esta tarea, tan sencilla para usted, es en realidad algo muy complejo. ¿Cómo describiría el rostro de una persona de forma que no se pudiera confundir, por ejemplo, con el de un simio? La tarea se muestra, *a priori*, muy difícil.

La solución a este complejo problema la dieron Paul Viola y Michael Jones en 2001, quienes desarrollaron un modelo de detección de objetos usando clasificadores en cascada basados en características de Haar. Se apoya en el algoritmo de aprendizaje automático AdaBoost que, en base a multitud de ejemplos positivos y negativos, permite distinguir un objeto concreto de los demás.

Pero ¿en qué se fijan los clasificadores para identificar objetos? En lo que se conoce como características de Haar, que son un grupo de pequeños iconos (los puede ver en la siguiente figura), utilizados como un kernel que recorre toda la imagen. En cada posición, el valor de la característica se calcula restando la suma de los píxeles que hay debajo del rectángulo blanco a la suma de los que hay debajo del rectángulo negro.

Este proceso de cálculo de valores se repite modificando el tamaño del kernel, por lo que la combinación de características, tamaños y ubicaciones en la imagen origen supone un costoso proceso computacional que podría ser inasumible. Para reducirlo, la clasificación se realiza en diferentes etapas (en cascada), hasta que en alguna se rechaza el objeto candidato o pasa todas con éxito, en cuyo caso habría sido localizado. Este proceso de clasificación en cascada permite reducir drásticamente el tiempo de procesamiento porque descarta de forma temprana a aquellos candidatos que no se parezcan al tipo de objetos buscado.

Existen multitud de clasificadores ya entrenados para reconocer determinados objetos, caras, sonrisas, etc. Para usarlos, solo tiene que crear una instancia de la clase `CascadeClassifier`:

```
CascadeClassifier(archivo)
```

El argumento de este constructor es el nombre (o ruta) del archivo XML que contiene el clasificador que se va a utilizar. En el caso de la detección de caras, ojos o sonrisas, los puede descargar de https://github.com/opencv/opencv/tree/master/data/haarcascades.

> XML es el acrónimo inglés de *eXtensible Markup Language* (lenguaje de marcas extensible). Se trata, por lo tanto, de un lenguaje de marcas (como HTML) ampliamente extendido, orientado al intercambio de información estructurada entre diferentes plataformas.

Las instancias de la clase `CascadeClassifier` tienen un método que permite detectar los objetos para cuyo reconocimiento ha sido entrenado, independientemente del tamaño que tengan en la imagen de entrada. El método en cuestión es:

```
detectMultiScale(imagen)
```

El argumento de entrada es la imagen sobre la que se pretende identificar los objetos que reconoce el clasificador. El resultado es una lista de rectángulos que marcan la posición de cada uno de los objetos reconocidos. Un rectángulo se representa por la siguiente tupla:

```
(x, y, ancho, alto)
```

En ella, sus dos primeros elementos son las coordenadas de la esquina superior izquierda del rectángulo.

El método `detectMultiScale()` se suele usar con otros dos argumentos opcionales que ajustan el nivel de reconocimiento del clasificador. Se trata de:

- Factor de escala. Especifica cuánto se reduce el tamaño de la imagen cada vez que se escala. Eso es debido a que, inicialmente, si el objeto no es encontrado con el tamaño de imagen utilizado durante el proceso de aprendizaje, este se va reduciendo para tratar de localizarlo con un tamaño menor. Un valor adecuado sería 1.05, que indica una reducción del 5 % en cada paso. Si eligiera un valor inferior, las probabilidades de encontrar más objetos serían mayores, pero ello ralentizará el proceso de búsqueda. Por el contrario, valores superiores lo harían más eficiente, pero las probabilidades de perder objetos serían mayores.

- Número de coincidencias. Número mínimo de identificaciones positivas cuyos rectángulos estén situados muy cerca entre sí (a los que se conoce como vecinos), para que un posible positivo pueda llegar a confirmarse como el objeto buscado. Un valor adecuado estaría en el rango 3-6. Si se elevara este valor, la calidad de los positivos obtenidos sería mayor, aunque podrían llegar a perderse algunos. Por el contrario, reducir dicho valor daría más positivos, alguno de los cuales puede que no se correspondiera con el objeto buscado.

> *i*
>
> La clase `CascadeClassifier` **tiene muchos más métodos. Para conocerlos todos, visite** https://docs.opencv.org/2.4/modules/objdetect/doc/cascade_classification.html.

## 11.1 RECONOCIMIENTO FACIAL

En esta primera práctica, aprenderá a utilizar un clasificador entrenado para realizar reconocimientos faciales. El resultado obtenido será similar al que ya estará acostumbrado a ver en las cámaras fotográficas o en los móviles. Solo que ahora será usted quien controle el proceso de detección de caras desarrollando sus propias aplicaciones.

Para reconocer una cara, va a crear un clasificador ya entrenado a partir de un fichero XML que deberá descargar de https://github.com/opencv/opencv/tree/master/data/haarcascades.

Dicha página contiene una gran variedad de archivos XML, de los que deberá seleccionar "haarcascade_frontalface_default.xml".

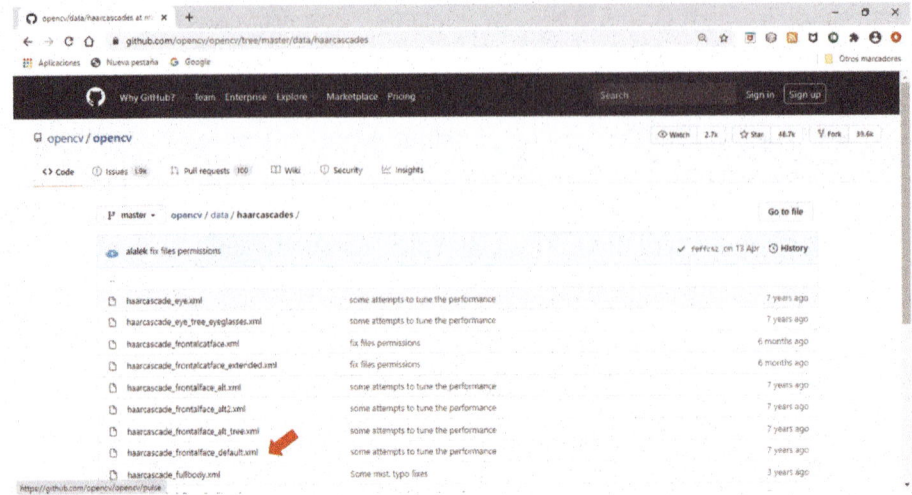

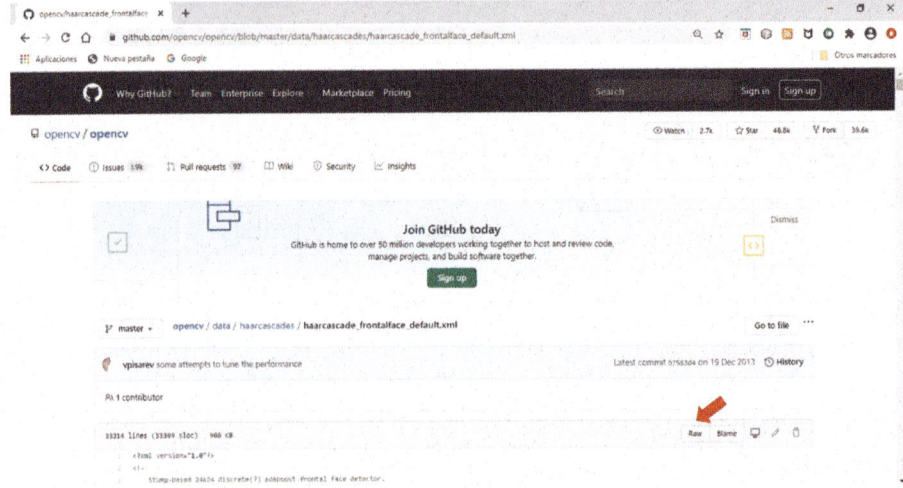

> Hay diversos archivos XML que permiten la creación de clasificadores que reconozcan caras que miren de frente a la cámara. Puede probar todos ellos y quedarse con el que mejor funcione en el escenario en el que vaya a utilizarlo. Observe que también hay archivos que permiten reconocer los ojos, la sonrisa o a una persona de cuerpo entero… incluso la cara de un gato.

En la siguiente ventana pulse el botón "Raw".

> ℹ️ Podría copiar el texto del archivo XML que se muestra en esta página y pegarlo en un editor de código (como Notepad), para luego salvarlo con el nombre "haarcascade_frontalface_default.xml". Sin embargo, esto puede llegar a dar problemas, por lo que es preferible seguir el método que se indica.

Ahora el navegador mostrará únicamente el contenido del fichero "haarcascade_frontalface_default.xml". Solo tiene que pulsar sobre el botón derecho del ratón en cualquier punto del texto y seleccionar la opción "Guardar como…".

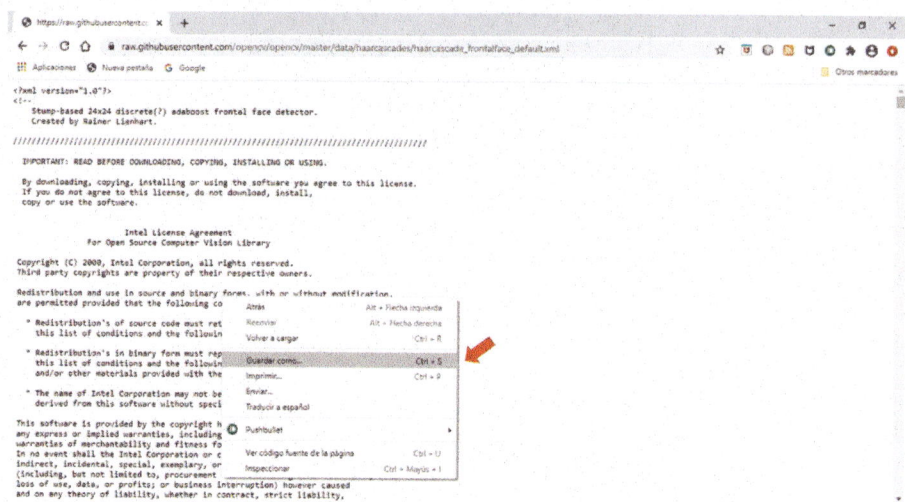

Guárdelo con el nombre "haarcascade_frontalface_default.xml" en la carpeta "haarcascades", que tendrá que haber creado previamente al mismo nivel que la de las imágenes o los programas. Por lo tanto, el código que desarrolle a continuación asumirá la siguiente estructura de carpetas:

```
/carpeta de prácticas OpenCV
    /imagenes
    /haarcascades
    /carpeta con programas
    …
```

Una vez almacenado el archivo "haarcascade_frontalface_default.xml" en la carpeta "haarcascades", llegó el momento de realizar su primer programa de reconocimiento facial. Para ello, utilizará la imagen de Nikola Testa, considerado el padre de la electricidad moderna.

El código que identificará la zona de la imagen donde está la cara de Tesla es el siguiente:

```
import cv2

color = (0, 255, 255)
grosor = 2

clasificador = cv2.CascadeClassifier('../haarcascades/
                          haarcascade_frontalface_default.xml')

img = cv2.imread('../imagenes/Tesla.jpg')
img_byn = cv2.cvtColor(img, cv2.COLOR_BGR2GRAY)

caras = clasificador.detectMultiScale(img_byn)
for (x, y, ancho, alto) in caras:
    cv2.rectangle(img,(x, y),(x + ancho, y + alto),color, grosor)

cv2.imshow('Tesla',img)

cv2.waitKey(0)
cv2.destroyAllWindows()
```

En este programa, lo primero que se hace tras importar la librería OpenCV es declarar las variables que contienen el color y el grosor del rectángulo que delimitará las caras de las personas que aparezcan en la imagen (en este caso solo una).

```
color = (0, 255, 255)
grosor = 2
```

A continuación, se crea el clasificador a partir del archivo XML descargado previamente, el cual le permitirá reconocer las caras de las personas que miren de frente a la cámara.

```
clasificador = cv2.CascadeClassifier('../haarcascades/
                            haarcascade_frontalface_default.xml')
```

Luego se carga la imagen sobre la que se va a utilizar, y se pasa a blanco y negro.

```
img = cv2.imread('../imagenes/Tesla.jpg')
img_byn = cv2.cvtColor(img, cv2.COLOR_BGR2GRAY)
```

> **i** En este caso, realmente no sería necesario transformar la imagen a blanco y negro porque ya está en blanco y negro.

Una vez cargada la imagen, se utiliza el método `detectMultiScale()` del clasificador para obtener la lista de rectángulos dentro de los cuales se localizan las caras (`caras`).

```
caras = clasificador.detectMultiScale(img_byn)
```

A continuación, se recorren en un bucle `for` (en este caso solo hay uno) con el que se extraen las coordenadas de la esquina superior izquierda (`x`, `y`), su ancho (`ancho`) y su alto (`alto`). Esta información se utilizará para dibujarlos sobre la imagen original con la función `rectangle()`.

```
for (x, y, ancho, alto) in caras:
    cv2.rectangle(img, (x, y), (x + ancho, y + alto), color, grosor)
```

Solo queda mostrar el resultado en pantalla.

```
cv2.imshow('Tesla', img)
```

Ejecute el programa. Aunque lo haya visto muchas veces, no me deja de sorprender que tan pocas líneas de código permitan realizar tareas que hasta no hace mucho tiempo estaban reservadas únicamente a las personas.

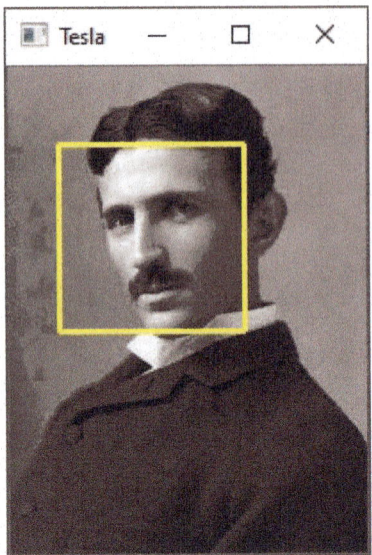

Para comprobar que realmente se detectan las caras de todos los que aparecen en escena, sustituya la imagen de Tesla por este fotograma de la película *Casablanca*, protagonizada por Humphrey Bogart e Ingrid Bergman.

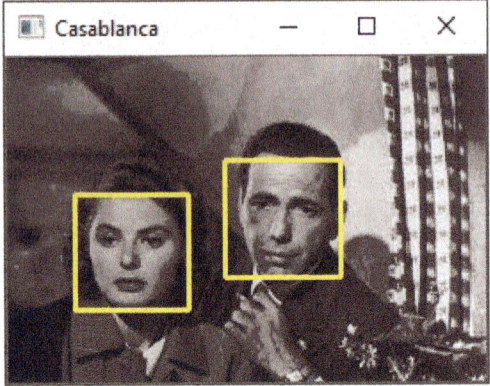

Esta vez el bucle `for` cobra todo su sentido, al recorrer los contornos de más de una cara.

## 11.2 RECONOCIMIENTO DE OJOS

En esta nueva práctica, además de la cara, aprenderá a reconocer los ojos de una persona. Para ello, utilizará como modelo a uno de los más grandes científicos de todos los tiempos, Albert Einstein.

El programa será muy parecido al anterior, solo que ahora, después de reconocer la cara, se recorta esa parte de la imagen para crear otra en la que
se pueda localizar la posición de los ojos. Para ello, tendrá que acudir de
nuevo a https://github.com/opencv/opencv/tree/master/data/haarcascades
y descargar el archivo "haarcascade_eye.xml" en la carpeta "haarcascades"
utilizando el procedimiento descrito anteriormente. Una vez hecho esto,
escriba el siguiente programa.

```
import cv2

color = (0, 255, 255)
grosor = 2

clasificador_caras = cv2.CascadeClassifier(
                    '../haarcascades/haarcascade_frontalface_default.xml')
clasificador_ojos = cv2.CascadeClassifier(
                    '../haarcascades/haarcascade_eye.xml')


img = cv2.imread('../imagenes/Tesla.jpg')
img_byn = cv2.cvtColor(img, cv2.COLOR_BGR2GRAY)

caras = clasificador_caras.detectMultiScale(img_byn)
for (x, y, ancho, alto) in caras:
    cv2.rectangle(img,(x, y),(x + ancho, y + alto),color, grosor)
    cara = img_byn[y:y+alto, x:x+ancho]
```

```
    ojos = clasificador_ojos.detectMultiScale(cara)
    for (x1, y1, ancho1, alto1) in ojos:
        radio = int((ancho1 + alto1)/4)
        cv2.circle(img, (x1 + x + radio, y1 + y + radio), radio, color, grosor)

cv2.imshow(Einstein, img)

cv2.waitKey(0)
cv2.destroyAllWindows()
```

Como se acaba de comentar, este programa está basado en el de reconocimiento facial descrito antes, por lo que solo se van a explicar las diferencias. La primera es que ahora se utilizarán dos clasificadores: uno para reconocer las caras (clasificador_cara) y otro para los ojos (clasificador_ojos). Por lo tanto, se crean dos instancias de la clase CascadeClassifier, usando el correspondiente archivo XML como argumento de entrada del constructor de cada uno de ellos.

```
clasificador_caras = cv2.CascadeClassifier(
                        '../haarcascades/haarcascade_frontalface_default.xml')
clasificador_ojos = cv2.CascadeClassifier(
                        '../haarcascades/haarcascade_eye.xml')
```

El siguiente cambio se produce dentro del bucle for, en el que se recortan los rectángulos donde se sitúan las caras identificadas. Luego, se aplica el clasificador de ojos sobre cada uno de estos recortes (cara), que devuelven la lista de rectángulos donde deberían estar situados (ojos).

```
cara = img_byn[y:y+alto, x:x+ancho]
ojos = clasificador_ojos.detectMultiScale(cara)
```

Los ojos se van a rodear por círculos en vez de rectángulos. El radio de dichos círculos (radio) se calcula como la mitad de la media del ancho y el alto. A la hora de situarlos en la imagen principal, hay que tener en cuenta que sus coordenadas deben desplazarse a la posición en la que estaba el rectángulo que contiene la cara, ya que las coordenadas devueltas por el clasificador son relativas a la cara (a la imagen recortada), no a la imagen principal.

```
for (x1, y1, ancho1, alto1) in ojos:
    radio = int((ancho1 + alto1)/4)
    cv2.circle(img, (x1 + x + radio, y1 + y + radio), radio, color, grosor)
```

Seguro que estará deseando ver los resultados de la ejecución de este programa. Los puede contemplar más abajo. Se aprecia como no solo se ha reconocido la cara, sino también los ojos de este insigne personaje.

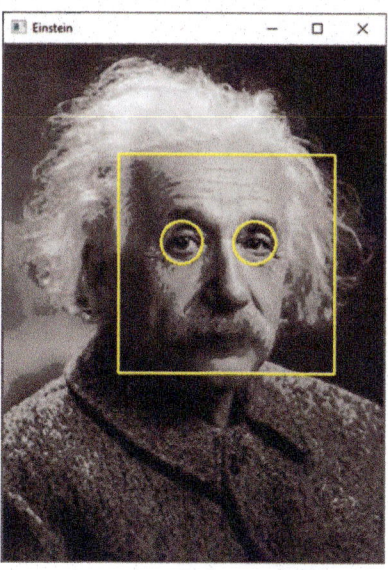

## 11.3 IDENTIFICACIÓN DE PERSONAS

Ya sabe cómo realizar reconocimientos faciales, pero ¿sería posible ir un paso más allá e identificar a las personas? Aunque existen diferentes técnicas para efectuar esta tarea, se empleará una muy sencilla, que utiliza las caras que ya conoce como patrón para tratar de encontrarlas en la imagen donde se busquen.

El procedimiento requiere tener una carpeta en la que se almacenen las caras de todas las personas conocidas. Dicha carpeta se llamará "caras" y la creará dentro de la de "imagenes". Por lo tanto, la estructura de directorios quedaría de la siguiente forma:

```
/carpeta de prácticas OpenCV
     /imagenes
          /caras
     /haarcascades
     /carpeta con programas
     …
```

Para obtener los archivos con las caras de las personas conocidas, utilizará un programa auxiliar que las identifique y las guarde en dicha carpeta. A continuación puede ver las dos utilizadas de ejemplo (derecha), procedentes de sendas fotografías de las que se han extraído (izquierda).

Con este repositorio de caras famosas, para saber si Humphrey y/o Ingrid aparecen posteriormente en una imagen, el programa realizará los siguientes pasos:

- Carga de las caras conocidas, almacenadas en la carpeta "caras".

- Reconocimiento de las áreas de la imagen en las que haya una cara, tal como ha venido haciendo hasta ahora.

- Escalado de las caras conocidas al tamaño de dichas áreas para utilizarlas de patrón. Si alguna fuera localizada y las coordenadas de su esquina superior izquierda coincidieran con las de una cara desconocida, se consideraría que ambas caras pertenecen a la misma persona, que habría sido identificada.

El programa encargado de almacenar las caras de las personas conocidas en la carpeta "caras" le resultará muy familiar.

```
import cv2

archivo_persona = '../imagenes/Humphrey.jpg'
archivo_cara = '../imagenes/caras/Humphrey.jpg'

clasificador = cv2.CascadeClassifier('../haarcascades/
                            haarcascade_frontalface_default.xml')

img = cv2.imread(archivo_persona)
img_byn = cv2.cvtColor(img, cv2.COLOR_BGR2GRAY)

caras = clasificador.detectMultiScale(img_byn)
x, y, ancho, alto = caras[0]
img_cara = img[y:y+alto, x:x+ancho]

cv2.imwrite(archivo_cara, img_cara)

print("Cara almacenada")
```

Es muy similar al de reconocimiento facial visto anteriormente. La diferencia es que, ahora, en vez de mostrar un rectángulo que delimita esa área, la recorta y la almacena en un fichero. Dicho fichero deberá guardarse en la carpeta "caras" con el nombre de la persona a la que identifica.

En primer lugar, se declara el nombre de la variable que contendrá la ruta del archivo del que se extraerá la cara, así como de aquel otro en el que se almacenará (`archivo_persona` y `archivo_cara`).

```
archivo_persona = '../imagenes/Humphrey.jpg'
archivo_cara = '../imagenes/caras/Humphrey.jpg'
```

Tendrá que repetir la ejecución de este programa para todas las personas conocidas y asignar a dichas variables los nombres de los archivos correspondientes. En su caso, únicamente "Humphrey.jpg" e "Ingrid.jpg", que contienen las imágenes de las que se extraerán las caras de los protagonistas de la película *Casablanca*.

*i*

Evidentemente, el nombre de cada fichero deberá coincidir con el de la persona a la que pertenece.

Las siguientes sentencias crean el clasificador, cargan la imagen y buscan las caras que pudiera haber. No se dará ninguna explicación adicional porque son las mismas del programa de reconocimiento facial estudiado en el apartado anterior.

```
clasificador = cv2.CascadeClassifier('../haarcascades/
                                      haarcascade_frontalface_default.xml')

img = cv2.imread(archivo_persona)
img_byn = cv2.cvtColor(img, cv2.COLOR_BGR2GRAY)

caras = clasificador.detectMultiScale(img_byn)
```

Como novedad, no se utiliza ningún bucle for porque se supone que en la imagen solo hay una persona. Por lo tanto, las coordenadas de la esquina superior izquierda (x, y), el ancho (ancho) y el alto (alto) del rectángulo que rodea su cara se extraen de la lista de caras devuelta por el método detectMultiScale (caras) con el índice 0. Tras recortar este rectángulo de la imagen principal (img_cara), se almacena en un archivo con la función imwrite().

```
x, y, ancho, alto = caras[0]
img_cara = img[y:y+alto, x:x+ancho]
cv2.imwrite(archivo_cara, img_cara)
```

El contenido de la carpeta "caras" después de ejecutar dos veces este programa (cambiando el valor de las variables archivo_persona y archivo_cara por el correspondiente a cada uno de estos personajes) es el mostrado más abajo.

Humphrey.jpg          Ingrid.jpg

Una vez creada la "base de datos" con las caras de las personas conocidas, el programa que las identificará en cualquier otra imagen es el siguiente.

```
import cv2
from os import listdir

color = (0, 255, 255)
grosor = 2
```

```python
fuente = cv2.FONT_HERSHEY_COMPLEX
escala = 1

carpeta_caras = '../imagenes/caras/'
lista_nombres = []
lista_caras = []

error = 20

for archivo in listdir(carpeta_caras):
    lista_nombres.append(archivo.replace(".jpg",""))
    lista_caras.append(cv2.imread(carpeta_caras+archivo, 0))

clasificador = cv2.CascadeClassifier('../haarcascades/
                                haarcascade_frontalface_default.xml')

img = cv2.imread('../imagenes/humphrey_ingrid.jpg')
img_byn = cv2.cvtColor(img, cv2.COLOR_BGR2GRAY)

caras = clasificador.detectMultiScale(img_byn)
for (x, y, ancho, alto) in caras:
    for indice in range(len(lista_caras)):
        patron = cv2.resize(lista_caras[indice], (ancho, alto))
        res = cv2.matchTemplate(img_byn, patron,
                        cv2.TM_SQDIFF_NORMED)
        min_val, max_val, min_loc, max_loc = cv2.minMaxLoc(res)
        esq_sup_izq = min_loc

        (x1, y1) = esq_sup_izq
        if abs(x-x1) < error and abs(y-y1) < error :
            esq_inf_der_ingrid =
                (esq_sup_izq_ingrid[0] + ancho, esq_sup_izq_ingrid[1] + alto)
            cv2.putText(img, lista_nombres[indice], (x, y),
                    fuente, escala, color, grosor)
            break

cv2.imshow('Identificacion personas',img)

cv2.waitKey(0)
cv2.destroyAllWindows()
```

En la primera parte del programa se importan las librerías que se van a utilizar. Además de OpenCV, se importa la librería os, que proporciona las funciones que permiten interactuar con el sistemas operativo, en concreto, listdir(), con la que se obtendrán los nombres de los archivos del directorio "caras".

```
import cv2
from os import listdir
```

Las siguientes sentencias declaran las variables que establecen el color, el grosor, la fuente y la escala del texto con el que se van a escribir los nombres de las personas identificadas en la imagen.

```
color = (0, 255, 255)
grosor = 2
fuente = cv2.FONT_HERSHEY_COMPLEX
escala = 1
```

La variable carpeta_caras determina el directorio donde se encuentran los archivos con las imágenes de las caras conocidas.

```
carpeta_caras = '../imagenes/caras/'
```

Luego, se crean las listas en las que se van a almacenar los nombres de las personas conocidas (lista_nombres) y las imágenes de sus caras (lista_caras).

```
lista_nombres = []
lista_caras = []
```

Puesto que es muy difícil que las posiciones de los rectángulos donde se han localizado las caras (inicialmente desconocidas) coincidan con las de las caras conocidas utilizadas como patrón, la variable error determina el desplazamiento máximo (en píxeles) que puede haber entre rectángulos para que se considere que están en la misma posición.

```
error = 20
```

A continuación, se obtiene la lista de archivos del directorio "caras" con la función listdir(). Los elementos de esta lista se recorren en un bucle for para obtener los nombres de las personas conocidas (se quita la extensión .jpg del nombre del archivo) y añadirlos a lista_nombres, mientras las imágenes de sus caras se guardan en lista_caras.

```
for archivo in listdir(carpeta_caras):
    lista_nombres.append(archivo.replace(".jpg",""))
    lista_caras.append(cv2.imread(carpeta_caras+archivo, 0))
```

Las siguientes sentencias le resultarán familiares, ya que son las que crean el clasificador, cargan la imagen, la convierten a blanco y negro e identifican la lista de rectángulos en los que se ha detectado una cara.

```
clasificador = cv2.CascadeClassifier('../haarcascades/
                           haarcascade_frontalface_default.xml')

img = cv2.imread('../imagenes/humphrey_ingrid.jpg')
img_byn = cv2.cvtColor(img, cv2.COLOR_BGR2GRAY)

caras = clasificador.detectMultiScale(img_byn)
```

Dichos rectángulos se van recorriendo en un bucle for, dentro del cual hay otro bucle que se desplaza, a su vez, por la lista de caras conocidas con el fin de buscar una que encaje en dicho rectángulo.

```
for (x, y, ancho, alto) in caras:
    for indice in range(len(lista_caras)):
        …
```

Dentro del segundo bucle, lo primero que se hace es igualar el tamaño de la cara desconocida al de la conocida mediante la función resize() con el fin de poder utilizarla como patrón de búsqueda en la función matchTemplate().

```
patron = cv2.resize(lista_caras[indice], (ancho, alto))
res = cv2.matchTemplate(img_byn, patron, cv2.TM_SQDIFF_NORMED)
```

A continuación, se emplea la función minMaxLoc() para obtener la esquina superior izquierda del rectángulo en el que se ha localizado. Al haber empleado el método TM_SQDIFF_NORMED para la búsqueda, las coordenadas de dicha esquina son las del píxel cuyo valor es el mínimo devuelto por esta función.

```
min_val, max_val, min_loc, max_loc = cv2.minMaxLoc(res)
esq_sup_izq = min_loc
```

Una vez localizada la posición de la cara conocida dentro de la imagen, se obtienen las coordenadas de su esquina superior izquierda (x1, y1) y se comprueba si la diferencia entre estas y las de la cara desconocida distan poco. Eso se hace en la condición de un if con la variable error, que determina la distancia máxima a la que deben estar para considerar que coinciden.

```
(x1, y1) = esq_sup_izq
if abs(x-x1) < error and abs(y-y1) < error :
    …
```

Si se cumpliera la condición, la cara desconocida habría sido identificada y, en ese caso, se escribiría el texto con su nombre en la posición marcada por dicha esquina. Como los nombres de las imágenes se guardaron con el mismo índice que el de sus imágenes en las listas correspondientes, para obtenerlo solo hay que extraerlo de lista_nombres con ese mismo índice. Al haberse encontrado una coincidencia, no se siguen buscando más, se sale del bucle con la sentencia break.

```
cv2.putText(img, lista_nombres[indice], (x, y), fuente, escala, color, grosor)
break
```

> ℹ️ Otra estrategia que podría seguirse es la de recorrer todas las caras conocidas y quedarse con aquella en la que haya una menor diferencia entre las coordenadas de sus esquinas.

La siguiente imagen muestra en color amarillo las caras (inicialmente desconocidas) identificadas con el método detectMultiScale(). En color rojo se han pintado las coincidencias encontradas con matchTemplate() utilizando las caras conocidas como patrón. Como puede ver, los rectángulos casi se solapan, lo que indica que la identificación se ha realizado con un elevado nivel de calidad.

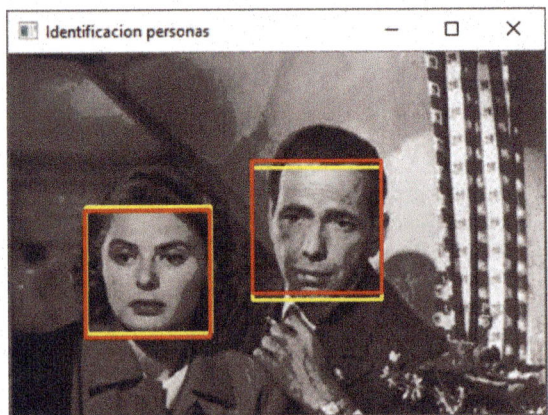

Para saber con qué imágenes se han obtenido las coincidencias, observe el resultado real de la ejecución del programa, donde se identifica a cada personaje.

Aunque en ese caso el método propuesto haya dado resultados aceptables, puede llegar a tener una tasa de error elevada debido a que el aspecto de una persona en una foto puede ser diferente en otra. Además, el recuadro que enmarca la cara tiene siempre parte del fondo en la que se sitúa. Si a eso se une el proceso de escalado que luego se debe realizar, su grado de efectividad podría variar mucho dependiendo de las circunstancias en las que se utilice.

Una alternativa más eficiente sería la creación de clasificadores entrenados para reconocer a cada una de las personas que quisiera identificar, algo que no se va a tratar en esta obra. Para iniciarse en esta técnica, consulte https://docs.opencv.org/3.4/da/d60/tutorial_face_main.html.

Si no estuviera interesado en crear sus propios clasificadores, también podría hacer uso de la librería face_recognition, que funciona en Linux y Mac OS (no en Windows). La información necesaria para empezar a utilizarla se encuentra en https://pypi.org/project/face-recognition/.

# OPERACIONES BÁSICAS DE MANEJO DE VÍDEO

Al igual que sucedía con las imágenes estáticas, OpenCV ofrece una serie de funciones básicas de manejo de vídeo que permiten desde la visualización de las imágenes obtenidas por una cámara hasta su almacenamiento en un archivo y posterior reproducción. Veamos cada una de ellas con detenimiento.

## 12.1 VISUALIZACIÓN DE LAS IMÁGENES CAPTURADAS POR UNA CÁMARA

La visualización de las imágenes capturadas por una cámara de vídeo podría parecer más compleja que la de una sencilla foto. Sin embargo, un vídeo no deja de ser una rápida sucesión de imágenes estáticas. Por lo tanto, la diferencia entre una fotografía y un vídeo es que ahora, en vez de con una imagen, se trabaja con muchas, que se muestran de forma rápida para dar sensación de movimiento.

Para ver las imágenes procedentes de una cámara, lo primero que hay que hacer es iniciar el dispositivo desde el que se van a tomar dichas imágenes. Este puede ser una webcam conectada al ordenador por USB o la que viene ya integrada en la mayoría de los portátiles. Para ello, se utiliza el constructor de la clase Videocapture:

```
Videocapture(dispositivo)
```

Su único argumento es el identificador del dispositivo de vídeo del que se extraerán las imágenes. Su valor es un número entero, que tomaría el valor 0 si solo hubiera uno o se eligiera el primero de todos ellos (si conectara otra cámara, su identificador sería 1, y así sucesivamente). El resultado devuelto por esta función es un objeto de la clase `VideoCapture`, que representa el dispositivo del que se recogerán los *frames* que componen el vídeo.

Una vez configurado el dispositivo, las imágenes se capturarían en un bucle que las mostraría en pantalla según se fueran obteniendo. Para ello, se utiliza el siguiente método de la clase `VideoCapture`:

```
read()
```

Este método devuelve como resultado dos valores:

- Un booleano, cuyo valor es `True` cuando el *frame* se ha recogido correctamente y `False` en caso contrario.
- El *frame* capturado (o una imagen vacía, si la cámara se hubiera desconectado).

En cualquier caso, antes de extraer los *frames* de una cámara, conviene comprobar si la captura de vídeo ha sido inicializada. Para ello se emplea el método:

```
isOpened()
```

Dicho método, que también pertenece a la clase `Videocapture`, devolverá el valor `True` si todo fuera correcto.

Siempre que se utilice una cámara, una vez finalizado el programa tendrá que liberar dicho recurso. Para ello, se deberá usar este otro método de la clase `Videocapture`:

```
release()
```

Con esto, ya tiene la información básica necesaria para desarrollar el primer programa de captura y visualización de vídeo. Pero antes, tiene que comprobar que su ordenador dispone de una webcam accesible desde OpenCV. Para ello, en Windows seleccione la opción "Configuración" del sistema, que le aparecerá nada más empezar a escribir su nombre en el campo de búsqueda que hay en la parte inferior del escritorio (en la barra de tareas).

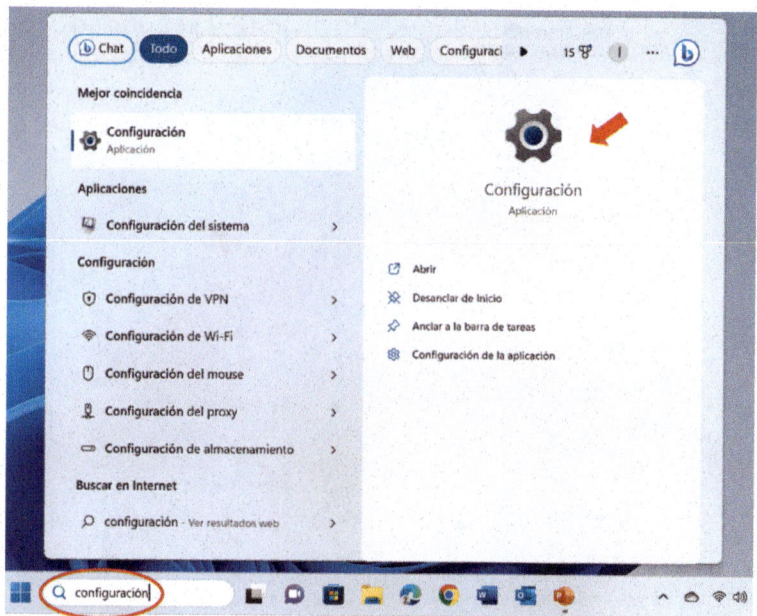

En la ventana que aparece, pulse sobre "Privacidad y seguridad".

Se mostrará otra pantalla donde se configuran los aspectos de privacidad. De todos ellos, elija los relacionados con la cámara, pulsando sobre su icono en la parte derecha de la ventana.

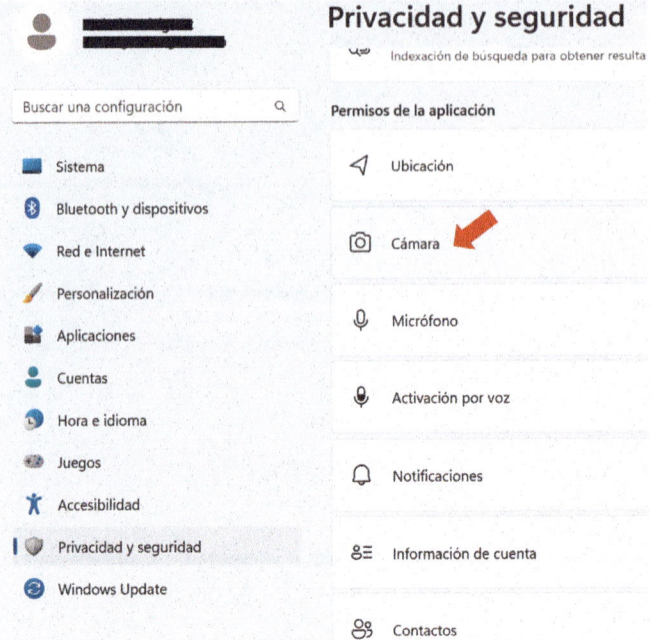

Entre los controles disponibles seleccione el que permite que las aplicaciones puedan acceder a ella, tal como se muestra a continuación.

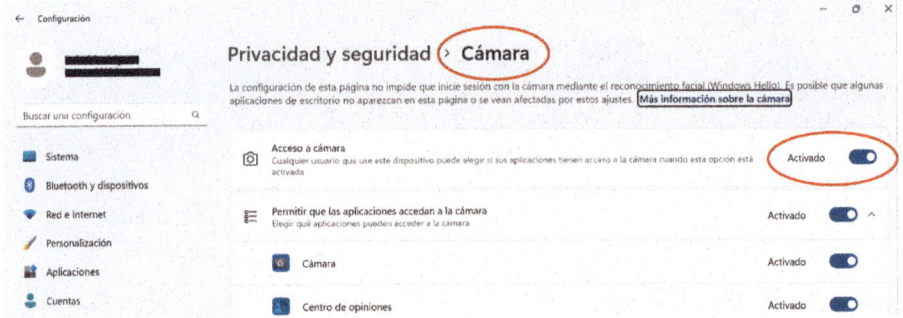

En estos momentos, Windows ya no pondrá ningún impedimento para que OpenCV obtenga imágenes de la cámara, que podrá ser la que incorporan la mayoría de los ordenadores portátiles o cualquier otra compatible conectada por USB. En el primer caso tendrá que activarla. Consulte el manual de su ordenador para saber cómo hacerlo, ya que en cada modelo es diferente. En el mío se hace con la combinación de teclas Ctrl+F8.

> Generalmente, la tecla de función relacionada con la webcam suele llevar dibujado el icono de una cámara de fotos.

Para confirmar que hay alguna cámara activa, acceda al administrador de dispositivos escribiendo su nombre en el campo de búsqueda que hay en la parte inferior del escritorio. Enseguida le aparecerá en los resultados, desde donde podrá seleccionarla.

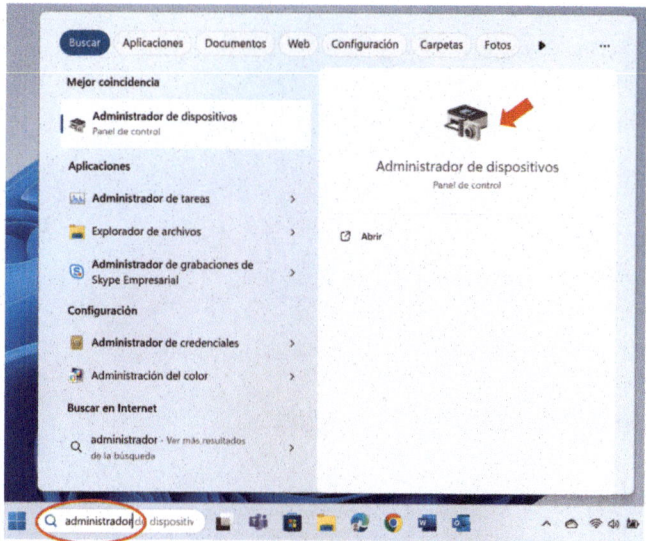

Una vez allí, compruebe que exista la entrada "Dispositivos de imagen." Si no la tuviera, no habría ninguna cámara disponible. En caso contrario, al desplegarla vería todas las que puede utilizar.

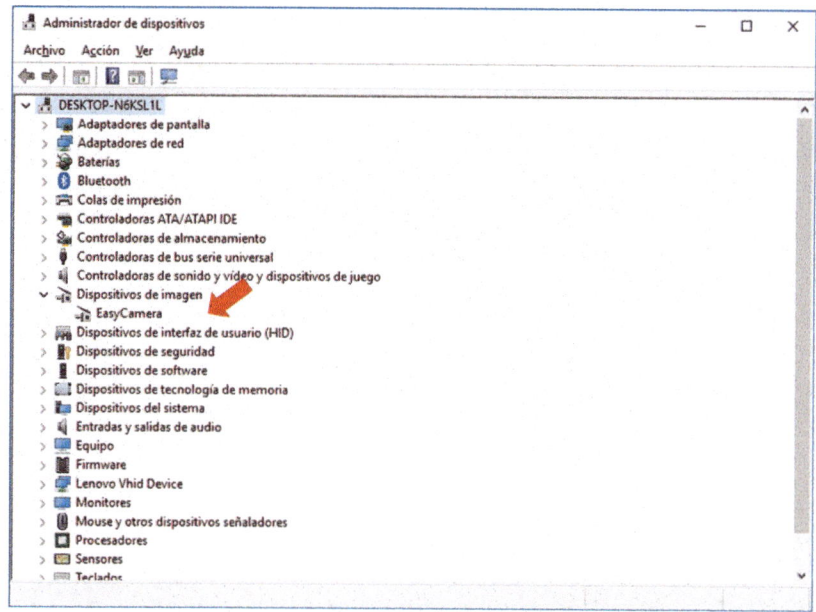

Una vez verificada la existencia de una cámara que pueda ser accedida desde OpenCV, solo queda escribir el código del programa que permita obtener las imágenes capturadas por esta, como el siguiente:

```
import cv2

camara = cv2.VideoCapture(0)
if not camara.isOpened():
    print("No es posible abrir la cámara")
    exit()

while True:
    ret, frame = camara.read()
    if not ret:
        print("No es posible obtener la imagen")
        break
    cv2.imshow('webcam', frame)
    if cv2.waitKey(1) == ord('q'):
        break

camara.release()
cv2.destroyAllWindows()
```

Tras importar la librería OpenCV, se inicia la captura de vídeo con la función `VideoCapture()`. Su argumento es 0, por lo que se utiliza la única cámara que existe (o la primera que encuentre). A continuación, se comprueba si este proceso de inicialización se ha realizado correctamente y, en caso contrario, se sale del programa con la sentencia `exit()`.

```
camara = cv2.VideoCapture(0)
if not camara.isOpened():
    print("No es posible abrir la cámara")
    exit()
```

Si todo es correcto, se comienza la captura de imágenes desde un bucle `while`, cuya condición `True` indica que podría estar ejecutándose indefinidamente.

```
while True:
    ...
```

Dentro del bucle, lo primero que se hace es leer los fotogramas (*frames*) con la función `read()`.

```
ret, frame = camara.read()
```

Si el *frame* se ha capturado correctamente, el valor de `ret` será `True`. En caso contrario, puesto que no se puede mostrar ninguna imagen, se saldría del bucle con la sentencia `break`.

```
if not ret:
    print("No es posible obtener la imagen")
    break
```

Si el *frame* se ha obtenido correctamente, la imagen (contenida en la variable `frame`) se mostraría en pantalla con la función `imshow()`.

```
cv2.imshow('webcam', frame)
```

> *i*
> No hay ninguna diferencia entre mostrar la foto de un archivo o el fotograma de una webcam.

La última sentencia que hay dentro del bucle `while` comprueba si se ha pulsado la tecla 'q', lo que provocaría la salida de este con el comando `break`.

```
if cv2.waitKey(1) == ord('q'):
    break
```

Una vez fuera del bucle, se libera la cámara con el método `release()` para que pueda utilizarse por cualquier otro programa.

```
camara.release()
```

Por último, se cierra la ventana.

```
cv2.destroyAllWindows()
```

Ejecute el programa y disfrute viendo que aparece en todo momento la escena que hay delante de la cámara.

## 12.2 ALMACENAMIENTO DE VÍDEOS

En el apartado anterior aprendió a mostrar en pantalla las imágenes de una cámara. Ahora conocerá la forma de guardarlas en un archivo con el fin de reproducirlas posteriormente. Para ello, primero tendrá que iniciar el proceso de grabación con la función:

```
VideoWriter(archivo, fourcc, fotogramas/sg, tamaño)
```

El primer argumento (*archivo*) es el nombre, o la ruta, del archivo en el que se va a guardar el vídeo. El segundo (*fourcc*) es el código del códec utilizado (más adelante se indica cómo obtenerlo). El tercero (*fotogramas/sg*) es el número de fotogramas por segundo con el que se realizará la grabación. El último argumento (*tamaño*) es una tupla que contiene los valores del ancho y alto de la imagen en píxeles.

> ℹ Un codec es un código que convierte las señales digitales de audio y vídeo en un formato que se pueda reproducir. Su nombre es una contracción de *coder* y *decoder* (codificador y decodificador), que es lo que realmente hace.

> ℹ Esta función tiene un quinto argumento, cuyo valor deberá ser 0 si se quiere trabajar en blanco y negro.

La salida de esta función es un objeto de la clase `VideoWriter`.

El códec utilizado en esta función se identifica por su código FourCC, compuesto por 4 bytes (típicamente ASCII). OpenCV no permite el uso de todos los códecs en cualquier plataforma. En el caso de Windows, el utilizado es DIVX (en OSX se podría usar también MP4 y MKV).

> ℹ La lista de códigos disponibles se puede encontrar en:
>
> http://www.fourcc.org/codecs.php

Para obtener el valor de dicho código, se usa la función:

```
VideoWriter_fourcc(caracter1, caracter2, caracter3, caracter4)
```

Sus argumentos son los cuatro caracteres del nombre del códec. El valor devuelto es el código FourCC asociado. Así, por ejemplo, para obtener el código FCC del códec DIVX, esta función se invocaría de la siguiente manera:

```
VideoWriter_fourcc('D', 'I', 'V', 'X')
```

O de forma alternativa:

```
VideoWriter_fourcc(*'DIVX')
```

Para guardar un *frame* en un archivo de vídeo, se utiliza el siguiente método de la clase `VideoWriter`:

```
write(frame)
```

El único argumento de este método es el *frame* que se almacena en cada instante, que será el obtenido con el método `read()` de la clase `VideoCapture`.

Al igual que es necesario liberar la cámara cuando se deja de utilizar, un fichero de vídeo también es un recurso que debe cerrarse antes de finalizar la ejecución del programa. Para ello, el método de la clase `VideoWriter` que se debe emplear es:

```
release()
```

Con esto, ya tiene los conocimientos requeridos para entender el código del siguiente programa, que permite guardar el vídeo en un archivo llamado "video.avi" dentro de la carpeta "videos." Previamente, deberá haberla creado al mismo nivel que la de las imágenes. La estructura de carpetas que tendrá es la mostrada a continuación:

```
/carpeta de prácticas OpenCV

    /imagenes

            /caras

    /haarcascades

    /carpeta con programas

    …

    /videos
```

El código del programa de grabación de vídeos es el siguiente:

```
import cv2

archivo_video = '../videos/video.avi'

fourcc = cv2.VideoWriter_fourcc(*'DIVX')
video = cv2.VideoWriter(archivo_video, fourcc, 20, (640,   480))

camara = cv2.VideoCapture(0)

if not camara.isOpened():
    print("No es posible abrir la cámara")
    exit()

while True:
    ret, frame = camara.read()
```

```
    if not ret:
        print("No es posible obtener la imagen")
        break

    video.write(frame)
    cv2.imshow('webcam', frame)

    if cv2.waitKey(1) == ord('q'):
        break

camara.release()
video.release()
cv2.destroyAllWindows()
```

Este código parte del utilizado para la captura de vídeo de una webcam. No en vano, hace lo mismo, ya que también muestra las imágenes capturadas en pantalla.

El primer cambio que puede apreciarse es la declaración de la variable archivo_video, que contiene la ruta del archivo en el que se va a guardar el vídeo.

A continuación, se obtiene el código FourCC del códec DIVX.

```
fourcc = cv2.VideoWriter_fourcc(*'DIVX')
```

El valor devuelto por dicha función será el utilizado en el constructor de la clase VideoWriter, con el que se establece también que el vídeo se almacene en el archivo contenido en la variable archivo_video, con una tasa de refresco de 20 cuadros/segundo y una resolución de 640 × 480.

```
video = cv2.VideoWriter(archivo_video, fourcc, 20, (640, 480))
```

Ya dentro del bucle while, se utiliza el método write() para guardar los *frames* captados por la cámara en el archivo de vídeo, una vez mostrados en pantalla.

```
video.write(frame)
```

La última sentencia que se ha añadido al programa utilizado de base se encarga de cerrar el fichero de vídeo.

```
video.release()
```

Para probar que todo funciona según lo esperado, ejecute el programa y, pasados unos segundos, pulse la tecla 'q'. Ahora vaya a la carpeta "videos", donde encontrará el fichero "video.avi". Ábralo y compruebe que se han grabado las imágenes captadas por su webcam durante los segundos en los que se ejecutó el programa.

> (i) Al hacer doble clic en el archivo para abrirlo, el vídeo se reproducirá en la aplicación que Windows tenga predeterminada para la reproducción de archivos con extensión AVI.

## 12.3 REPRODUCCIÓN DE VÍDEOS

Una vez que ya sabe mostrar las imágenes tomadas en directo por una cámara y guardarlas en un archivo de vídeo, solo le faltaría aprender cómo reproducirlo. Para ello, se utiliza la misma función que en la captura de vídeo:

```
Videocapture(archivo)
```

La diferencia es que ahora el argumento de esta función no es el identificador de una cámara, sino el nombre (o la ruta) de un archivo de vídeo. El resultado es, de nuevo, un objeto de la clase VideoCapture, que en este caso representa el vídeo que pretende reproducirse.

Como sabe, dicho objeto dispone del método read() para la lectura de *frames*. Los valores devueltos también son los mismos, aunque su interpretación es diferente:

- Un booleano, cuyo valor es True si el *frame* se ha obtenido correctamente y False cuando termine de reproducirse el vídeo.

- El *frame* leído en cada momento del archivo o una imagen vacía cuando se llegue al final del vídeo.

Dicho esto, seguro que no le costará ningún esfuerzo entender el siguiente código, que le permitirá reproducir el vídeo grabado previamente con el programa del apartado anterior.

```
import cv2

fps = 30
velocidad_reproduccion = int(1000/fps)

video = cv2.VideoCapture('videos/video.avi')
```

```
if not video.isOpened():
    print("No es posible abrir el archivo")
    exit()

while True:
    ret, frame = video.read()
    if not ret:
        print("Reproducción finalizada")
        break
    cv2.imshow(video, frame)
    if cv2.waitKey(velocidad_reproduccion) == ord('q'):
        break

video.release()
cv2.destroyAllWindows()
```

Este programa le resultará familiar. Eso es debido a que es prácticamente idéntico al que mostraba las imágenes capturadas en directo por una cámara. La principal diferencia es que ahora la función `VideoCapture()` toma como argumento un archivo en vez de un dispositivo.

También habrá observado el uso de dos variables nuevas, que representan la velocidad de reproducción de las imágenes en frames/sg (`fps`) y su equivalente en milisegundos (`velocidad_reproduccion`). El motivo es que `VideoCapture()` solo recoge fotogramas de un archivo de vídeo o una cámara, pero no tiene un reloj que controle la reproducción. Por ese motivo, el argumento de la función `waitKey()` toma como valor `velocidad_reproduccion` con el fin de espaciar la visualización de los fotogramas un tiempo que coincida con los frames/sg a los que fue grabado el vídeo. Como dicho tiempo (en milisegundos) debe ser un número entero, se le aplica la función de *casting* `int()`.

```
fps = 30
velocidad_reproduccion = int(1000/fps)
```

*i*

Se ha utilizado un número de fps mayor del empleado para grabar el vídeo porque la ejecución de las sentencias del código tarda un tiempo que debe ser recuperado aumentando dicho valor.

# Unidad 13

# PROCESAMIENTO Y ANÁLISIS DE VÍDEO

Una vez conocidas las funciones básicas de adquisición, visualización y almacenamiento de vídeos, le agradará saber que todo lo que ha aprendido de procesamiento y análisis de imágenes estáticas es válido con imágenes en movimiento.

Para demostrarlo, en las siguientes secciones se describirán algunas aplicaciones prácticas basadas en métodos empleados anteriormente con fotografías.

> *i*
>
> La luz será un factor crítico en todas las prácticas que realice con una webcam. Si fuera escasa, desigual o generara sombras, la efectividad de los programas sería menor y, en el peor de los casos, no funcionarían correctamente. Las mejores condiciones se dan cuando se dispone de abundante luz natural que incida de forma homogénea en todo el plano tomado por la cámara

## 13.1 EL MUNDO VISTO EN DIBUJOS ANIMADOS

Este primer ejercicio servirá de ejemplo para demostrar lo sencillo que resulta aplicar cualquiera de los filtros estudiados anteriormente a las imágenes de un vídeo. En concreto, el filtro Canny le permitirá ver el mundo como si estuviera dentro de una película de dibujos animados, donde hasta las personas se convertirán en figurantes de un cómic familiar. Todo ello sin necesidad de recurrir a ningún dibujante que plasme en papel personajes o escenarios.

A continuación, se observa el efecto obtenido en la sala de mi casa, donde se puede apreciar el sofá y parte de una lámpara de pie a la izquierda, un cuadro en la pared, la mesa de centro con innumerables objetos y una lámpara de techo a la derecha.

Conseguir este maravilloso efecto es posible añadiendo solo una línea de código al programa utilizado para mostrar las imágenes recogidas por una webcam:

```python
import cv2

camara = cv2.VideoCapture(0)
if not camara.isOpened():
    print("No es posible abrir la cámara")
    exit()

while True:
    ret, frame = camara.read()
    if not ret:
        print("No es posible obtener la imagen")
        break

    img_canny = cv2.Canny(frame, 100, 200)
    cv2.imshow('webcam', img_canny)

    if cv2.waitKey(1) == ord('q'):
        break
```

```
camara.release()
cv2.destroyAllWindows()
```

Observe que dentro del bucle `while` se aplica el método `Canny()` a cada fotograma (`frame`) para transformarla en la que finalmente se verá en pantalla (`img_canny`):

```
img_canny = cv2.Canny(frame, 100, 200)
cv2.imshow('webcam', img_canny)
```

Seguro que estará deseando pasearse por su casa y experimentar esa extraña sensación que se produce al introducirse en un mundo paralelo.

> *(i)* Asegúrese de que ha dado los permisos adecuados en el sistema operativo para acceder a la cámara, y que esté activada en caso de que sea la integrada en el propio ordenador.

## **13.2** CONTADOR DE MONEDAS

En esta nueva práctica modificará un programa anterior que contaba las monedas de 1, 2 y 5 céntimos mostradas en una foto, para que ahora lo haga con las situadas delante de una webcam. Adicionalmente, su valor quedará sobreimpreso en cada una de ellas. Su código es el siguiente.

```
import cv2


fuente = cv2.FONT_HERSHEY_COMPLEX
color = (0,255,255)
grosor = 2
escala = 1
posicion_texto_1 = (20, 30)
posicion_texto_2 = (20, 60)
posicion_texto_5 = (20, 90)


umbral = 120


area_min_1 = 4000
area_min_2 = 6000
area_min_5 = 8000


area_max = 10000
```

```
(ancho_texto, alto_texto), _ = cv2.getTextSize(" ", fuente, escala, grosor)

camara = cv2.VideoCapture(0)
if not camara.isOpened():
    print("No es posible abrir la cámara")
    exit()

while True:
    ret, frame = camara.read()
    if not ret:
        print("No es posible obtener la imagen")
        break

    frame_byn = cv2.cvtColor(frame, cv2.COLOR_BGR2GRAY)
    frame_suavizado = cv2.blur(frame_byn, (10, 10))
    _, frame_umbral = cv2.threshold(frame_suavizado, umbral, 255,
                                cv2.THRESH_BINARY_INV)
    contornos, _ = cv2.findContours(frame_umbral, cv2.RETR_LIST,
                                cv2.CHAIN_APPROX_NONE)
    #cv2.drawContours(frame, contornos, -1, color, grosor)

    num_monedas_1 = num_monedas_2 = num_monedas_5 = 0
    for contorno in contornos:
        area = abs(cv2.contourArea(contorno, True))
        #print(area)
        (x, y), _ = cv2.minEnclosingCircle(contorno)
        posicion_valor_moneda = (int(x-ancho_texto/2), int(y+alto_texto/2))
        if area <= area_max:
            if area >= area_min_5:
                num_monedas_5 += 1
                cv2.putText(frame, "5", posicion_valor_moneda,
                            fuente, escala, color, grosor)
            elif area >= area_min_2:
                num_monedas_2 += 1
                cv2.putText(frame, "2", posicion_valor_moneda,
                            fuente, escala, color, grosor)
            elif area >= area_min_1:
                num_monedas_1 += 1
                cv2.putText(frame, "1", posicion_valor_moneda,
                            fuente, escala, color, grosor)
```

```
    cv2.putText(frame, "Monedas de 1 centimo:  " + str(num_monedas_1),
            posicion_texto_1, fuente, escala, color, grosor)
    cv2.putText(frame, "Monedas de 2 centimos: " + str(num_monedas_2),
            posicion_texto_2, fuente, escala, color, grosor)
    cv2.putText(frame, "Monedas de 5 centimos: " + str(num_monedas_5),
            posicion_texto_5, fuente, escala, color, grosor)

    cv2.imshow('webcam', frame)

    if cv2.waitKey(1) == ord('q'): break

camara.release()
cv2.destroyAllWindows()
```

Tras cargar la librería OpenCV, el primer grupo de variables de configuración que se declaran son las mismas del programa utilizado como base, por lo que no se van a dar explicaciones adicionales.

```
fuente = cv2.FONT_HERSHEY_COMPLEX
color = (0,255,255)
grosor = 2
escala = 1
posicion_texto_1 = (20, 30)
posicion_texto_2 = (20, 60)
posicion_texto_5 = (20, 90)


umbral = 120
```

Respecto al valor de las variables que determinan el área mínima de cada moneda, es necesario aclarar que deberá cambiarlo por el correspondiente a la distancia que usted las sitúe delante de la cámara. Para establecer estos valores, añada al programa una línea de código auxiliar que escriba en la *shell* el área de los contornos identificados. Luego, ponga delante de la cámara una moneda de cada tipo y observe los valores obtenidos. Aunque el área de cada tipo de moneda sea ligeramente diferente en cada *frame*, le servirá de referencia para iniciar estas variables con sus propios valores.

```
area_min_1 = 4000
area_min_2 = 6000
area_min_5 = 8000
```

> **i** Lo ideal es que la cámara se sitúe perpendicularmente al plano en el que están las monedas. De lo contrario, la perspectiva podría modificar el área de las monedas dependiendo de su posición, lo que provocaría errores en su identificación.

Además de las variables anteriores, se crea una nueva (area_max), que determina el tamaño máximo de una moneda. Se utiliza para descartar sombras o zonas iluminadas de forma heterogénea que generan grandes contornos que podrían dar lugar a falsos positivos.

```
area_max = 10000
```

También se crean dos nuevas variables relacionadas con el valor que se va a sobreimpresionar sobre cada moneda (ancho_texto y alto_texto). Puesto que se quiere que esté centrado, deberá tenerse en cuenta su ancho y alto, que ocupa exactamente un carácter (el correspondiente al número 1, el 2 o el 5). Por simplicidad, se usa el espacio para representarlos a todos. El resto de argumentos de la función getTextSize(), con los que se obtiene el ancho y alto de dicho carácter, son la fuente, la escala y el grosor establecidos en las variables anteriores.

```
(ancho_texto, alto_texto), _ = cv2.getTextSize(" ", fuente, escala, grosor)
```

A continuación, en vez de cargar la imagen de un fichero, se crea una instancia del dispositivo de vídeo utilizado para capturarla (camara). Si no hubiera ninguno, se mostraría en la *shell* el correspondiente mensaje de error y finalizaría la ejecución del programa.

```
camara = cv2.VideoCapture(0)
if not camara.isOpened():
    print("No es posible abrir la cámara")
    exit()
```

A partir de ese momento, comienza la captura de fotogramas dentro de un bucle while, con el método read() del objeto cámara creado previamente. Si hubiera algún problema, se informaría del error producido, saliendo del bucle y, en consecuencia, finalizando el programa.

```
while True:
    ret, frame = camara.read()
    if not ret:
        print("No es posible obtener la imagen")
        break
```

Las siguientes sentencias realizan el procesado de la imagen, pasándola a blanco y negro, y aplicando un filtro paso bajo y otro de umbral simple, previo a la identificación de contornos. Son las mismas que las del programa utilizado de base, por lo que no se hará ningún comentario adicional sobre ellas.

```
frame_byn = cv2.cvtColor(frame, cv2.COLOR_BGR2GRAY)
frame_suavizado = cv2.blur(frame_byn, (10, 10))
_, frame_umbral = cv2.threshold(frame_suavizado, umbral, 255,
                        cv2.THRESH_BINARY_INV)
contornos, _ = cv2.findContours(frame_umbral, cv2.RETR_LIST,
                        cv2.CHAIN_APPROX_NONE)
```

> *i*
>
> Durante el periodo de ajuste del valor de las variables que determinan el tamaño de cada tipo de moneda, quite el comentario de la siguiente línea:
>
> ```
> #cv2.drawContours(frame, contornos, -1, color, grosor)
> ```
>
> Le permitirá ver los contornos identificados y cómo estos varían en función de los cambios de luz. De esta forma, podrá determinar la mejor posición o tipo de iluminación que debe dar a la escena. Así como saber si es necesario aplicar otro tipo de filtros a la imagen o aclararla en caso de que el nivel de luz sea insuficiente.

Una vez que se tiene la lista de contornos, se inician las variables que cuentan el número de monedas de cada tipo. Si no se hiciera así, en el siguiente *frame* se irían sumando a las contadas en el anterior, lo que daría un resultado que iría creciendo conforme pasara el tiempo. Evidentemente, esto es algo que no era necesario hacer cuando se utilizaba la imagen de un archivo.

```
num_monedas_1 = num_monedas_2 = num_monedas_5 = 0
```

A continuación, se recorren los contornos con un bucle `for` para obtener su tamaño, ya que esta característica será la empleada para identificar el tipo de moneda. La forma de hacerlo es llamando a la función `contourArea()`, cuyo segundo argumento (`True`) indica que se trata de contornos cerrados. Además, su valor se convierte a positivo con la función `abs()` por lo comentado en su momento.

```
for contorno in contornos:
    area = abs(cv2.contourArea(contorno, True))
    #print(area)
    ...
```

La sentencia `print(area)` se utilizó para mostrar en la *shell* el tamaño de los contornos identificados en cada *frame*, con el fin de fijar el valor de las variables que determinan el área mínima de cada tipo de moneda.

Luego, se encuentran las sentencias que permiten centrar el valor de la moneda dentro de esta. En primer lugar, y aprovechando que son circulares, se utiliza la función `minEnclosingCircle()` para obtener su contorno. La posición en la que se tiene que escribir el valor de la moneda para que quede centrado se calcula con la siguiente sentencia, en la que intervienen las coordenadas del centro del contorno ($x$, $y$) y las dimensiones del texto (`ancho_texto` y `alto_texto`), es decir, el valor de la moneda. El objetivo es que quede perfectamente centrado dentro de esta. El resultado se almacena en la variable `posicion_valor_moneda`, que es una tupla con las coordenadas en las que se escribirá posteriormente dicho valor con la función `putText()`.

```
(x, y), _ = cv2.minEnclosingCircle(contorno)
posicion_valor_moneda = (int(x-ancho_texto/2), int(y+alto_texto/2))
```

Ya solo queda utilizar las sentencias `if...elif` para incrementar la variable que cuenta el número de monedas de cada tipo y sobrescribir su valor en base al tamaño del área de su contorno.

```
if area >= area_min_5:
        num_monedas_5 += 1
        cv2.putText(img, "5", posicion_valor_moneda, fuente, escala,
                color, grosor)
    elif area >= area_min_2:
        num_monedas_2 += 1
        cv2.putText(img, "2", posicion_valor_moneda, fuente, escala,
                color, grosor)
    elif area >= area_min_1:
        num_monedas_1 += 1
        cv2.putText(img, "1", posicion_valor_moneda, fuente, escala,
                color, grosor)
```

Cuando finaliza el bucle `for` y se conoce el número de monedas de cada tipo, este se escribe en la esquina superior izquierda del *frame* con la función `putText()`, de la misma forma que se hacía cuando se trabajaba con la imagen de un archivo.

```
cv2.putText(frame, "Monedas de 1 centimo: " + str(num_monedas_1),
            posicion_texto_1, fuente, escala, color, grosor)
cv2.putText(frame, "Monedas de 2 centimos: " + str(num_monedas_2),
            posicion_texto_2, fuente, escala, color, grosor)
```

```
cv2.putText(frame, "Monedas de 5 centimos: " + str(num_monedas_5),
            posicion_texto_5, fuente, escala, color, grosor)
```

Antes de finalizar el bucle `while`, se muestra el fotograma con los textos sobrescritos en las sentencias anteriores.

```
cv2.imshow('webcam', frame)
```

Si, al llegar a este punto, se hubiera pulsado la tecla 'q', se saldría del bucle, y se dejarían de mostrar nuevos fotogramas.

```
if cv2.waitKey(1) == ord('q'): break
```

Las sentencias finales del programa liberan la cámara y cierran la ventana y finaliza el programa.

```
camara.release()
cv2.destroyAllWindows()
```

Ejecute el programa y compruebe que los resultados sean los correctos para cualquier combinación de monedas, como los mostrados de ejemplo más abajo.

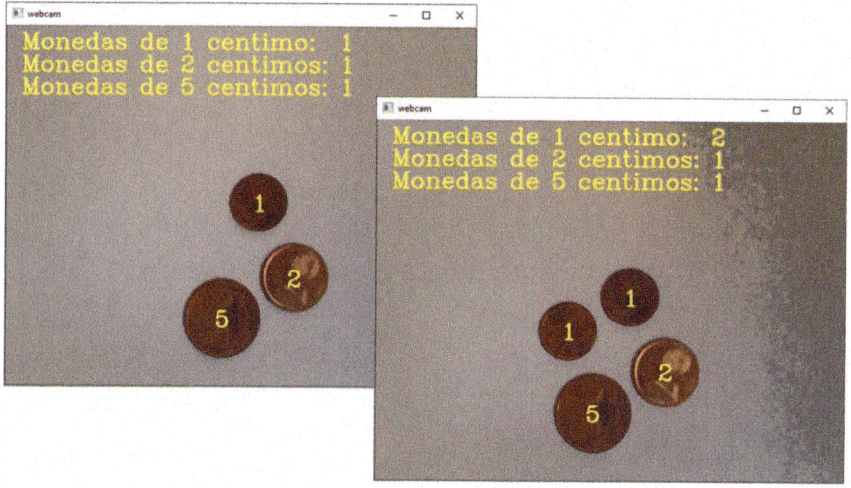

Me gustaría volver a insistir en que la eficacia de los programas de procesamiento y análisis de vídeo depende mucho de la calidad de la luz. Debe ser homogénea y, a ser posible, disponer de abundante luz natural recibida de forma indirecta, para evitar la formación de sombras y reflejos. La existencia de zonas con diferentes niveles de luz se puede mitigar aplicando filtros de umbral adaptativo, siempre que no sean muy extensas. En el caso de que esta fuera escasa, se podría aumentar artificialmente. Eso es justo lo que se va a hacer en el siguiente programa, que añade al descrito anteriormente una barra de desplazamiento mediante la que se puede aumentar la claridad de la imagen.

En ese caso, el programa quedaría de la siguiente forma.

```python
import cv2

fuente = cv2.FONT_HERSHEY_COMPLEX
color = (0,255,255)
grosor = 2
escala = 1
posicion_texto_1 = (20, 30)
posicion_texto_2 = (20, 60)
posicion_texto_5 = (20, 90)
(ancho_texto, alto_texto), _ = cv2.getTextSize(" ", fuente, escala, grosor)

umbral = 120

area_min_1 = 4000
area_min_2 = 6000
area_min_5 = 8000

area_max = 10000

incremento_brillo = 0

def modifica_brillo(img):
    hsv = cv2.cvtColor(img, cv2.COLOR_BGR2HSV)
    h, s, v = cv2.split(hsv)

    limite = 255 - incremento_brillo
    v[v > limite] = 255
    v[v <= limite] += incremento_brillo

    hsv = cv2.merge(h, s, v)
    img = cv2.cvtColor(hsv, cv2.COLOR_HSV2BGR)
    return img

def incrementa_brillo(valor):
    global incremento_brillo
    incremento_brillo = valor

cv2.namedWindow('webcam')
cv2.createTrackbar('Brillo', 'webcam', 0, 255, incrementa_brillo)

camara = cv2.VideoCapture(0)
```

```
if not camara.isOpened():
    print("No es posible abrir la cámara")
    exit()

while True:
    ret, frame = camara.read()
    if not ret:
        print("No es posible obtener la imagen")
        break

    frame = modifica_brillo(frame)

    frame_byn = cv2.cvtColor(frame, cv2.COLOR_BGR2GRAY)

    frame_suavizado = cv2.blur(frame_byn, (10, 10))
    _, frame_umbral = cv2.threshold(frame_suavizado, umbral, 255,
                                cv2.THRESH_BINARY_INV)
    contornos, _ = cv2.findContours(frame_umbral, cv2.RETR_LIST,
                                cv2.CHAIN_APPROX_NONE)
    #cv2.drawContours(frame, contornos, -1, color, grosor)

    num_monedas_1 = num_monedas_2 = num_monedas_5 = 0
    for contorno in contornos:
        area = abs(cv2.contourArea(contorno, True))
        #print(area)
        (x, y), _ = cv2.minEnclosingCircle(contorno)
        posicion_valor_moneda = (int(x-ancho_texto/2), int(y+alto_texto/2))
        if area <= area_max:
            if area >= area_min_5:
                num_monedas_5 += 1
                cv2.putText(frame, "5", posicion_valor_moneda,
                            fuente, escala, color, grosor)
            elif area >= area_min_2:
                num_monedas_2 += 1
                cv2.putText(frame, "2", posicion_valor_moneda,
                            fuente, escala, color, grosor)
            elif area >= area_min_1:
                num_monedas_1 += 1
                cv2.putText(frame, "1", posicion_valor_moneda,
                            fuente, escala, color, grosor)

    cv2.putText(frame, "Monedas de 1 centimo:  " + str(num_monedas_1),
                posicion_texto_1, fuente, escala, color, grosor)
```

```
    cv2.putText(frame, "Monedas de 2 centimos: " + str(num_monedas_2),
                posicion_texto_2, fuente, escala, color, grosor)
    cv2.putText(frame, "Monedas de 5 centimos: " + str(num_monedas_5),
                posicion_texto_5, fuente, escala, color, grosor)

    cv2.imshow('webcam', frame)

    if cv2.waitKey(1) == ord('q'): break

camara.release()
cv2.destroyAllWindows()
```

Solo se explicarán los cambios realizados respecto al utilizado de base, el primero de los cuales está en la declaración de las variables, a la que se añade aquella que determina el incremento inicial del brillo (incremento_brillo). Su valor es 0 porque, al arrancar el programa, la imagen se muestra sin cambios.

```
incremento_brillo = 0
```

A continuación, se declaran dos funciones nuevas. La primera de ellas toma como argumento una imagen (el *frame* capturado en cada instante) y devuelve esa misma imagen (*frame*) con el brillo incrementado.

```
def modifica_brillo(img):

    ...

    return img
```

Dentro de la función modifica_brillo(), se convierte la imagen BGR a HSV y se extraen sus componentes de matiz (h), saturación (s) y brillo (v). El incremento de luz se aplicará a este tercer componente.

```
hsv = cv2.cvtColor(img, cv2.COLOR_BGR2HSV)
h, s, v = cv2.split(hsv)
```

El siguiente grupo de sentencias es precisamente lo que hace, vigilando que no se supere en ningún momento el valor máximo (255). El aumento del brillo vendrá fijado por la variable incremento_brillo, que es una variable global cuyo valor se modifica en la función de *callback* de la barra de desplazamiento, como pronto descubrirá.

```
limite = 255 - incremento_brillo
v[v > limite] = 255
v[v <= limite] += incremento_brillo
```

Una vez aumentado el nivel de luz, se vuelven a juntar los tres componentes HSV mediante la sentencia merge(), y se pasa de nuevo a BGR.

```
hsv = cv2.merge(h, s, v)
img = cv2.cvtColor(hsv, cv2.COLOR_HSV2BGR)
```

La siguiente función es la de *callback* de la barra de desplazamiento. Lo único que hace es asignar a la variable global `incremento_brillo` el valor del incremento de brillo seleccionado. Dicha variable será la utilizada por la función anterior para aumentar el nivel de luz del *frame*.

```
def incrementa_brillo(valor):
    global incremento_brillo
    incremento_brillo = valor
```

Después de la declaración de las funciones anteriores, se crea la barra de desplazamiento asociada a la ventana "webcam", cuyo valor inicial es 0 y el máximo 255. La función de *callback* a la que se llamará cuando se mueva es `incrementa_brillo()`, descrita anteriormente.

Puesto que la barra de desplazamiento se debe asociar a una ventana existente y todavía no se han empezado a mostrar los *frames* tomados por la webcam, se debe crear previamente llamando a la función `namedWindow()`. El argumento de entrada de esta función establece el nombre de dicha ventana, que deberá coincidir con el utilizado para mostrar los *frames* de la webcam con la función `imshow()`.

```
cv2.namedWindow('webcam')
cv2.createTrackbar('Brillo', 'webcam', 0, 255, incrementa_brillo)
```

Ya dentro del bucle `while`, cada vez que se obtenga un *frame* con el método `read()`, deberá llamarse a la función `modifica_brillo()` con el fin de adaptar su nivel de luz al incremento seleccionado en la barra de desplazamiento. El *frame* obtenido como resultado será el utilizado en las labores posteriores de procesamiento y análisis de vídeo.

```
frame = modifica_brillo(frame)
```

Hechos todos estos cambios, ejecute el programa en una habitación con poca luz natural o que solo disponga de luz artificial. Utilizando monedas de los tres tamaños, aumente el nivel de brillo hasta conseguir los resultados esperados. Haga diversas pruebas, incluso quitando el comentario de la línea de código que muestra los contornos para ver dónde se pueden estar produciendo los problemas que impiden su detección.

La siguiente imagen muestra que, aunque inicialmente no se identificaba el contorno de ninguna moneda (izquierda), al incrementar el nivel de brillo en 26, los resultados empezaron a ser satisfactorios (derecha).

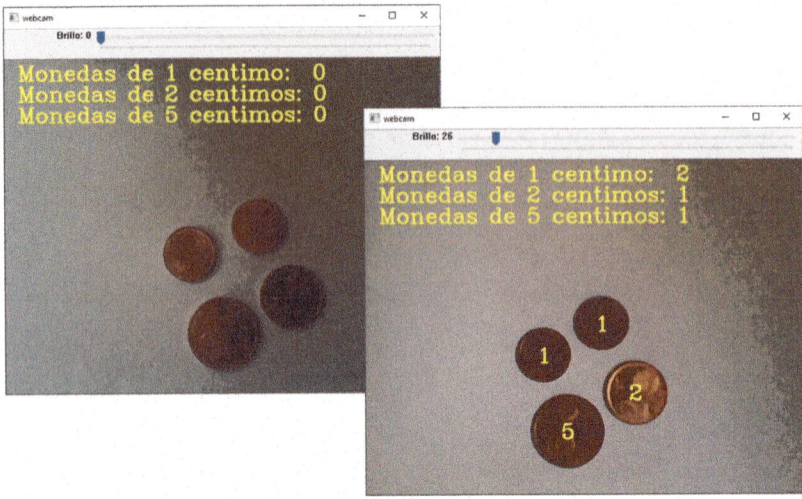

## 13.3 CLASIFICACIÓN DE OBJETOS IRREGULARES

En la práctica anterior ha desarrollado un programa que distinguía las monedas por su tamaño. Sin embargo, los objetos que se quiere clasificar no siempre tienen una forma regular, como sucede con los tacos usados para colgar cuadros o fijar estanterías en la pared. Aunque *a priori* pueda parecer difícil, con unos pequeños cambios este mismo código también será capaz de reconocerlos, como los del número 6, 8 y 10 mostrados a continuación:

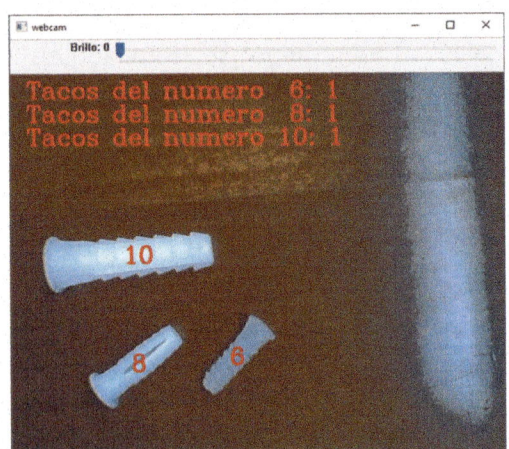

El código utilizado es casi idéntico al del programa anterior de las monedas.

```python
import cv2

fuente = cv2.FONT_HERSHEY_COMPLEX
color = (0,0,255)
grosor = 2
escala = 1
posicion_texto_6 = (20, 30)
posicion_texto_8 = (20, 60)
posicion_texto_10 = (20, 90)
(ancho_texto, alto_texto), _ = cv2.getTextSize(" ", fuente, escala, grosor)


umbral = 120

area_min_6 = 3000
area_min_8 = 4000
area_min_10 = 9500


area_max = 20000


num_tacos_6 = num_tacos_8 = num_tacos_10 = 0


incremento_brillo = 0

def modifica_brillo(img):
    hsv = cv2.cvtColor(img, cv2.COLOR_BGR2HSV)
    h, s, v = cv2.split(hsv)

    limite = 255 - incremento_brillo
    v[v > limite] = 255
    v[v <= limite] += incremento_brillo

    hsv = cv2.merge((h, s, v))
    img = cv2.cvtColor(hsv, cv2.COLOR_HSV2BGR)
    return img

def incrementa_brillo(valor):
    global incremento_brillo
    incremento_brillo = valor

cv2.namedWindow('webcam')
cv2.createTrackbar('Brillo', 'webcam', 0, 255, incrementa_brillo)
```

```
camara = cv2.VideoCapture(0)
if not camara.isOpened():
    print("No es posible abrir la cámara")
    exit()

while True:
    ret, frame = camara.read()
    if not ret:
        print("No es posible obtener la imagen")
        break

    frame = modifica_brillo(frame)

    frame_byn = cv2.cvtColor(frame, cv2.COLOR_BGR2GRAY)

    frame_suavizado = cv2.blur(frame_byn, (10, 10))
    _, frame_umbral = cv2.threshold(frame_suavizado, umbral, 255,
                            cv2.THRESH_BINARY_INV)
    contornos, _ = cv2.findContours(frame_umbral, cv2.RETR_LIST, cv2.
                            CHAIN_APPROX_NONE)
    #cv2.drawContours(frame, contornos, -1, color, grosor)

    num_tacos_6 = num_tacos_8 = num_tacos_10 = 0
    for contorno in contornos:
        area = abs(cv2.contourArea(contorno, True))
        #print(area)
        (x, y), _ = cv2.minEnclosingCircle(contorno)
        posicion_valor_taco = (int(x-ancho_texto/2), int(y+alto_texto/2))
        if area <= area_max:
            if area >= area_min_10:
                num_tacos_10 += 1
                cv2.putText(frame, "10", posicion_valor_taco,
                        fuente, escala, color, grosor)
            elif area >= area_min_8:
                num_tacos_8 += 1
                cv2.putText(frame, "8", posicion_valor_taco,
                        fuente, escala, color, grosor)
            elif area >= area_min_6:
                num_tacos_6 += 1
                cv2.putText(frame, "6", posicion_valor_taco,
                        fuente, escala, color, grosor)
```

```
cv2.putText(frame, "Tacos del numero  6: " + str(num_tacos_6),
            posicion_texto_6, fuente, escala, color, grosor)
cv2.putText(frame, "Tacos del numero  8: " + str(num_tacos_8),
            posicion_texto_8, fuente, escala, color, grosor)
cv2.putText(frame, "Tacos del numero 10: " + str(num_tacos_10),
            posicion_texto_10, fuente, escala, color, grosor)


cv2.imshow('webcam', frame)


if cv2.waitKey(1) == ord('q'): break

camara.release()
cv2.destroyAllWindows()
```

Los únicos cambios que se han tenido que realizar al programa de las monedas son los correspondientes a las variables que establecen el área mínima de cada tipo de taco.

```
area_min_6 = 3000
area_min_8 = 4000
area_min_10 = 9500
```

La sentencia que inicia el valor de las variables que llevan el recuento:

```
num_tacos_6 = num_tacos_8 = num_tacos_10 = 0
```

Las condiciones if…elif en las que se actualiza el valor de dichas variables y se escribe el número del taco sobre cada uno de ellos:

```
if area <= area_max:
    if area >= area_min_10:
        num_tacos_10 += 1
        cv2.putText(frame, "10", posicion_valor_taco,
                    fuente, escala, color, grosor)
    elif area >= area_min_8:
        num_tacos_8 += 1
        cv2.putText(frame, "8", posicion_valor_taco,
                    fuente, escala, color, grosor)
    elif area >= area_min_6:
        num_tacos_6 += 1
        cv2.putText(frame, "6", posicion_valor_taco,
                    fuente, escala, color, grosor)
```

Y los textos que indican el número de tacos que hay de cada tamaño:

```
cv2.putText(frame, "Tacos del numero  6: " + str(num_tacos_6),
            posicion_texto_6, fuente, escala, color, grosor)
cv2.putText(frame, "Tacos del numero  8: " + str(num_tacos_8),
            posicion_texto_8, fuente, escala, color, grosor)
cv2.putText(frame, "Tacos del numero 10: " + str(num_tacos_10),
            posicion_texto_10, fuente, escala, color, grosor)
```

Como habrá podido observar, también se han cambiado los nombres de las variables que hacían referencia a las monedas por otros acordes a los tacos (posicion_valor_taco, num_tacos_6, num_tacos_8 y num_tacos_10, además de posicion_texto_6, posicion_texto_8 y posicion_texto_10). En cualquier caso, son cambios menores que confirman la facilidad con la que se puede clasificar cualquier tipo de objeto por su tamaño, sean monedas, tacos o manzanas.

La siguiente imagen muestra otro ejemplo en el que se vuelve a demostrar el correcto funcionamiento del programa con un número de tacos diferente.

Me gustaría insistir de nuevo en la importancia de la luz. Incluso aunque parezca que es la adecuada, puede que no se reconozcan correctamente los tacos. Para poder establecer en qué condiciones de iluminación funciona mejor este programa, quite el comentario de la línea que dibuja los contornos. De esa forma, tendrá una idea de si el problema lo provoca una luz demasiado direccional (debería ser difusa), si hay reflejos que desdibujan los contornos, si la luz es escasa, etc. Así, por ejemplo, en la siguiente imagen se observa la existencia de una amplia zona de la imagen que recibe más luz que el resto, de forma que crea un contorno que engloba los tres tacos que hay a la derecha, los cuales no podrán ser identificados.

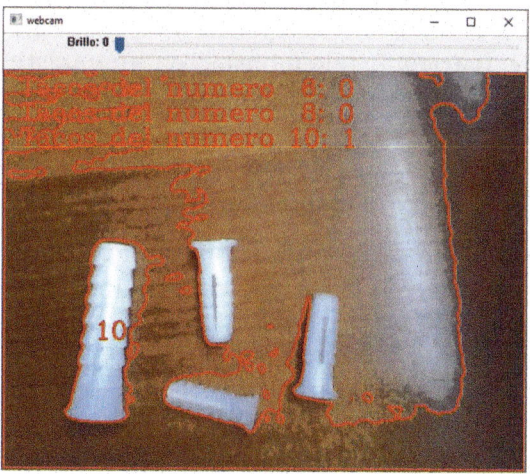

Aunque podría aplicar algún filtro (o combinación de varios), intente primero resolver este problema cambiando la posición de la cámara o poniendo una pantalla que disminuya la entrada de luz por esa zona. Con pequeños cambios de este tipo se pueden sortear muchas dificultades, incluso aunque no termine de deshacerse de esos molestos reflejos, como el de la siguiente figura, que ya no afectaría a la correcta identificación de los tacos al conseguir alejarlo de ellos.

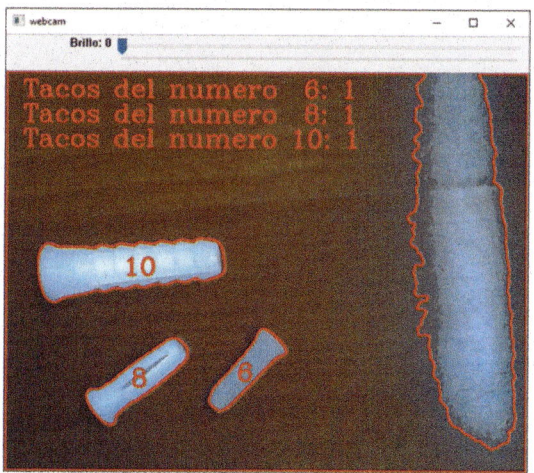

## **13.4** IDENTIFICACIÓN DE FIGURAS GEOMÉTRICAS

Si en las prácticas anteriores la clasificación de objetos se hacía por el tamaño, en esta ocasión el criterio va a ser su forma. Para ello, desarrollará un programa que, partiendo del empleado en una práctica anterior donde se identificaban figuras geométricas, permita su reconocimiento cuando se sitúen delante de una cámara. Este programa podría considerarse como un sistema de realidad aumentada, en cuanto que es capaz de añadir información adicional sobre objetos del mundo real.

Puesto que este proceso de identificación requiere de abundante luz, con el fin de obtener mayores tasas de acierto, se incluye una barra de desplazamiento que aumenta el brillo de la imagen. El código quedaría de la siguiente forma:

```python
import cv2

umbral = 200

fuente = cv2.FONT_HERSHEY_SIMPLEX
color = (0,0,0)
grosor = 2
escala = 1
texto = ""

area_min = 5000
area_max = 50000

incremento_brillo = 0

def modifica_brillo(img):
    hsv = cv2.cvtColor(img, cv2.COLOR_BGR2HSV)
    h, s, v = cv2.split(hsv)

    limite = 255 - incremento_brillo
    v[v > limite] = 255
    v[v <= limite] += incremento_brillo

    hsv = cv2.merge((h, s, v))
    img = cv2.cvtColor(hsv, cv2.COLOR_HSV2BGR)
    return img
```

```python
def incrementa_brillo(valor):
    global incremento_brillo
    incremento_brillo = valor


cv2.namedWindow('webcam')
cv2.createTrackbar('Brillo', 'webcam', 0, 255, incrementa_brillo)


camara = cv2.VideoCapture(0)
if not camara.isOpened():
    print("No es posible abrir la cámara")
    exit()


while True:
    global frame
    ret, frame = camara.read()
    if not ret:
        print("No es posible obtener la imagen")
        break

    frame = modifica_brillo(frame)

    frame_byn = cv2.cvtColor(frame, cv2.COLOR_BGR2GRAY)
    _, frame_umbral = cv2.threshold(frame_byn, umbral, 255,
                                    cv2.THRESH_BINARY_INV)

    contornos, _ = cv2.findContours(frame_umbral, cv2.RETR_LIST,
                                    cv2.CHAIN_APPROX_SIMPLE)

    for contorno in contornos:
        x,y,ancho,alto = cv2.boundingRect(contorno)

        margen_error = 0.05*cv2.arcLength(contorno, True)
        contorno_aprox = cv2.approxPolyDP(contorno, margen_error, True)
        area = abs(cv2.contourArea(contorno_aprox, True))
        if area >= area_min and area < area_max:
            cv2.drawContours(frame, [contorno_aprox], 0, color, grosor)

            if len(contorno_aprox) == 3: texto = "TRIANGULO"
            elif len(contorno_aprox) == 4:texto = "CUADRADO"
            elif len(contorno_aprox) == 5: texto = "PENTAGONO"
```

```
        (ancho_texto, alto_texto), _ = cv2.getTextSize(texto, fuente,
                                                escala, grosor)
        posicion_x = int(x + (ancho - ancho_texto) / 2)
        posicion_y = int(y + (alto / 2 + alto_texto / 2))

        cv2.putText(frame, texto, (posicion_x, posicion_y),
                    fuente, escala, color, grosor)

    cv2.imshow('webcam', frame)

    if cv2.waitKey(1) == ord('q'): break

camara.release()
cv2.destroyAllWindows()
```

Tras importar la librería OpenCV, se declaran las mismas variables del programa utilizado de base, por lo que no se va a añadir ninguna consideración adicional sobre ellas.

A estas variables se agregan dos nuevas, las cuales fijan el área máxima y mínima de las figuras geométricas. El motivo es eliminar el mayor número posible de contornos que, inevitablemente, serán identificados en cada *frame*. Las diferentes zonas de luz, los cambios de contraste, las sombras o, simplemente, otros objetos que haya en escena, generarán contornos con el mismo número de puntos que los de las figuras geométricas. Aquellos cuyo tamaño no se encuentre en el margen de estas dos variables no serán tenidos en cuenta.

```
area_min = 5000
area_max = 50000
```

ⓘ El efecto lateral que tiene el uso de estas variables es que no podrán identificarse figuras geométricas muy pequeñas ni muy grandes. Además, siempre podrán existir contornos indeseables que estén dentro del tamaño establecido para las figuras geométricas.

La otra variable que se añade es `incremento_brillo`, utilizada para establecer el aumento de brillo de la imagen.

```
incremento_brillo = 0
```

A continuación, se declaran las funciones relacionadas con el aumento del brillo de la imagen, `modifica_brillo()` e `incrementa_brillo()`. Su código fue descrito anteriormente, por lo que no se hará ningún comentario adicional.

Las dos sentencias siguientes, explicadas también previamente, son las encargadas de asociar la barra de desplazamiento con la que se modifica el nivel de luz, a la ventana en la que se muestra la imagen de la webcam.

```
cv2.namedWindow('webcam')
cv2.createTrackbar('Brillo', 'webcam', 0, 255, incrementa_brillo)
```

Las siguientes sentencias son las que crean el objeto camara, que representa el dispositivo de vídeo utilizado para recoger la secuencia de imágenes (*frames*). Además, se comprueba que dicho dispositivo sea accesible, y se informa del error en caso contrario y se finaliza la ejecución del programa.

```
camara = cv2.VideoCapture(0)
if not camara.isOpened():
    print("No es posible abrir la cámara")
    exit()
```

Luego, se entra en el bucle while que obtiene los *frames* con el método read() del objeto camara. Si hubiera algún problema, se avisaría del error y se saldría del bucle.

```
while True:
    ret, frame = camara.read()
    if not ret:
        print("No es posible obtener la imagen")
        break
```

Dentro del bucle while, cada vez que se obtiene un *frame*, se ejecuta la función incrementa_brillo(), previa a cualquier procesamiento que se haga posteriormente con la imagen.

```
frame = modifica_brillo(frame)
```

El proceso de identificación de contornos y sus correspondientes contornos de aproximación no sufre cambios respecto del utilizado en el programa de base, por lo que no se añadirá ninguna explicación adicional.

A continuación, y como novedad, se calcula el área del contorno, ya que solo serán identificados aquellos que tengan un tamaño comprendido entre los establecidos por las variables area_min y area_max.

```
area = abs(cv2.contourArea(contorno_aprox, True))
if area >= area_min and area < area_max:
    ...
```

Para los contornos de aproximación que cumplan esta condición, se continúa con el resto de sentencias del programa utilizado de base, reconociendo cada figura geométrica en base al número de puntos que componen dichos contornos, sobre las que se escribe centrado su nombre.

> *i* Además de los cambios anteriores, y de forma opcional, suavice la imagen con la función `blur()` una vez convertida a blanco y negro (igual que hizo en el programa de las monedas). Por supuesto, dependiendo del tipo de iluminación disponible, podría ser necesaria cualquier otra combinación de filtros.

La siguiente imagen muestra que, aunque inicialmente no se identificaba ninguna figura geométrica (izquierda), al subir el brillo en 83 se han conseguido unos resultados satisfactorios (derecha).

Naturalmente, la identificación de las figuras podrá realizarse en cualquier posición y a cualquier distancia de la cámara, como puede ver a continuación.

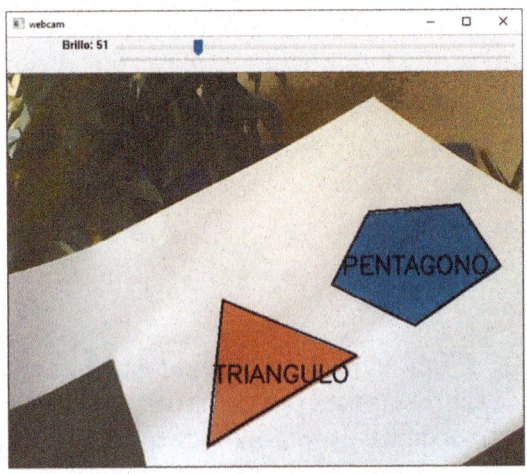

## **13.5** PRESERVACIÓN DE IDENTIDAD

Esta práctica le demostrará lo fácil que resulta conseguir el efecto que tantas veces habrá visto en los documentales y telediarios con el que se difuminan las caras de las personas que no deben ser reconocidas.

A modo de ejemplo, la siguiente imagen muestra el resultado obtenido con la niña del cuadro.

El código le resultará familiar, ya que está basado en el utilizado para reconocer caras en imágenes estáticas. La diferencia es que ahora se hará en todos los *frames* recogidos por una webcam y, en vez de dibujar los rectángulos del área donde se encuentran, se difuminan con un filtro paso bajo.

```python
import cv2

clasificador = cv2.CascadeClassifier('../haarcascades/
                                haarcascade_frontalface_default.xml')

camara = cv2.VideoCapture(0)
if not camara.isOpened():
    print("No es posible abrir la cámara")
    exit()

while True:
    ret, frame = camara.read()
    if not ret:
        print("No es posible obtener la imagen")
        break

    frame_byn = cv2.cvtColor(frame, cv2.COLOR_BGR2GRAY)

    caras = clasificador.detectMultiScale(frame_byn)
```

```
for (x_cara, y_cara, ancho_cara, alto_cara) in caras:
    roi = frame[y_cara:y_cara+alto_cara, x_cara:x_cara+ancho_cara]
    roi = cv2.blur(roi, (30, 30))
    frame[y_cara:y_cara+alto_cara, x_cara:x_cara+ancho_cara] = roi

cv2.imshow('webcam',frame)

if cv2.waitKey(10) == ord('q'): break

camara.release()
cv2.destroyAllWindows()
```

Como ya se habrá imaginado, tras importar la librería OpenCV se crea el clasificador con el que se va a realizar el reconocimiento facial.

```
clasificador = cv2.CascadeClassifier('../haarcascades/
                          haarcascade_frontalface_default.xml')
```

Las siguientes sentencias acceden a la cámara y recogen los *frames* dentro de un bucle while (o finalizan el programa en caso de no poder hacerlo). Son las habituales, por lo que no se darán explicaciones adicionales.

Cada vez que se recoge un *frame*, este se convierte a blanco y negro antes de hacer el reconocimiento facial con el método detectMultiScale() del clasificador creado anteriormente (clasificador).

```
frame_byn = cv2.cvtColor(frame, cv2.COLOR_BGR2GRAY)
caras = clasificador.detectMultiScale(frame_byn)
```

El resultado del método anterior es una lista de rectángulos (caras) que se recorre en un bucle for, del que se extraen las coordenadas de la esquina superior izquierda (x_cara, y_cara), el ancho y el alto de cada uno de ellos (ancho_cara y alto_cara).

Dentro de ese mismo bucle también se recorta el área de la imagen donde se encuentra la cara (roi), se le aplica un filtro paso bajo con el método blur() y se vuelve a colocar en su posición original (se sustituye la cara original por la borrosa).

```
for (x_cara, y_cara, ancho_cara, alto_cara) in caras:
    roi = frame[y_cara:y_cara+alto_cara, x_cara:x_cara+ancho_cara]
    roi = cv2.blur(roi, (30, 30))
    frame[y_cara:y_cara+alto_cara, x_cara:x_cara+ancho_cara] = roi
```

*i* Le animo a probar otros valores de kernel en el método blur().

Ejecute el programa, dirija la cámara hacia donde haya alguna persona y compruebe que es difícil reconocer de quién se trata.

## 13.6 MASCOTA VIRTUAL (I)

En esta nueva práctica creará su propia mascota virtual, que le seguirá con la mirada cada vez que se mueva delante de la cámara. Para ello, deberá realizar una secuencia de imágenes en las que dicha mascota mire en todas direcciones, de izquierda a derecha. En este caso, se utilizará lo que pretende ser el emoticono de un patito.

A partir de él, construya nuevos emoticonos en los que únicamente cambie la posición de los ojos.

Cree la carpeta "secuencia_emoticono" dentro de "imagenes" y guárdelos todos allí. La estructura de carpetas que debe tener ahora es:

/carpeta de prácticas OpenCV

    /imagenes

        /caras

        /secuencia_emoticono

    /haarcascades

    /carpeta con programas

    ...

    /videos

Una vez creadas las imágenes, para que cobren vida solo tendrá que crear un pequeño programa capaz de reconocer una cara y detectar la posición que tiene en pantalla con el fin de que el patito mire en esa dirección.

```python
import cv2
from os import listdir
from math import ceil

clasificador = cv2.CascadeClassifier('../haarcascades/
                                haarcascade_frontalface_default.xml')
area_cara_min = 10000

carpeta_emoticono = '../imagenes/secuencia_emoticono/'
lista_emoticonos = []

for archivo in listdir(carpeta_emoticono):
    lista_emoticonos.append(cv2.imread(carpeta_emoticono+archivo))

numero_imagenes = len(lista_emoticonos)
indice_emoticono = ceil(numero_imagenes/2)

def obtener_posicion_cara(frame):
    global posicion_cara
    frame_byn = cv2.cvtColor(frame, cv2.COLOR_BGR2GRAY)
    caras = clasificador.detectMultiScale(frame_byn)
    area_min = area_cara_min
    for (x_cara, y_cara, ancho_cara, alto_cara) in caras:
        area_cara = ancho_cara * alto_cara
        if area_cara > area_min:
            cv2.rectangle(frame, (x_cara, y_cara),
                        (x_cara + ancho_cara, y_cara + alto_cara),
                        (255, 0, 0), 2)
            area_min = area_cara
            posicion_cara = x_cara + ancho_cara/2

cv2.namedWindow('webcam')
camara = cv2.VideoCapture(0)
if not camara.isOpened():
    print("No es posible abrir la cámara")
    exit()

ancho_frame = camara.get(cv2.CAP_PROP_FRAME_WIDTH)
posicion_cara = ancho_frame/2
ancho_zona = ancho_frame/numero_imagenes
```

```
while True:
    ret, frame = camara.read()
    if not ret:
        print("No es posible obtener la imagen")
        break

    obtener_posicion_cara(frame)
    indice_emoticono = numero_imagenes - ceil(posicion_cara/ancho_zona)

    cv2.imshow('webcam', frame)
    cv2.imshow('Emoticono', lista_emoticonos[indice_emoticono])

    if cv2.waitKey(1) == ord('q'):
        break

camara.release()
cv2.destroyAllWindows()
```

Lo primero que se hace es importar las librerías necesarias para su funcionamiento. Como puede observar, además de OpenCV se cargan también *os* y *math*. De la librería *os* se utilizará únicamente la función `listdir()`, que obtiene la lista de archivos de un directorio. La empleará para cargar los emoticonos almacenados en los archivos de la carpeta "secuencia_emoticono". De la librería *math* se usará exclusivamente la función `ceil()`, que redondea por arriba un número decimal.

```
import cv2
from os import listdir
from math import ceil
```

La siguiente sentencia crea el clasificador que realizará el reconocimiento facial (`clasificador`). Con el fin de evitar reconocimientos incorrectos que muevan aleatoriamente los ojos de la mascota, solo se tendrán en cuenta aquellos con una superficie mínima (`area_cara_min`).

```
clasificador = cv2.CascadeClassifier('../haarcascades/
                              haarcascade_frontalface_default.xml')
area_cara_min = 10000
```

La variable `carpeta_emoticono` contiene el nombre de la carpeta donde se encuentran las imágenes de los emoticonos que se cargarán en la lista `lista_emoticonos`.

```
carpeta_emoticono = '../imagenes/emoticono/'
lista_emoticonos = []
```

Eso es precisamente lo que hace el bucle `for` que hay a continuación, dentro del que se extraen, una a una, de los archivos en los que están almacenadas con el método `imread()`, para añadirlas seguidamente (en la misma sentencia) a la lista `lista_emoticonos` con el método `append()`.

```
for archivo in listdir(carpeta_emoticono):
    lista_emoticonos.append(cv2.imread(carpeta_emoticono+archivo))
```

Aunque la variable `numero_imagenes` puede parecer intrascendente porque solo contiene el número de elementos de la lista `lista_emoticonos`, hace posible el uso de secuencias de imágenes de cualquier tamaño (más adelante verá cómo se emplea).

```
numero_imagenes = len(lista_emoticonos)
```

Por último, la variable `indice_emoticono` determina la imagen de la secuencia mostrada en la pantalla. Su valor es el índice o posición que ocupa en la lista `lista_emoticonos`. Inicialmente muestra la imagen central (aquella en la que el patito mira de frente).

```
indice_emoticono = ceil(numero_imagenes/2)
```

> (i) Cuando el número de imágenes sea mayor de diez, deberá asegurar que estas se almacenen en el orden correcto. Por ejemplo, con la función `listdir()` el archivo "emoticono10.jpg" se cargaría antes que "emoticono2.jpg", lo que rompería la secuencia.

La función `obtener_posicion_cara()` es la responsable de obtener la posición de la cara y almacenarla en la variable global `posicion_cara`.

```
def obtener_posicion_cara(frame):
    global posicion_cara
```

Para ello, se utiliza el método `detectMultiScale()` del clasificador creado anteriormente (`clasificador`). Previamente será necesario convertir la imagen tomada por la cámara (argumento `frame` de la función) a blanco y negro con el método `cvtColor()`.

```
frame_byn = cv2.cvtColor(frame, cv2.COLOR_BGR2GRAY)
caras = clasificador.detectMultiScale(frame_byn)
```

Como sabe, este clasificador no devuelve una cara, sino una lista con todas las detectadas (`caras`). Para que los ojos de la mascota no se muevan de forma errática, solo se fijará en la que esté más cerca de la cámara. Para ello,

238

se recorren en un bucle `for` dentro del que se calcula su superficie y se elige la mayor (siempre que su tamaño sea superior al establecido en la variable `area_cara_min`).

```
area_min = area_cara_min
for (x_cara, y_cara, ancho_cara, alto_cara) in caras:
    area_cara = ancho_cara * alto_cara
    if area_cara > area_min:
        cv2.rectangle(frame, (x_cara, y_cara),
                      (x_cara + ancho_cara, y_cara + alto_cara),
                      (255, 0, 0), 2)
        area_min = area_cara
        posicion_cara = x_cara + ancho_cara/2
```

Lo único que interesa de la cara es la coordenada $x$ del punto medio donde se encuentra, que se almacena en la variable global `posicion_cara`.

Esta imagen muestra gráficamente cuál sería dicha coordenada:

La coordenada $y$ del punto es indiferente porque la mascota solo mueve los ojos horizontalmente.

Las sentencias que hay a continuación son las que acceden a la cámara (o finalizan la ejecución del programa si no fuera posible), por lo que no requieren ninguna explicación. Por ese motivo, solo se comentarán las que hay seguidamente. La primera obtiene y almacena la resolución horizontal de la webcam en la variable ancho_frame. El valor asignado a la variable posicion_cara hace que la mascota mire al frente al iniciar el programa (simula que se ha detectado una cara en medio de la pantalla). La variable ancho_zona determina el espacio horizontal asociado a cada emoticono de la secuencia.

```
ancho_frame = camara.get(cv2.CAP_PROP_FRAME_WIDTH)
posicion_cara = ancho_frame/2
ancho_zona = ancho_frame/numero_imagenes
```

La siguiente imagen le ayudará a comprender el papel que juegan estas variables a la hora de dar vida a la mascota. En él se puede observar que el ancho de la pantalla de la webcam (ancho_frame) se divide en tantas zonas como imágenes tenga la secuencia (numero_imagenes). El ancho de cada una de estas zonas será el almacenado en la variable ancho_zona.

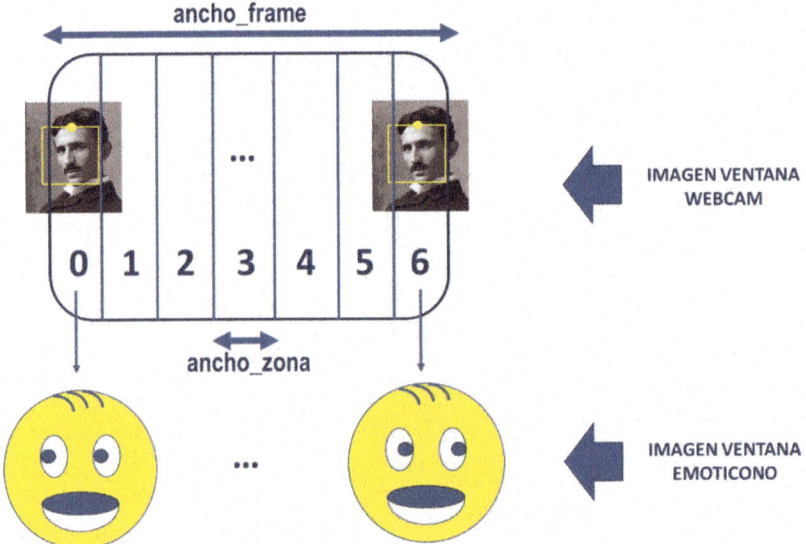

En la imagen anterior también se observa cuál sería la imagen del emoticono que se vería cuando la cara se encontrara en el extremo izquierdo o derecho de la pantalla (el valor de posicion_cara está en la zona 0 o 6, respectivamente).

Ya dentro del bucle while, además de las conocidas sentencias encargadas de obtener los fotogramas (o de salir, si no fuera posible), se añade la que invoca la función obtener_posicion_cara(), que obtiene la posición de la cara, y la que calcula el índice de la imagen que hay que mostrar, es decir, la que mira hacia dicha posición.

```
obtener_posicion_cara(frame)
indice_emoticono = numero_imagenes - ceil(posicion_cara/ancho_zona)
```

Solo queda mostrar la imagen original en una ventana y la del emoticono en la otra.

```
cv2.imshow('webcam', frame)
cv2.imshow('Emoticono', lista_emoticonos[indice_emoticono])
```

Con las últimas sentencias se libera la cámara y se cierran ambas ventanas.

Seguro que estará deseando probar el programa. Ejecútelo y sitúese a una distancia en la que su cara se detecte con facilidad. Luego, minimice la ventana en la que usted aparece y deje solo la del emoticono (de lo contrario, le daría la sensación de que los ojos del patito se mueven en dirección contraria). Espero que disfrute de su nueva mascota virtual.

# Unidad 14
# REALIDAD AUMENTADA

La realidad aumentada se puede describir como la capacidad de añadir información gráfica o textual en tiempo real a la imagen captada por una cámara. Aunque lleva relativamente pocos años entre nosotros (el término empezó a utilizarse en 1992), se está desarrollando rápidamente debido al enorme potencial que tiene en muchas áreas como la educación, la medicina, los videojuegos, el turismo, etc.

Existen diferentes tipos de realidad aumentada. Unos están basados en marcadores (como códigos QR impresos o signos especiales) que se emplean para mostrar determinada información de interés allí donde se encuentran. Otros usan la posición del usuario con base en datos de un GPS, una brújula, un giroscopio o un acelerómetro para proporcionar información relacionada con su ubicación. El resto usan técnicas de procesamiento y análisis que identifican los objetos de interés sobre los que se debe situar la información.

Esta última estrategia será seguida en las dos prácticas siguientes, la primera de las cuales estará orientada al mundo de la moda (aunque tiene otro tipo de aplicaciones más lúdicas) y la segunda al del interiorismo y la decoración. En la primera podrá ver cómo le queda un sombrero cordobés y la segunda le ayudará a decidir el color más adecuado para los cojines de su sofá.

> ℹ️ No hay que confundir realidad virtual con realidad aumentada. En la realidad virtual se crea un mundo paralelo al real donde el usuario se sumerge e interactúa con él. La realidad aumentada solo añade información al mundo real (no lo sustituye).

## 14.1 ROPA Y COMPLEMENTOS

Imagine que se dedica a la venta *online* de complementos. Para que el cliente pueda ver cómo le quedan sin desplazarse a una tienda física solo tendrá que ponerse delante de la webcam de su ordenador, elegir el que quiera y mirar a la pantalla tal como lo haría en un espejo. *A priori*, esta forma de comprar no solo sería beneficiosa para el cliente por la comodidad que le ofrece, sino que a usted le reportaría grandes ventajas al aumentar las ventas y disminuir las devoluciones, con el consiguiente incremento de ingresos y ahorro de costes.

Para describir mejor el procedimiento que se va a seguir, se desarrollará un primer programa que solo trabaje con fotografías. Observe el aspecto de su primer cliente después de elegir un sombrero cordobés.

ℹ️ El sombrero quedará más centrado en la cabeza cuanto más de frente mire la persona a la cámara.

El programa que ha permitido convertir su ordenador en un probador virtual es el siguiente.

```python
import cv2

sombrero = cv2.imread('../imagenes/sombrero.jpg')
alto_sombrero, ancho_sombrero, _ = sombrero.shape
talla_sombrero = 1.4
proporciones_sombrero = ancho_sombrero/alto_sombrero


clasificador = cv2.CascadeClassifier('../haarcascades/
                              haarcascade_frontalface_default.xml')

img = cv2.imread('../imagenes/Einstein.jpg')
img_byn = cv2.cvtColor(img, cv2.COLOR_BGR2GRAY)

alto_imagen, ancho_imagen, _ = img.shape

caras = clasificador.detectMultiScale(img_byn)
for (x_cara, y_cara, ancho_cara, alto_cara) in caras:
    ancho_sombrero = int(ancho_cara*talla_sombrero)
    alto_sombrero = int(ancho_sombrero/proporciones_sombrero)
    sombrero = cv2.resize(sombrero, (ancho_sombrero, alto_sombrero))
    y_sombrero = y_cara-alto_sombrero
    x_sombrero = int(x_cara+ancho_cara/2-ancho_sombrero/2)

    if x_sombrero >= 0 and y_sombrero>= 0 and
       x_sombrero+ancho_sombrero <= ancho_imagen and
       y_sombrero+alto_sombrero <= alto_imagen :
        roi = img[y_sombrero:y_sombrero+alto_sombrero,
                  x_sombrero:x_sombrero+ancho_sombrero]
        roi = cv2.bitwise_and(sombrero, roi)
        img[y_sombrero:y_sombrero+alto_sombrero,
            x_sombrero:x_sombrero+ancho_sombrero] = roi

cv2.imshow('Einstein',img)

cv2.waitKey(0)
cv2.destroyAllWindows()
```

Una vez importada la librería OpenCV, se carga la imagen del sombrero elegido para las pruebas.

```
sombrero = cv2.imread('../imagenes/sombrero.jpg')
```

Se trata del sombrero cordobés que puede ver a continuación:

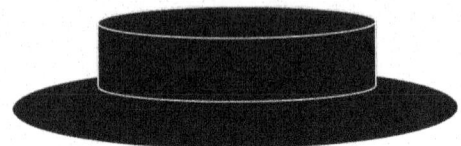

Después, se crean una serie de variables que permitan calcular el tamaño con el que se mostrará en pantalla. En concreto, las variables `alto_sombrero` y `ancho_sombrero` contienen el tamaño original del sombrero. En la variable `talla_sombrero` se almacenará el ancho que debería tener para adecuarse a la cabeza del cliente (si se acerca a la cámara será mayor que si se aleja). En la última variable (`proporciones_sombrero`) se guardan las proporciones del sombrero original para que no se deforme cuando se redimensione (adapte) a la cabeza del cliente.

```
alto_sombrero, ancho_sombrero, _ = sombrero.shape
talla_sombrero = 1.4
proporciones_sombrero = ancho_sombrero/alto_sombrero
```

La siguiente sentencia crea el clasificador con el que se va a realizar el reconocimiento facial.

```
clasificador = cv2.CascadeClassifier('../haarcascades/
                        haarcascade_frontalface_default.xml')
```

Luego, se carga la imagen de la persona utilizada para realizar esta primera prueba y se pasa a blanco y negro, paso previo al proceso de identificación.

```
img = cv2.imread('../imagenes/Einstein.jpg')
img_byn = cv2.cvtColor(img, cv2.COLOR_BGR2GRAY)
```

El sombrero se va a situar sobre la cabeza de la persona utilizando la función `bitwise_and()`. Con ella, se consigue que el fondo blanco de la imagen del sombrero sea transparente, mientras que el negro se impone a cualquier otro color. Pero antes de ejecutarla, hay que asegurar que en la posición donde se vaya a poner haya espacio suficiente, ya que, de lo contrario, se produciría un error. Con el fin de evitarlo, se obtiene el ancho y alto de la imagen (`alto_imagen` y `ancho_imagen`), que establecen los límites utilizados más adelante para verificar que el sombrero no los sobrepase.

```
alto_imagen, ancho_imagen, _ = img.shape
```

Si no realizara esta verificación y tratara de ejecutar el programa, por ejemplo, con la imagen de Tesla, el resultado sería:

```
roi = cv2.bitwise_and(sombrero, roi)
cv2.error: OpenCV(4.11.0) C:\Users\appveyor\AppData\Local\Temp\1\pip-
req-build-sxpsnzt6\opencv\modules\core\src\arithm.cpp:234: error:
(-209:Sizes of input arguments do not match) The operation is neither
'array op array' (where arrays have the same size and type), nor
'array op scalar', nor 'scalar op array' in function 'cv::binary_op'
```

Eso es debido a que, como puede ver más abajo, el sombrero sobrepasa el límite superior de la imagen.

A continuación, se identifican las caras que contenga la imagen (idealmente, solo una) con el método detectMultiScale() del clasificador creado previamente. Estas se recorren en un bucle for, dentro del que se realiza el procesamiento necesario para calcular el tamaño del sombrero y su posición, antes de situarlo encima de la cabeza de cada persona.

```
caras = clasificador.detectMultiScale(img_byn)
for (x_cara, y_cara, ancho_cara, alto_cara) in caras:
    …
```

En este sentido, lo primero que se hace dentro del bucle `for` es determinar el ancho del sombrero en función del ancho de la cara haciendo uso de la variable `talla_sombrero`, ya que, como sabe, es la que establece la relación entre ambas medidas. Averiguado el ancho de sombrero, se utiliza la variable `proporciones_sombrero` para calcular el alto. De este modo, se mantienen las proporciones del original y no se deforma. Una vez conocidas las dimensiones del sombrero, solo queda redimensionarlo con la función `resize()`.

```
ancho_sombrero = int(ancho_cara*talla_sombrero)
alto_sombrero = int(ancho_sombrero/proporciones_sombrero)
sombrero = cv2.resize(sombrero, (ancho_sombrero, alto_sombrero))
```

Después, se fija la posición donde debe situarse con las siguientes sentencias:

```
y_sombrero = y_cara -alto_sombrero
x_sombrero = int(x_cara +ancho_cara/2-ancho_sombrero/2)
```

Para entenderlas, observe el siguiente gráfico.

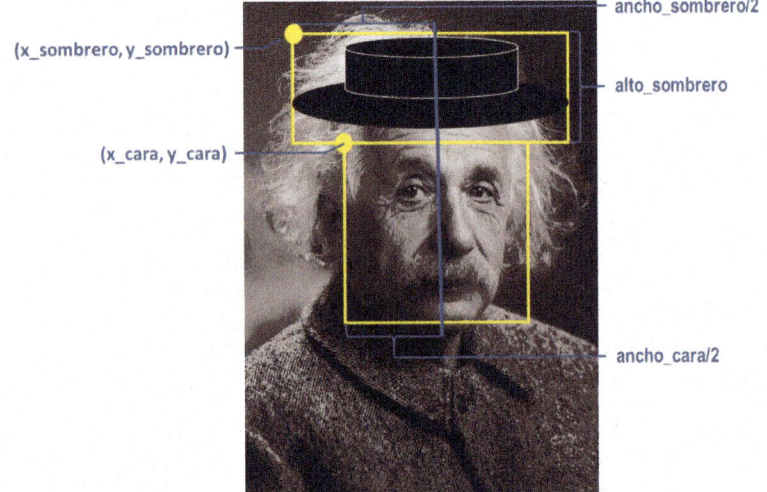

Estoy convencido de que hay otras formas más adecuadas de situar un sombrero encima de la cabeza de una persona. Por eso, siéntase libre de utilizar las fórmulas que quiera para calcular las coordenadas `x_sombrero, y_sombrero`.

La siguiente sentencia es la que verifica que el sombrero cabe dentro de la imagen en la posición calculada. Las dos primeras condiciones comprueban que no salga por el extremo izquierdo o superior de la imagen, respectivamente. Las dos últimas hacen lo propio con los límites derecho o inferior.

```
if x_sombrero >= 0 and y_sombrero>= 0 and
   x_sombrero+ancho_sombrero <= ancho_imagen and
   y_sombrero+alto_sombrero <= alto_imagen :
      ...
```

Si la condición se cumple, se asegura que es posible copiar la imagen del sombrero escalada en la posición establecida. Por eso, se extrae el área de la imagen donde va a estar situado el sombrero (roi), se superpone mediante una operación bitwise_and() y el resultado obtenido se vuelve a dejar en la misma ubicación.

```
roi = img[y_sombrero:y_sombrero+alto_sombrero,
          x_sombrero:x_sombrero+ancho_sombrero]
roi = cv2.bitwise_and(sombrero, roi)
img[y_sombrero:y_sombrero+alto_sombrero,
    x_sombrero:x_sombrero+ancho_sombrero] = roi
```

La siguiente imagen recoge gráficamente este proceso:

Solo queda mostrar la imagen con la función imshow().

```
cv2.imshow('Einstein',img)
```

Las últimas sentencias, como siempre, esperan que se pulse la tecla 'q' para cerrar la ventana y terminar la ejecución del programa.

Ahora que ya conoce el proceso seguido, lo aplicará a las imágenes procedentes de una webcam, en vez de a las contenidas en un archivo. El objetivo es ver cómo le quedaría el sombrero a cualquiera que se pusiera enfrente de la cámara.

## El código del programa es el siguiente.

```
import cv2

sombrero = cv2.imread('../imagenes/sombrero.jpg')
alto_sombrero, ancho_sombrero, _ = sombrero.shape
talla_sombrero = 1.4
proporciones_sombrero = ancho_sombrero/alto_sombrero

area_min = 10000

clasificador = cv2.CascadeClassifier('../haarcascades/
                              haarcascade_frontalface_default.xml')

camara = cv2.VideoCapture(0)
if not camara.isOpened():
    print("No es posible abrir la cámara")
    exit()

ancho_ventana = int(camara.get(cv2.CAP_PROP_FRAME_WIDTH))
alto_ventana = int(camara.get(cv2.CAP_PROP_FRAME_HEIGHT))

while True:
    ret, frame = camara.read()
    if not ret:
        print("No es posible obtener la imagen")
        break

    frame_byn = cv2.cvtColor(frame, cv2.COLOR_BGR2GRAY)

    caras = clasificador.detectMultiScale(frame_byn)
    for (x_cara, y_cara, ancho_cara, alto_cara) in caras:
        if ancho_cara*alto_cara > area_min:
            ancho_sombrero = int(ancho_cara*talla_sombrero)
            alto_sombrero = int(ancho_sombrero/proporciones_sombrero)
            sombrero = cv2.resize(sombrero, (ancho_sombrero, alto_sombrero))
            y_sombrero = y_cara-alto_sombrero
            x_sombrero = int(x_cara+ancho_cara/2-ancho_sombrero/2)
            if x_sombrero >= 0 and y_sombrero>= 0 and
                x_sombrero+ancho_sombrero <= ancho_ventana and
                y_sombrero+alto_sombrero <= alto_ventana :
```

```
        roi = frame[y_sombrero:y_sombrero+alto_sombrero,
                    x_sombrero:x_sombrero+ancho_sombrero]
        roi = cv2.bitwise_and(sombrero, roi)
        frame[y_sombrero:y_sombrero+alto_sombrero,
            x_sombrero:x_sombrero+ancho_sombrero] = roi


    cv2.imshow('webcam',frame)


    if cv2.waitKey(10) == ord('q'): break


camara.release()
cv2.destroyAllWindows()
```

Como habrá podido comprobar, este código es muy similar al del programa anterior. Lo único que cambia es que ahora se trabaja con los *frames* recogidos por una webcam. Por eso, desde el punto de vista del procesamiento de imágenes no hay ninguna diferencia.

En la declaración inicial de variables se añade una nueva (area_min), que determina el tamaño mínimo que debe tener una cara. Puede probar con diferentes valores y quedarse con el que más le interese.

```
area_min = 10000
```

Más adelante, una vez creado el objeto que representa la webcam (camara), aparecen dos sentencias nuevas. Son las que determinan el tamaño de los *frames*, es decir, la resolución con la que se captan por la cámara. Son las equivalentes, en el programa anterior, a las que obtenían el tamaño de la imagen con el atributo shape. Ahora, lo que se usa es el método get() del objeto que representa la cámara. Dependiendo del valor de su argumento de entrada, se obtendrá la resolución en filas (CAP_PROP_FRAME_HEIGHT) o columnas (CAP_PROP_FRAME_WIDTH).

```
ancho_ventana = int(camara.get(cv2.CAP_PROP_FRAME_WIDTH))
alto_ventana = int(camara.get(cv2.CAP_PROP_FRAME_HEIGHT))
```

El resto del código es de sobra conocido por usted, ya que es el que extrae los *frames* dentro de un bucle while con el método read(). Estos *frames* serán los utilizados en el proceso de identificación de caras, así como en el redimensionamiento y la colocación del sombrero sobre cada una de ellas, para lo que se emplean las mismas sentencias estudiadas en el programa anterior.

Observe lo que se ve cuando la cámara enfoca el cuadro de la niña.

Acercándola más, podrá comprobar que el sombrero se escala para ajustarse al tamaño de la cara. De esta forma, siempre se obtendrá un resultado óptimo independientemente de la distancia a la que se sitúe el sujeto.

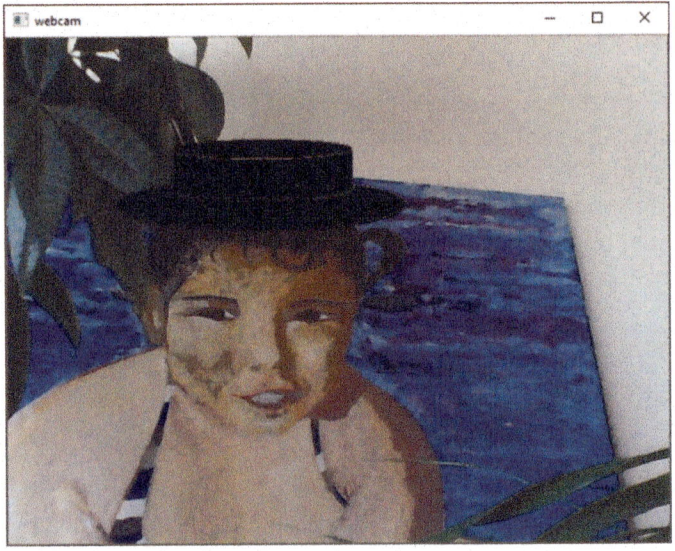

Las posibilidades que se abren con esta técnica son muchas. Por ejemplo, el siguiente programa detecta no solo la cara de las personas, sino sus ojos, con el fin de poner el siguiente monóculo sobre el izquierdo (el derecho en la pantalla):

El código de este programa es una adaptación del anterior, por lo que solo se describirán los cambios realizados.

```
import cv2

monoculo = cv2.imread('../imagenes/monoculo.jpg')
alto_monoculo, ancho_monoculo, _ = monoculo.shape
proporciones_monoculo = ancho_monoculo/alto_monoculo
talla_monoculo = 1.3
offset_monoculo = 5

area_min = 10000

clasificador = cv2.CascadeClassifier('../haarcascades/
                                    haarcascade_frontalface_default.xml')
clasificador_ojos = cv2.CascadeClassifier('../haarcascades/
                                    haarcascade_eye.xml')

camara = cv2.VideoCapture(0)
if not camara.isOpened():
    print("No es posible abrir la cámara")
    exit()

ancho_ventana = int(camara.get(cv2.CAP_PROP_FRAME_WIDTH))
alto_ventana = int(camara.get(cv2.CAP_PROP_FRAME_HEIGHT))

while True:
    ret, frame = camara.read()
    if not ret:
        print("No es posible obtener la imagen")
        break

    frame_byn = cv2.cvtColor(frame, cv2.COLOR_BGR2GRAY)
```

```
    caras = clasificador.detectMultiScale(frame_byn)
    for (x_cara, y_cara, ancho_cara, alto_cara) in caras:
        if ancho_cara*alto_cara > area_min:
            cara = frame_byn[y_cara:y_cara+alto_cara, x_cara:x_cara+ancho_cara]
            ojos = clasificador_ojos.detectMultiScale(cara)
            if len(ojos) != 2 : continue
            (x_ojo0, y_ojo0, ancho_ojo0, _) = ojos[0]
            (x_ojo1, y_ojo1, ancho_ojo1, _) = ojos[1]
            if x_ojo0 > x_ojo1 :
                x_ojo = x_ojo0 + int(ancho_ojo0/offset_monoculo)
                y_ojo = y_ojo0
                ancho_ojo = ancho_ojo0
            else:
                x_ojo = x_ojo1 + int(ancho_ojo1/offset_monoculo)
                y_ojo = y_ojo1
                ancho_ojo = ancho_ojo1

            ancho_monoculo = int(ancho_ojo*talla_monoculo)
            alto_monoculo = int(ancho_monoculo/proporciones_monoculo)
            monoculo = cv2.resize(monoculo, (ancho_monoculo, alto_monoculo))
            x_monoculo = x_ojo + x_cara
            y_monoculo = y_ojo + y_cara
            if x_monoculo >= 0 and y_monoculo>= 0 and
                x_monoculo+ancho_monoculo <= ancho_ventana and
                y_monoculo+alto_monoculo <= alto_ventana :
                roi = frame[y_monoculo:y_monoculo+alto_monoculo,
                        x_monoculo:x_monoculo+ancho_monoculo]
                roi = cv2.bitwise_and(monoculo, roi)
                frame[y_monoculo:y_monoculo+alto_monoculo,
                        x_monoculo:x_monoculo+ancho_monoculo] = roi

    cv2.imshow('webcam',frame)

    if cv2.waitKey(1) == ord('q'): break

camara.release()
cv2.destroyAllWindows()
```

Una vez importada la librería OpenCV, se carga la imagen del monóculo.

```
monoculo = cv2.imread('../imagenes/monoculo.jpg')
```

Luego, se procede a declarar las variables de configuración del programa. Son similares a las del sombrero, ya que almacenan el alto y el ancho del monóculo (alto_monoculo y ancho_monoculo), así como la relación entre ambas dimensiones (proporciones_monoculo). Recuerde que esta proporción deberá ser mantenida cuando se adapte su tamaño al de la cara (concretamente al del ojo sobre el que se sitúe) para no deformarlo. La variable talla_monoculo tiene el mismo significado que su equivalente en el programa del sombrero, ya que determina la proporción entre el ancho del ojo y el del monóculo. Asimismo, se ha añadido una última variable que ayuda a central mejor el monóculo en el ojo (offset_monoculo).

```
alto_monoculo, ancho_monoculo, _ = monoculo.shape
proporciones_monoculo = ancho_monoculo/alto_monoculo
talla_monoculo = 1.3
area_min = 10000
```

Una vez declaradas las variables, se crean los clasificadores utilizados para identificar la cara y los ojos (este último es nuevo).

```
clasificador = cv2.CascadeClassifier('../haarcascades/
                               haarcascade_frontalface_default.xml')
clasificador_ojos = cv2.CascadeClassifier('../haarcascades/
                               haarcascade_eye.xml')
```

Tras iniciar el dispositivo de vídeo y obtener la resolución de las imágenes que se van a recoger, se entra en el bucle while, donde se detectan las caras con el método detectMultiScale() y se recorren en un bucle for dentro del que se recortan (cara) con el fin de identificar los ojos (ojos) dentro de estas.

```
cara = img_byn[y_cara:y_cara+alto_cara, x_cara:x_cara+ancho_cara]
ojos = clasificador_ojos.detectMultiScale(cara)
```

Si el número de ojos no es dos, se descarta.

```
if len(ojos) != 2 : continue
```

En caso contrario, se obtienen las coordenadas *x*, *y* de cada uno de ellos, y se elige el derecho (su coordenada *x* es mayor). Dichas coordenadas, junto con el ancho del ojo, se almacenan en las variables x_ojo, y_ojo y ancho_ojo.

```
(x_ojo0, y_ojo0, ancho_ojo0, _) = ojos[0]
(x_ojo1, y_ojo1, ancho_ojo1, _) = ojos[1]
```

```
if x_ojo0 > x_ojo1 :
    x_ojo = x_ojo0 + int(ancho_ojo0/offset_monoculo)
    y_ojo = y_ojo0
    ancho_ojo = ancho_ojo0
else:
    x_ojo = x_ojo1 + int(ancho_ojo1/offset_monoculo)
    y_ojo = y_ojo1
    ancho_ojo = ancho_ojo1
```

Después de obtener las coordenadas del ojo derecho se calcula el tamaño del monóculo, se redimensiona y se calcula su posición de forma similar a como se hacía con el sombrero.

```
ancho_monoculo = int(ancho_ojo*talla_monoculo)
alto_monoculo = int(ancho_monoculo/proporciones_monoculo)
monoculo = cv2.resize(monoculo, (ancho_monoculo, alto_monoculo))
x_monoculo = x_ojo + x_cara
y_monoculo = y_ojo + y_cara
```

A continuación, se verifica que haya espacio suficiente en dicha posición (una vez más, tal como se hacía en el programa del sombrero).

```
if x_monoculo >= 0 and y_monoculo >= 0 and
    x_monoculo+ancho_monoculo <= ancho_imagen and
    y_monoculo+alto_monoculo <= alto_imagen :

        ...
```

El método empleado para colocar el monóculo sobre el ojo derecho de la persona también es parecido al del sombrero, por lo que no se dará ninguna explicación adicional.

```
roi = frame[y_monoculo:y_monoculo+alto_monoculo,
            x_monoculo:x_monoculo+ancho_monoculo]
roi = cv2.bitwise_and(monoculo, roi)
frame[y_monoculo:y_monoculo+alto_monoculo,
        x_monoculo:x_monoculo+ancho_monoculo] = roi
```

Las sentencias restantes de este programa son las mismas del utilizado de base, por lo que ya solo queda ejecutarlo y verificar que funciona correctamente, tal como acabo de hacer dirigiendo la cámara hacia el cuadro de la niña.

Solo me queda animarle a que haga sus propias imágenes y experimente con ellas. Los resultados pueden ser muy divertidos (o prácticos). Recuerde que deberá dibujarlas en color negro sobre fondo blanco. También puede recurrir a Internet, en cuyo caso deberá asegurarse de que se trata de archivos png con el fondo transparente. Su tamaño no importa, ya que, sea cual sea, se escalará al de la persona identificada.

## **14.2** DECORACIÓN E INTERIORISMO

Los resultados obtenidos tras la realización del siguiente ejercicio le demostrarán las innumerables aplicaciones prácticas de un sencillo programa capaz de modificar el color de lo que quiera, desde la camiseta que lleva puesta hasta el de los cojines de su sofá. El siguiente ejemplo, algo más lúdico, permite ver cómo quedarían diferentes colores de fondo en el cuadro de la niña. ¿No le recuerda a algún cuadro de Andy Warhol?

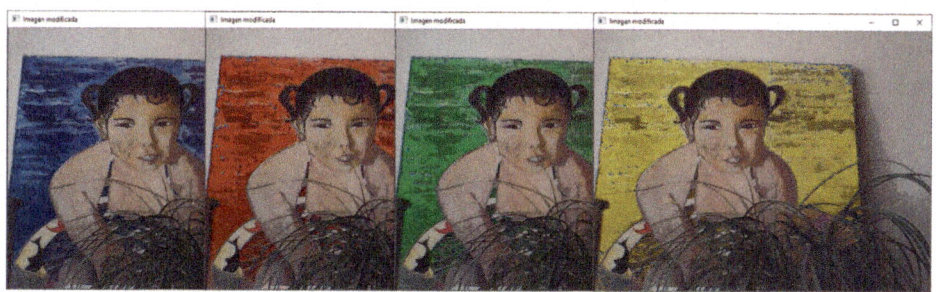

De todos estos ámbitos se ha elegido el de la decoración e interiorismo, donde este tipo de técnicas pueden ayudar en la toma de decisiones tanto a profesionales como a todos aquellos que estén pensado en dar un nuevo aire a esa estancia de la casa que no termina de gustarles. Solo tendrán que pulsar con el ratón sobre el objeto de interés y seleccionar el color que quieren darle.

El código que realizará el procesamiento de las imágenes recogidas por la webcam le resultará familiar, ya que muchas de las sentencias utilizadas son las habituales del manejo de vídeo, y el resto se basan en conocimientos adquiridos en capítulos anteriores.

```python
import cv2
import numpy as np
from tkinter import colorchooser, Tk


rango = 10
max_rango = 20


matiz_original = nuevo_matiz = 0
matiz_inferior = matiz_superior = 0


def selecciona_color(evento, x, y, flags, frame):
    global matiz_inferior, matiz_superior, matiz_original, nuevo_matiz
    if evento == cv2.EVENT_LBUTTONDOWN:
        hsv = cv2.cvtColor(frame, cv2.COLOR_BGR2HSV)
        h, s, v = cv2.split(hsv)
        matiz_original = h[y, x]
        matiz_inferior = matiz_original - rango
        matiz_superior = matiz_original + rango

        root = Tk()
        root.withdraw()
        color = colorchooser.askcolor(title="Elige un color")[0]
        root.destroy()
        if color:
            img_aux = np.ones((1,1, 3),np.uint8)*255
            img_aux[0, 0] = color
            img_aux_hsv = cv2.cvtColor(img_aux, cv2.COLOR_RGB2HSV)
            matices_img_aux, _, _ = cv2.split(img_aux_hsv)
            nuevo_matiz = matices_img_aux[0, 0]
```

```
def selecciona_rango(valor):
    global matiz_inferior, matiz_superior, rango
    rango = valor
    matiz_inferior = matiz_original - rango
    matiz_superior = matiz_original + rango

def filtra_matiz(frame):
    hsv = cv2.cvtColor(frame, cv2.COLOR_BGR2HSV)
    h, s, v = cv2.split(hsv)

    for x in range(ancho_ventana):
        for y in range(alto_ventana):
            matiz_original = h[y, x]
            if matiz_original >= matiz_inferior and matiz_original <= matiz_superior:
                h[y, x] = nuevo_matiz

    hsv = cv2.merge((h, s, v))
    img = cv2.cvtColor(hsv, cv2.COLOR_HSV2BGR)
    cv2.imshow('Imagen modificada', img)

cv2.namedWindow('webcam')
cv2.createTrackbar('Rango', 'webcam', rango, max_rango, selecciona_rango)

camara = cv2.VideoCapture(0)
if not camara.isOpened():
    print("No es posible abrir la cámara")
    exit()

ancho_ventana = int(camara.get(cv2.CAP_PROP_FRAME_WIDTH))
alto_ventana = int(camara.get(cv2.CAP_PROP_FRAME_HEIGHT))

while True:
    ret, frame = camara.read()
    if not ret:
        print("No es posible obtener la imagen")
        break

    cv2.setMouseCallback('webcam', selecciona_color, frame)
    filtra_matiz(frame)
    cv2.imshow('webcam', frame)
```

```
    if cv2.waitKey(1) == ord('q'):
        break

camara.release()
cv2.destroyAllWindows()
```

En esta ocasión, además de la librería OpenCV se importa la conocida librería NumPy y otra que otra que seguramente le resulte familiar, Tkinter. Se trata del paquete estándar de Python para el desarrollo de interfaces gráficas de usuario, motivo por el que no tendrá que instalarlo, ya que viene con el propio entorno.

```
import cv2
import numpy as np
from tkinter import colorchooser, Tk
```

De la librería Tkinter solo se utilizarán dos clases: Tk y colorchooser. La primera representa la ventana raíz en la que se ubican los elementos gráficos (*widgets*), que en este caso será únicamente el selector de colores. Su aspecto es el siguiente:

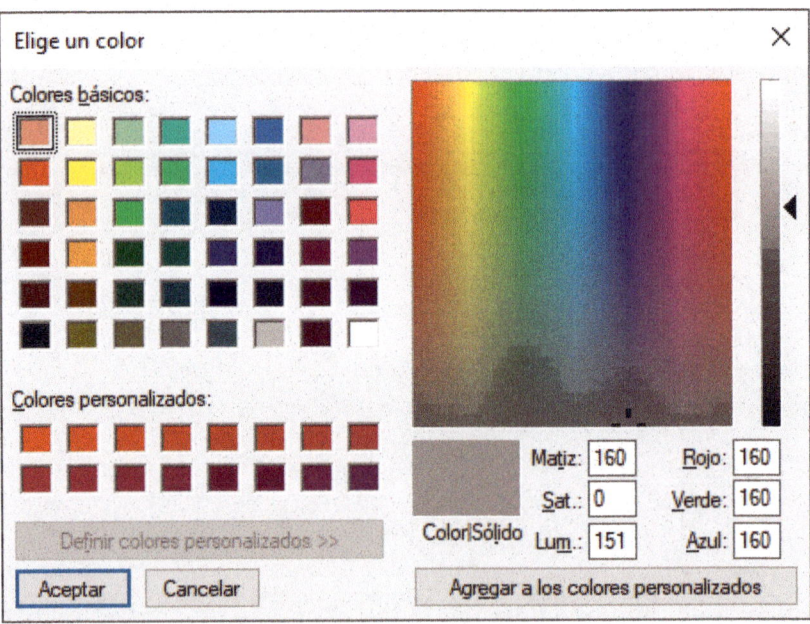

Para mostrarlo en pantalla, solo tiene que ejecutar el siguiente método de la clase colorchooser.

askcolor (*color*, *opción*, *opción*, ...)

Como puede observar, se puede invocar con un numero variable de argumentos, cada uno de los cuales representa las distintas opciones de configuración de este *widget*. De todos ellos utilizará solo `title`, cuyo valor es el texto de la barra de título (por defecto "Color").

> El primer argumento es opcional y establece el color seleccionado inicialmente (por defecto, gris claro). El resto de argumentos son de tipo *keyword*, por lo que pueden ir en cualquier posición. Por ese motivo, deberá preceder el valor por su nombre:
>
> *nombre_opción = valor*

Al pulsar el botón "Aceptar" del selector de colores, este método devolverá una terna de dos valores:

*((rojo, verde, azul), hexadecimal)*

El primer elemento de la terna es otra terna con la intensidad de los componentes RGB (no BGR) del color elegido. El segundo elemento es el valor hexadecimal de dicho color.

Si se pulsara el botón "Cancelar", devolvería esta otra terna de valores:

`(None, None)`

En lo que respecta a la clase `Tk`, solo utilizará tres de sus métodos: el constructor y los que permiten ocultarla y destruirla.

```
Tk()
withdraw()
destroy()
```

Volviendo de nuevo al programa que nos ocupa, tras importar estas librerías se declaran las variables necesarias para su funcionamiento. Las dos primeras están relacionadas con el rango de colores próximos al seleccionado que deberán sustituirse por el nuevo. En realidad, se trata de un rango de matices, ya que, como pronto descubrirá, se utiliza un espacio de color HSV con el fin de mitigar las diferencias de color que se producen cuando las condiciones de iluminación son diferentes en distintas áreas de la imagen.

```
rango = 10
max_rango = 20
```

La variable `rango` define la variación de matices que pertenecen a un mismo color. Por ejemplo, si el matiz de un píxel es 50, los que tienen un valor entre 40 y 60 se consideran iguales.

El valor de la variable `rango` se fijará mediante una barra de deslizamiento, cuyo valor máximo es `max_rango`. De esa forma, tendrá la posibilidad de ajustar el funcionamiento del programa a las condiciones de iluminación en las que se toman las imágenes.

Las siguientes variables almacenarán el valor del matiz (`matiz_original`) que será sustituido por el nuevo (`nuevo_matiz`). El matiz original será el del píxel sobre el que se pulse con el ratón. El nuevo matiz será el elegido con el selector de colores de Tkinter.

```
matiz_original = nuevo_matiz = 0
```

Una vez descritas las variables, les toca el turno a las funciones.

La primera, `selecciona_color()`, será la responsable de obtener tanto el color que se quiere cambiar (`matiz_original`) como el nuevo color (`nuevo_matiz`). En ella también se calcularán los límites del rango (`matiz_inferior` y `matiz_superior`) que se tendrán en cuenta a la hora de sustituir uno por otro. Sus argumentos de entrada son el evento generado por el ratón (`evento`), las coordenadas del píxel sobre el que se ha pulsado (`x`, `y`) y el propio *frame* (`frame`).

```
def selecciona_color(evento, x, y, flags, frame):
    global matiz_inferior, matiz_superior, matiz_original, nuevo_matiz
```

Puesto que el matiz original se selecciona pulsando con el botón izquierdo del ratón sobre la imagen, el resto del código de esta función solo se ejecutará cuando se produzca dicho evento.

```
if evento == cv2.EVENT_LBUTTONDOWN:
    ...
```

ⓘ Más adelante verá la sentencia que establece esta función como la de *callback* del ratón.

Dicho código se compone de dos grandes bloques de sentencias. El primero es el relacionado con la obtención del matiz original y el segundo con el del nuevo matiz. Empecemos analizando el primero de ellos.

Como puede observar, lo primero que se hace es convertir el espacio de color de la imagen pasada como argumento (frame) de BGR a HSV con el método cvtColor(). Luego se extrae el matiz del píxel sobre el que se pulsó (situado en las coordenadas *x, y*) y se almacena en la variable matiz_original. A partir de este se calcula el matiz mínimo y máximo (matiz_inferior y matiz_superior) que determinan el rango de valores pertenecientes a un mismo color.

```
hsv = cv2.cvtColor(frame, cv2.COLOR_BGR2HSV)
h, s, v = cv2.split(hsv)
matiz_original = h[y, x]
matiz_inferior = matiz_original - rango
matiz_superior = matiz_original + rango
```

El segundo bloque de sentencias crea la ventana Tkinter de la que dependerá el selector de colores, que se oculta inmediatamente después con el método withdraw() porque no es necesario que esté visible. Luego se abre el selector de colores con el método colorchooser.askcolor(), cuyo resultado se almacena en la variable local color. Por último, se destruye la ventana raíz con el método destroy(), ya que no es necesaria una vez cerrado el selector de colores.

```
root = Tk()
root.withdraw()
color = colorchooser.askcolor(title="Elige un color")[0]
root.destroy()
```

A continuación, se comprueba en la condición de una sentencia if que realmente se haya elegido un color (no se ha pulsado el botón "Cancelar" del selector de colores), en cuyo caso se convertiría el valor RGB de dicho color a otro HSV. Puesto que este cálculo es complejo y OpenCV no proporciona ninguna función para ello, se ha recurrido al siguiente truco:

1. Crear una imagen de un solo píxel con el método np.ones().

2. Asignar el color RGB obtenido del selector al único píxel de dicha imagen (sus coordenadas son [0, 0]).

3. Convertir la imagen de RGB a HSV.

4. Extraer el componente matiz de esta nueva imagen con el método split().

5. Obtener el matiz del único punto de dicha imagen.

Eso es precisamente lo que hace este código:

```
if color:
    img_aux = np.ones((1,1, 3),np.uint8)*255
    img_aux[0, 0] = color
    img_aux_hsv = cv2.cvtColor(img_aux, cv2.COLOR_RGB2HSV)
    matices_img_aux, _, _ = cv2.split(img_aux_hsv)
    nuevo_matiz = matices_img_aux[0, 0]
```

Como resultado, la variable `nuevo_matiz` contendrá el matiz (componente H) del color RGB devuelto por el selector de colores de Tkinter, es decir, el nuevo matiz.

La función `selecciona_rango()` que atiende los eventos producidos por el deslizador es mucho más sencilla, ya que básicamente se ocupa de asignar a la variable `rango` el valor elegido por el usuario (es el del argumento de entrada). Evidentemente, también se actualizan las variables globales `matiz_inferior` y `matiz_superior` a partir de dicho valor.

```
def selecciona_rango(valor):
    global matiz_inferior, matiz_superior, rango
    rango = valor
    matiz_inferior = matiz_original - rango
    matiz_superior = matiz_original + rango
```

La última función, `filtra_matiz()`, es la realmente encargada de sustituir el color original por el nuevo, para lo cual toma como entrada la imagen de la cámara (argumento `frame`).

```
def filtra_matiz(frame):
    ...
```

Veamos cómo lo consigue.

En primer lugar, se convierte la imagen BGR en HSV con el fin de obtener el componente matiz (H) de todos sus píxeles.

```
hsv = cv2.cvtColor(frame, cv2.COLOR_BGR2HSV)
h, s, v = cv2.split(hsv)
```

Luego se recorren en un doble bucle `for`, que sustituye su matiz original por el nuevo cuando se encuentra dentro del rango establecido.

```
for x in range(ancho_ventana):
    for y in range(alto_ventana):
        matiz_original = h[y, x]
        if matiz_original >= matiz_inferior and matiz_original <= matiz_superior:
            h[y, x] = nuevo_matiz
```

> *i*
>
> Más adelante descubrirá donde se obtiene el ancho y el alto de la ventana.

Al acabar la ejecución de los bucles `for`, el nuevo componente H resultante se vuelve a juntar con los otros dos (S y V) mediante el método `merge()`. Por último, la imagen resultante se convierte a BGR para mostrarla en pantalla con el método `imshow()`.

```
hsv = cv2.merge((h, s, v))
img = cv2.cvtColor(hsv, cv2.COLOR_HSV2BGR)
cv2.imshow('Imagen modificada', img)
```

Una vez finalizada la descripción de las funciones, vuelva de nuevo al programa principal. En él encontrará las sentencias responsables de crear la ventana en la que se va a mostrar la imagen original de la cámara (la imagen modificada aparece en otra ventana) y la barra de deslizamiento que permitirá cambiar el rango de los matices que se sustituirán por el nuevo.

```
cv2.namedWindow('webcam')
cv2.createTrackbar('Rango', 'webcam', rango, max_rango,
selecciona_rango)
```

Las sentencias que hay a continuación ya las conoce (son las que acceden a la cámara o finalizan la ejecución del programa si no fuera posible), por lo que solo se hará referencia a las que hay justo después, con las que se obtienen el ancho y el alto de la imagen.

```
ancho_ventana = int(camara.get(cv2.CAP_PROP_FRAME_WIDTH))
alto_ventana = int(camara.get(cv2.CAP_PROP_FRAME_HEIGHT))
```

Tampoco se dará ninguna explicación sobre las sentencias del bucle `while` que recogen las imágenes de la cámara (o fuerzan la salida del bucle si no fuera posible), a excepción de la que asocia la función de *callback* `selecciona_color()` a los eventos del ratón, la que invoca la función `filtra_matiz()`, que cambia el rango de matices original por el nuevo, la que muestra la imagen modificada en la ventana "Imagen modificada" y la que muestra la imagen original en la ventana "webcam."

```
cv2.setMouseCallback('webcam', selecciona_color, frame)
filtra_matiz(frame)
cv2.imshow('webcam', frame)
```

Como viene siendo habitual, las ultimas sentencias liberan la cámara y cierran todas las ventanas que hubiera abiertas.

No lo dude, ejecute el programa y disfrute con los efectos visuales que se pueden llegar a producir en cualquier objeto. A modo de ejemplo, en la siguiente imagen aparece un mismo cojín en diferentes colores. ¿Cuál cree que es el más adecuado para este sofá?

Cuanto más puro sea el color, más efectivo será el cambio provocado. La iluminación, como siempre, es un factor clave. Por ese motivo, los mejores resultados se obtendrán con una luz natural y homogénea. Una iluminación deficiente disminuirá drásticamente la efectividad de este tipo de aplicaciones, especialmente si el color afecta a superficies grandes, como las paredes, ya que en ese caso las variaciones del matiz de un mismo color son mucho mayores. De todas formas, siempre podrá mejorar los resultados ampliando el rango con la barra de deslizamiento.

# Unidad 15
# SEGUIMIENTO DE OBJETOS EN PANTALLA

A continuación, estudiará dos técnicas que permiten el seguimiento de objetos en pantalla. En la primera, se utilizará un margen de colores dentro del que deberá estar situado el objeto de rastreo. Dicho intervalo se establecerá en el matiz del espacio de color HSV, al que se deberá convertir cada *frame* de la cámara, previo al proceso de seguimiento.

La segunda técnica es algo más elaborada, ya que se basa en la retroproyección del histograma del objeto sobre la escena donde deba rastrearse. En ambos casos, será usted quien elija el objeto de interés pulsando sobre él en la pantalla.

## 15.1 COLOR TRACKING

La técnica de *color tracking* permite seguir los movimientos de un objeto que ha sido identificado por su color. Como un mismo color puede tener distintas tonalidades dependiendo de la forma en la que incida la luz sobre él, deberá especificarse dentro de un rango de valores. Tendrá que ser muy cuidadoso en la elección de este rango, ya que, si lo hace muy amplio, se incluirían colores no deseados, pero, si fuera muy pequeño, se podría perder su rastro cuando se moviera a zonas donde las condiciones de iluminación fueran diferentes.

Para identificar el color de un objeto, hay que separar sus componentes BGR o HSV. Se puede utilizar cualquiera de estos dos espacios de color, pero generalmente se elige el segundo, debido a su mayor eficacia frente a cambios de luz.

> *i* El espacio de color HSV separa el nivel de brillo de la imagen en el componente "V".

Una vez identificados los márgenes dentro de los que se considera que hay coincidencia de color, mediante esta técnica se crea una nueva imagen en la que los píxeles donde el color de la imagen original esté dentro de dichos márgenes se pintarán de blanco, mientras que el resto se hará de negro. Posteriormente, sobre esta imagen se podrá aplicar cualquiera de los métodos de manejo de contornos, con el fin de situar en todo momento el objeto de interés en escena. Aunque los contornos se identifiquen sobre la imagen en blanco y negro, se dibujarán sobre la original, y se mostrará continuamente su posición.

Esta técnica tiene múltiples aplicaciones, desde el desarrollo de juegos hasta interfaces de usuario gestuales. Para aprender a utilizarla, realizará una serie de prácticas en las que podrá seleccionar un objeto como juguete de su mascota, momento a partir del que empezará a seguir sus movimientos, ya sea únicamente con la mirada o mediante movimientos del cuerpo más elaborados.

## 15.1.1 Rastreo de objetos

En esta primera práctica podrá pulsar con el ratón sobre cualquier objeto que sea de su interés, instante a partir del cual el programa será capaz de situarlo en escena. Como puede ver en la siguiente imagen, se ha elegido una pelota de *ping-pong* de color azul, que aparecerá rodeada continuamente de un círculo amarillo que delata su posición.

En la imagen anterior habrá podido apreciar una barra de desplazamiento. Será la que determine el margen de colores dentro de los que se considera que hay coincidencia. Dicho rango se aplicará al componente "H" (matiz) del modelo HSV.

Seguramente esté deseando pasar ya a la acción. Para ello, tendrá que escribir el siguiente programa:

```python
import cv2
import numpy as np

matiz_objetivo = 0
rango = 5
max_rango = 30

color = (0, 255, 255)
grosor = 2

def selecciona_color(evento, x, y, flags, frame):
    global matiz_objetivo

    if evento == cv2.EVENT_LBUTTONDOWN:
        hsv = cv2.cvtColor(frame, cv2.COLOR_BGR2HSV)
        h, s, v = cv2.split(hsv)
        matiz_objetivo = h[y, x]

def selecciona_rango(valor):
    global rango
    rango = valor

def filtra_matiz(frame):
    frame_suavizado = cv2.blur(frame, (10, 10))
    hsv = cv2.cvtColor(frame_suavizado, cv2.COLOR_BGR2HSV)
    color_inferior = np.array([matiz_objetivo - rango,150,0])
    color_superior = np.array([matiz_objetivo + rango,255,255])
    mascara = cv2.inRange(hsv, color_inferior, color_superior)

    #mascara = cv2.dilate(mascara, None, iterations=4)
    #mascara = cv2.erode(mascara, None, iterations=2)

    contornos, _ = cv2.findContours(mascara, cv2.RETR_LIST,
                            cv2.CHAIN_APPROX_NONE)
```

```
        cv2.imshow('Mascara',mascara)
        res = cv2.bitwise_and(frame,frame, mask=mascara)
        cv2.imshow('Imagen filtrada',res)

        return contornos

cv2.namedWindow('webcam')
cv2.createTrackbar('Rango', 'webcam', rango, max_rango, selecciona_rango)

camara = cv2.VideoCapture(0)
if not camara.isOpened():
        print("No es posible abrir la cámara")
        exit()
while True:
        ret, frame = camara.read()
        if not ret:
            print("No es posible obtener la imagen")
            break

        contornos = filtra_matiz(frame)
        if len(contornos):
            contorno_max = max(contornos, key = cv2.contourArea)

            (x, y), radio = cv2.minEnclosingCircle(contorno_max)
            centro = (int (x), int (y))
            radio = int (radio)
            cv2.circle (frame, centro, radio, color, grosor)

        cv2.imshow('webcam', frame)
        cv2.setMouseCallback('webcam', selecciona_color, frame)

        if cv2.waitKey(1) == ord('q'):
            break

camara.release()
cv2.destroyAllWindows()
```

En este caso, se importan las librerías de OpenCV y NumPy. Esta segunda la utilizará para crear las matrices con los rangos de colores, dentro de los que se va a considerar que hay coincidencia con el objeto de interés.

```
import cv2
import numpy as np
```

A continuación, viene la declaración de las variables principales del programa. La primera (`matiz_objetivo`) contiene el valor del matiz objetivo, es decir, el componente "H" en el espacio de color HSV del objeto de interés. La siguiente variable (`rango`) almacena el rango de valores por arriba y por debajo del matiz objetivo para el que se considera que hay coincidencia de color. Como verá más adelante, el matiz objetivo será seleccionado al pulsar con el ratón en un punto de la pantalla y el rango se elegirá con la barra de desplazamiento. Si, por ejemplo, el matiz del objeto seleccionado fuera 100 y el rango 10, todos aquellos píxeles de la imagen cuyo matiz estuviera entre 90-110 se consideraría que tienen el mismo color.

```
matiz_objetivo = 0
rango = 5
```

La variable `max_rango` representa el máximo valor del rango que podrá seleccionarse con la barra de desplazamiento.

```
max_rango = 30
```

Las siguientes variables determinan el color y el grosor del contorno que se dibujará alrededor del objeto.

```
color = (0, 255, 255)
grosor = 2
```

Una vez finalizada la declaración de las variables de configuración, llega el turno de las funciones. La primera es `selecciona_color()`, encargada de atender los eventos de ratón. Será la que establezca el valor del matiz (componente "H") objetivo. Dicho valor se guardará en la variable `matiz_objetivo`, que se declara como global, ya que es la creada al inicio del programa. En esta función, además de los argumentos de entrada habituales (el evento producido, la posición del ratón y los `flags`), tiene como parámetro adicional el *frame* tomado por la webcam en el momento de pulsar el ratón. Será de este del que se obtenga el color del píxel donde estaba situado el ratón cuando se pulsó.

```
def selecciona_color(evento, x, y, flags, frame):
    global matiz_objetivo
    ...
```

Lo primero que se hace dentro de esta función es verificar que el evento corresponda a la pulsación del botón izquierdo del ratón (`EVENT_LBUTTONDOWN`). De ser así, el *frame* se convertiría al espacio de color HSV utilizando `cvtColor()`, para, posteriormente, separar sus componentes "H", "S" y "V" con la función `split()`. El matiz objetivo (`matiz_objetivo`) será el componente "H" del píxel situado en las coordenadas *x*, *y* pasadas como argumento.

```
if evento == cv2.EVENT_LBUTTONDOWN:
    hsv = cv2.cvtColor(frame, cv2.COLOR_BGR2HSV)
    h, s, v = cv2.split(hsv)
    matiz_objetivo = h[y, x]
```

La siguiente función es la de *callback* de la barra de desplazamiento, con la que se podrá modificar el rango de valores en los que podrá estar un matiz para considerar que hay coincidencia. Dicha variable lo único que hace es asignar a la variable global rango (creada al inicio del programa) el valor seleccionado en la barra de desplazamiento, contenido en el argumento de entrada valor.

```
def selecciona_rango(valor):
    global rango
    rango = valor
```

La última función es la que devuelve los contornos de la imagen en los que hay píxeles cuyo matiz (componente "H") está dentro del rango de valores seleccionado. Para ello, toma como argumento de entrada un *frame* y devuelve como salida la lista de contornos detectados.

```
def filtra_matiz(frame):
    ...
    return contornos
```

Dentro de esta función, lo primero que se hace es suavizar la imagen con un filtro blur(). A continuación, el *frame* se convierte de BGR a HSV, ya que la búsqueda de colores se realiza en dicho espacio de color.

```
frame_suavizado = cv2.blur(frame, (10, 10))
hsv = cv2.cvtColor(frame_suavizado, cv2.COLOR_BGR2HSV)
```

Luego, se crean las matrices NumPy que contienen los márgenes de colores en los que se considera que hay coincidencia (color_inferior y color_superior). Como puede observar, el matiz tiene un rango entre matiz_objetivo - rango y matiz_objetivo + rango. La saturación se mueve en el nivel medio alto (150-255). El brillo podrá ser cualquiera, por lo que su margen es 0-255.

```
color_inferior = np.array([matiz_objetivo - rango,150,0])
color_superior = np.array([matiz_objetivo + rango,255,255])
```

Por último, se utiliza la función inRange() para crear otra imagen (mascara) en la que sus píxeles serán blancos, cuando los correspondientes de la imagen original tengan un color comprendido entre `color_inferior` y `color_superior`, y negros en caso contrario.

```
mascara = cv2.inRange(hsv, color_inferior, color_superior)
```

> *i* Si lo desea, puede crear otra barra de desplazamiento para modificar el valor inferior del nivel de saturación.

> *i* Para rellenar los "agujeros" que pudieran existir en las áreas de la imagen donde está situado el objeto, opcionalmente se pueden utilizar las funciones `dilate()` y `erode()`. Dichas funciones tendrían un efecto similar al del filtro de suavizado realizado previamente. Pruebe a quitar el comentario de estas sentencias para ver el resultado:
>
> ```
> #mascara = cv2.dilate(mascara, None, iterations=4)
> #mascara = cv2.erode(mascara, None, iterations=2)
> ```

Una vez obtenida la imagen anterior, donde solo aparecen en blanco las zonas con el color objetivo, se identifican sus contornos con la función `findContours()`.

```
contornos, _ = cv2.findContours(mascara, cv2.RETR_LIST,
                                cv2.CHAIN_APPROX_NONE)
```

Antes de devolver los contornos como resultado (`contornos`), y a título informativo, se muestran otras dos ventanas: una con la imagen en blanco y negro de la máscara, y otra resultado de realizar una operación AND, bit a bit, entre esta y el *frame* original.

```
cv2.imshow('Mascara',mascara)
res = cv2.bitwise_and(frame,frame, mask=mascara)
cv2.imshow('Imagen filtrada',res)
```

A continuación puede apreciar el aspecto de dichas ventanas, donde se ve la imagen utilizada de máscara (derecha) y aquella otra en la que se ven únicamente las zonas del *frame* cuyo color está dentro de los márgenes fijados (izquierda).

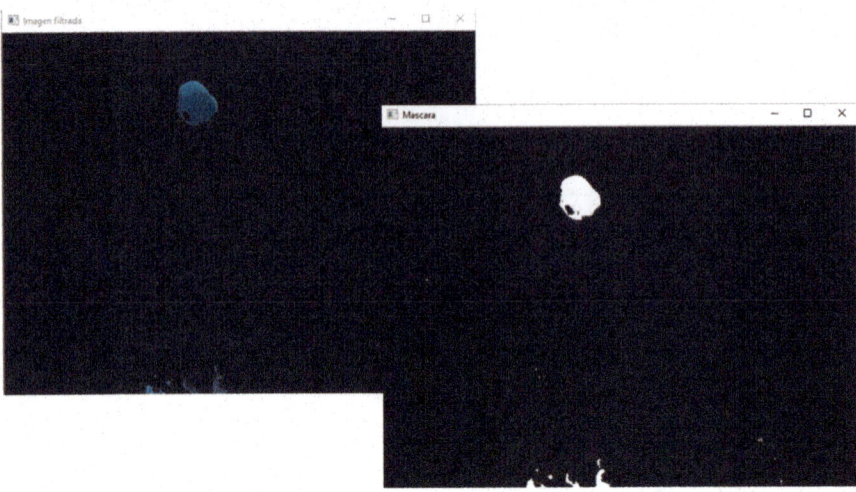

Observe que, además de la pelota de *ping-pong*, en la parte inferior hay otras áreas del mismo color. Como descubrirá más adelante, el criterio utilizado para elegir la que corresponde al objeto será la de mayor tamaño.

Volviendo de nuevo al programa principal, lo siguiente que se hace es crear la barra de desplazamiento mediante la que se pueda seleccionar el rango de colores. Previamente, deberá crear la ventana a la que se asocie con namedWindow(), que será en la que se muestren las imágenes de la webcam. Como puede comprobar, la barra de desplazamiento tiene como valor inicial el valor de la variable de configuración rango y como valor final, max_rango. Su función de *callback* es selecciona_rango(), explicada anteriormente.

```
cv2.namedWindow('webcam')
cv2.createTrackbar('Rango', 'webcam', rango, max_rango, selecciona_rango)
```

Las siguientes sentencias se encargan de obtener el dispositivo de vídeo del que se obtendrán las imágenes y asegurar que funciona correctamente.

```
camara = cv2.VideoCapture(0)
if not camara.isOpened():
    print("No es posible abrir la cámara")
    exit()
```

Luego se entra en el bucle while en el que se recogen dichas imágenes (o se sale de él en caso de haber problemas). Las sentencias utilizadas son de sobra conocidas por usted, por lo que no se darán explicaciones adicionales.

```
while True:
    ret, frame = camara.read()
    if not ret:
        print("No es posible obtener la imagen")
        break
```

Dentro del bucle se realizan las labores de procesamiento y análisis del vídeo. En primer lugar, se llama a la función `filtra_matiz()`, descrita anteriormente, para obtener los contornos que pudieran encontrarse en el *frame*.

```
contornos = filtra_matiz(frame)
```

Si hubiera alguno, es decir, la función `len()` devolviera un número mayor que cero, se obtendría el de mayor tamaño con la siguiente función:

```
max(matriz, eje)
```

El primer argumento de esta nueva función es una matriz entre cuyos elementos se va a buscar el valor máximo, en este caso, la lista de contornos. El segundo es el eje o la dimensión de la matriz en la que se realizará dicha búsqueda (los demás no se tienen en cuenta), en concreto, el que contiene el área de cada contorno (identificado por la constante `contourArea`).

```
if len(contornos):
    contorno_max = max(contornos, key = cv2.contourArea)
```

> *i*
>
> Aunque por simplicidad no se ha hecho, conviene tener una variable de configuración que establezca el valor mínimo de un contorno. De esta forma, cuando el objeto no esté en pantalla, se evitará señalar otras áreas del mismo color que pudiera haber en escena. En la máscara mostrada anteriormente, pudo ver que en la parte inferior había otras zonas del mismo color que la pelota. Sin el concurso de dicha variable, su contorno quedaría dibujado cuando esta dejara de verse.

Una vez conocido el contorno que tiene mayor área, asumiendo que es el del objeto al que se está realizando el seguimiento, se obtiene el contorno circular equivalente con la función `minEnclosingCircle()`. Convirtiendo a enteros (con una operación de *casting*) las coordenadas del centro y el radio de dicho contorno, se utilizarían para dibujar un círculo con la función `circle()` en la ventana donde se muestran las imágenes de la webcam.

```
(x, y), radio = cv2.minEnclosingCircle(contorno_max)
centro = (int (x), int (y))
radio = int (radio)
cv2.circle (frame, centro, radio, color, grosor)
```

Solo queda mostrar la imagen resultante con `imshow()`.

```
cv2.imshow('webcam', frame)
```

La función `setMouseCallback()` que gestiona los eventos del ratón está dentro del bucle `while`, porque, cada vez que se obtiene un *frame*, este se pasa como parámetro adicional a su función de *callback*, `selecciona_color()`, tal como se ha explicado anteriormente.

```
cv2.setMouseCallback('webcam', selecciona_color, frame)
```

Las últimas sentencias del bucle `while` son las que permiten salir de este y dejan de mostrar nuevos *frames* cuando se pulse la tecla 'q'.

```
if cv2.waitKey(1) == ord('q'):
    break
```

Finalmente, tal como se viene haciendo en todos los programas en los que se trabaja con vídeo, antes de finalizar el programa, se libera el dispositivo de imagen utilizado, además de cerrar todas las ventanas abiertas.

```
camara.release()
cv2.destroyAllWindows()
```

Llegó el momento de probar su funcionamiento. Para ello, elija un objeto de un color que no se confunda con el de otros que aparezcan en escena. Puesto que la forma de identificar el objeto es un círculo, seleccione preferiblemente uno que sea esférico. Una vez arrancado el programa, pinche con el ratón sobre él en un punto que no tenga reflejos. Luego, fije con la barra de desplazamiento el rango de valores del matiz que ofrezca una mejor imagen del objeto en las ventanas auxiliares de máscara y/o imagen filtrada. Solo le queda disfrutar viendo que, a partir de ese momento, el programa es capaz de situarlo en pantalla cuando aparezca en escena.

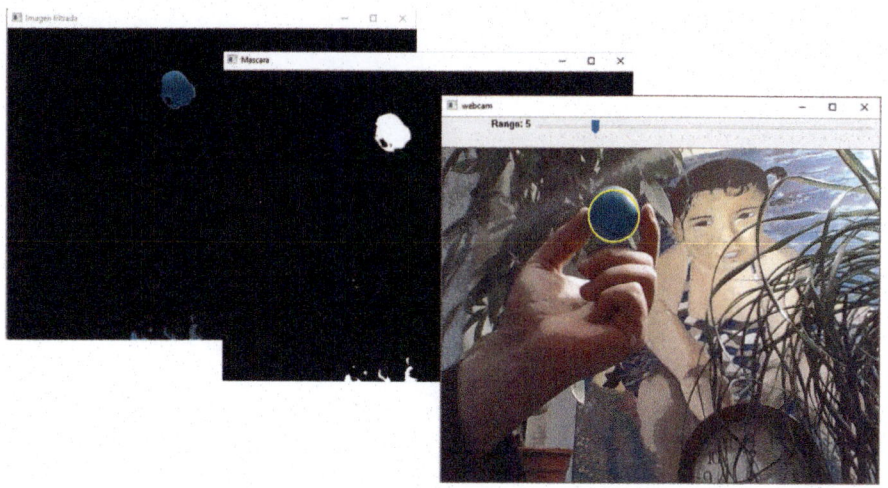

¿Le gustaría poder mostrar también la trayectoria seguida por dicho objeto? Solo tiene que hacer unos pequeños cambios al programa que acaba de ver, para dibujarla en la ventana de la webcam. La longitud de la trayectoria tendrá un tamaño máximo, a partir del que irá borrándose a medida que pasa el tiempo, con lo que se producirá un efecto de estela detrás del objeto. Su código es el siguiente:

```python
import cv2
import numpy as np

matiz_objetivo = 0
rango = 5

color = (0, 255, 255)
grosor = 4

lista_puntos = []
tamanio_lista = 50

dibujar = False

def selecciona_color(evento, x, y, flags, frame):
    global matiz_objetivo, lista_puntos, dibujar

    if evento == cv2.EVENT_LBUTTONDOWN:
        hsv = cv2.cvtColor(frame, cv2.COLOR_BGR2HSV)
        h, s, v = cv2.split(hsv)
        matiz_objetivo = h[y, x]
```

```
            dibujar = True
            lista_puntos = []

    def selecciona_rango(valor):
        global rango
        rango = valor

    def filtra_matiz(frame):
        frame_suavizado = cv2.blur(frame, (10, 10))
        hsv = cv2.cvtColor(frame_suavizado, cv2.COLOR_BGR2HSV)
        color_inferior = np.array([matiz_objetivo - rango,150,0])
        color_superior = np.array([matiz_objetivo + rango,255,255])
        mascara = cv2.inRange(hsv, color_inferior, color_superior)

        #mascara = cv2.dilate(mascara, None, iterations=4)
        #mascara = cv2.erode(mascara, None, iterations=2)

        res = cv2.bitwise_and(frame,frame, mask=mascara)

        contornos, _ = cv2.findContours(mascara, cv2.RETR_LIST,
                                    cv2.CHAIN_APPROX_NONE)

        #cv2.imshow('Mascara',mascara)
        #cv2.imshow('Imagen filtrada',res)

        return contornos

    cv2.namedWindow('webcam')
    cv2.createTrackbar('Rango', 'webcam', 5, 30, selecciona_rango)

    camara = cv2.VideoCapture(0)
    if not camara.isOpened():
        print("No es posible abrir la cámara")
        exit()

    while True:
        ret, frame = camara.read()
        if not ret:
            print("No es posible obtener la imagen")
            break
```

```
contornos = filtra_matiz(frame)
if len(contornos) > 0 and dibujar:
    contorno_max = max(contornos, key = cv2.contourArea)
    (x, y), radio = cv2.minEnclosingCircle(contorno_max)
    x = int(x)
    y = int(y)
    if len(lista_puntos) >= tamanio_lista : lista_puntos. pop(0)
    lista_puntos.append((x, y))
    if len(lista_puntos) >= 2:
        punto_prev = lista_puntos[0]
        for punto in lista_puntos:
            cv2.line(frame, punto, punto_prev, color, grosor)
            punto_prev = punto

frame = cv2.flip(frame, 1)
cv2.imshow('webcam', frame)
cv2.setMouseCallback('webcam', selecciona_color, frame)

if cv2.waitKey(10) == ord('q'): break

camara.release()
cv2.destroyAllWindows()
```

Como viene siendo habitual, solo se explicarán las modificaciones realizadas al programa utilizado de base, empezando por la declaración inicial de las variables de configuración. En primer lugar, se crea la variable lista_puntos, que representa la lista donde se almacenarán las coordenadas por las que vaya pasando el objeto durante su movimiento en escena. La trayectoria se dibujará como una secuencia de líneas que empiezan en cada uno de sus puntos y finalizan en el siguiente. Dicha lista tendrá un tamaño máximo de elementos, fijado en la variable tamanio_lista.

```
lista_puntos = []
tamanio_lista = 50
```

La siguiente variable que se crea es dibujar, la cual indica si se debe pintar, o no, la trayectoria. Se inicia con el valor False, ya que, hasta que no se seleccione un objeto, no se puede empezar a dibujar ningún recorrido.

```
dibujar = False
```

Las variables color y grosor, que en el programa de base determinaban el color y el grosor de la línea del contorno, ahora establecen el de la línea de la trayectoria.

El siguiente cambio se sitúa dentro de la función que trata los eventos del ratón selecciona_color(). Al final de dicha función, dentro del if donde se ha confirmado que se ha pulsado el botón izquierdo, se añaden las sentencias que asignan el valor True a la variable dibujar e inician lista_puntos. Con la primera sentencia, se empieza a dibujar el camino seguido por el objeto seleccionado. Con la segunda, se borra el trazado anteriormente.

```
dibujar = True
lista_puntos = []
```

Puesto que ambas variables son creadas al inicio del programa, deberán declararse previamente como globales dentro de la función selecciona_color().

```
global matiz_objetivo, lista_puntos, dibujar
```

Las funciones selecciona_rango() y filtra_matiz() no sufren modificaciones. Recuerde que la primera es la función de *callback* de la barra de desplazamiento. La segunda devuelve la lista de contornos de aquellas zonas de la imagen en las que el color está dentro de los márgenes establecidos.

Los últimos cambios se efectúan dentro del bucle while que recoge los *frames* de la webcam. En concreto, en la condición que determina si se ha identificado algún contorno. Ahora la condición comprueba que, además de que haya algún contorno, la variable dibujar sea True.

```
if len(contornos) > 0 and dibujar:
    ...
```

Las sentencias que se ejecuten cuando se cumplan dichas condiciones, añaden las coordenadas x, y del centro del contorno circular a lista_puntos con el método append(). Observe que dichas coordenadas se agregan como una tupla (entre paréntesis). Previamente, se extrae el primer elemento de la lista si su tamaño excede el valor máximo establecido al principio del programa en la variable tamanio_lista. Esto provoca un efecto de halo que hace que la trayectoria del objeto se vea como la cola de un cometa.

```
if len(lista_puntos) >= tamanio_lista : lista_puntos. pop(0)
lista_puntos.append((x, y))
```

Luego, si `lista_puntos` tiene al menos dos puntos, se recorren en un bucle `for` que dibuja una secuencia de líneas entre puntos consecutivos, con la función `line()`.

```
if len(lista_puntos) >= 2:
    punto_prev = lista_puntos[0]
    for punto in lista_puntos:
        cv2.line(frame, punto, punto_prev, color, grosor)
        punto_prev = punto
```

El último cambio lo va a ver justo antes de la sentencia que muestra el *frame* en pantalla con la función `imshow()`. En dicha sentencia, se utiliza la siguiente función:

```
flip(imagen, tipo volteo)
```

Su objetivo es girar la imagen pasada como primer argumento para crear otra espejo de la original.

El tipo de volteo se determina en el segundo argumento, que puede ser:

- En el eje Y. Su valor es 1.

- En el eje X. Su valor es 0.

- En ambos ejes. Su valor es -1.

El resultado devuelto por dicha función es la imagen volteada.

La sentencia donde se utiliza tiene como propósito que, al mover el objeto a derecha o izquierda, este se desplace en la misma dirección en pantalla, y no en sentido contrario (tenga en cuenta que la imagen se toma de frente a usted).

```
frame = cv2.flip(frame, 1)
```

> ℹ️ Pruebe a comentar esta sentencia y compruebe la sensación tan extraña que se produce cuando la pelota parece moverse en sentido contrario al de su mano.

Seguro que estará deseando ver el resultado producido por estos cambios. A continuación, se muestra el camino seguido por la pelota de *ping-pong* desde el momento en el que se pulsó con el ratón sobre ella.

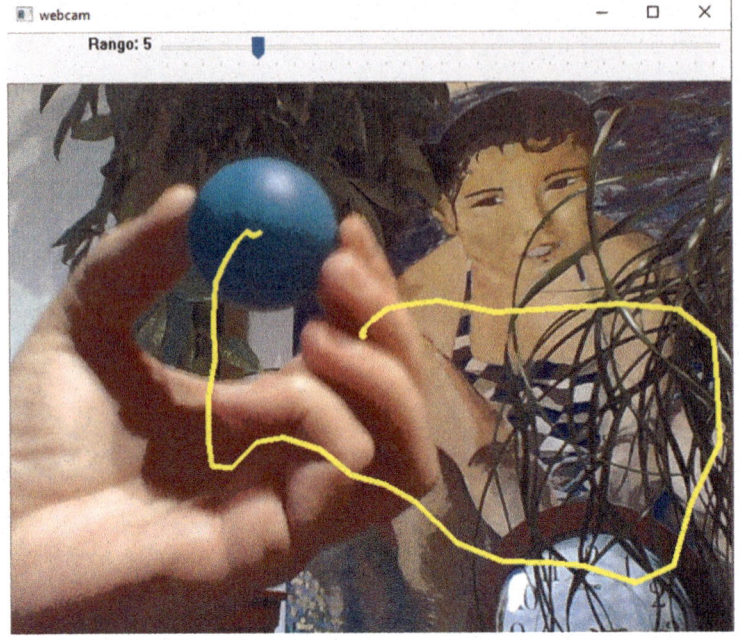

## 15.1.2 Mascota virtual (II)

En esta nueva práctica modificará el comportamiento de la mascota virtual desarrollada en un capítulo anterior para que ahora lo que siga con la mirada sea su juguete preferido, en vez de la cara de una persona.

La secuencia de imágenes utilizada será la misma que su primera mascota virtual.

> ℹ️ Recuerde que dichas imágenes se encuentran en la carpeta "secuencia_emoticono" dentro de "imagenes".

El código utilizado de base será el de rastreo de objetos desarrollado inicialmente en la sección anterior, al que se añadirán las sentencias relacionadas con el manejo de emoticonos descritas en la primera mascota virtual.

```python
import cv2
import numpy as np
from os import listdir
from math import ceil

matiz_objetivo = 0
rango = 5
max_rango = 30

color = (0, 255, 255)
grosor = 2

carpeta_emoticono = '../imagenes/secuencia_emoticono/'
lista_emoticonos = []

for archivo in listdir(carpeta_emoticono):
    lista_emoticonos.append(cv2.imread(carpeta_emoticono+archivo))

numero_imagenes = len(lista_emoticonos)
indice_emoticono = ceil(numero_imagenes/2)

def selecciona_color(evento, x, y, flags, frame):
    global matiz_objetivo

    if evento == cv2.EVENT_LBUTTONDOWN:
        hsv = cv2.cvtColor(frame, cv2.COLOR_BGR2HSV)
        h, s, v = cv2.split(hsv)
        matiz_objetivo = h[y, x]

def selecciona_rango(valor):
    global rango
    rango = valor

def filtra_matiz(frame):
    frame_suavizado = cv2.blur(frame, (10, 10))
    hsv = cv2.cvtColor(frame_suavizado, cv2.COLOR_BGR2HSV)
    color_inferior = np.array([matiz_objetivo - rango,150,0])
    color_superior = np.array([matiz_objetivo + rango,255,255])
    mascara = cv2.inRange(hsv, color_inferior, color_superior)

    #mascara = cv2.dilate(mascara, None, iterations=4)
    #mascara = cv2.erode(mascara, None, iterations=2)
```

```
        contornos, _ = cv2.findContours(mascara, cv2.RETR_LIST,
                                        cv2.CHAIN_APPROX_NONE)
        return contornos

cv2.namedWindow('webcam')
cv2.createTrackbar('Rango','webcam',rango,max_rango,selecciona_rango)

camara = cv2.VideoCapture(0)
if not camara.isOpened():
    print("No es posible abrir la cámara")
    exit()

ancho_frame = camara.get(cv2.CAP_PROP_FRAME_WIDTH)
ancho_zona = ancho_frame/numero_imagenes

while True:
    ret, frame = camara.read()
    if not ret:
        print("No es posible obtener la imagen")
        break

    contornos = filtra_matiz(frame)
    if len(contornos) > 0:
        contorno_max = max(contornos, key = cv2.contourArea)

        (x, y), radio = cv2.minEnclosingCircle(contorno_max)
        centro = (int (x), int (y))
        radio = int (radio)
        cv2.circle (frame, centro, radio, color, grosor)

        indice_emoticono = numero_imagenes - ceil(x/ancho_zona)

    cv2.imshow('webcam', frame)
    cv2.imshow('Emoticono', lista_emoticonos[indice_emoticono])
    cv2.setMouseCallback('webcam', selecciona_color, frame)

    if cv2.waitKey(1) == ord('q'):
        break

camara.release()
cv2.destroyAllWindows()
```

Lo primero que se hace en este programa es importar las librerías necesarias. Como puede observar, además de OpenCV y NumPy, se cargan también *os* y *math*. Si recuerda, de la librería *os* se usaba únicamente la función `listdir()`, que extraía los emoticonos almacenados en los archivos de la carpeta "secuencia_emoticono". De la librería *math* solo se aprovechaba la función `ceil()`, que redondeaba por arriba un número decimal.

```
import cv2
import numpy as np
from os import listdir
from math import ceil
```

En la declaración de variables, a las que ya había en el programa utilizado de base se añaden dos más: `carpeta_emoticono`, que identifica la carpeta en la que está la secuencia de imágenes del emoticono, y `lista_emoticonos`, que contendrá las imágenes de dicha secuencia.

```
carpeta_emoticono = '../imagenes/emoticono/'
lista_emoticonos = []
```

Precisamente, el bucle `for` que hay a continuación es el encargado de leer cada una de las imágenes con la función `imread()` y añadirlas a dicha lista con el método `append()`.

```
for archivo in listdir(carpeta_emoticono):
    lista_emoticonos.append(cv2.imread(carpeta_emoticono+archivo))
```

Una vez cargadas las imágenes, su número total se almacena en la variable `numero_imagenes`, necesaria para que el programa pueda funcionar con secuencias de imágenes de cualquier tamaño (más adelante verá cómo se emplea). Luego, se declara la variable `indice_emoticono` que establece la imagen que se verá en cada momento en pantalla. Se trata del índice con el que se accede a `lista_emoticonos` para extraerla. Inicialmente se muestra la imagen central, es decir, aquella en la que el patito mira de frente.

```
numero_imagenes = len(lista_emoticonos)
indice_emoticono = ceil(numero_imagenes/2)
```

La declaración de las funciones `selecciona_color()`, `selecciona_rango()` y `filtra_matiz()` son las mismas del programa utilizado de base.

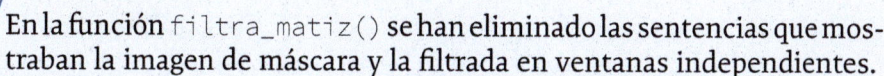

*i* En la función `filtra_matiz()` se han eliminado las sentencias que mostraban la imagen de máscara y la filtrada en ventanas independientes.

Antes de entrar en el bucle `while`, encargado de recoger las imágenes de la webcam, se obtiene la resolución horizontal de la webcam (`ancho_frame`) y el espacio horizontal asociado a cada imagen de la secuencia de emoticonos (`ancho_zona`). El significado de ambas variables es el mismo de su primera mascota, por lo que, si no lo recuerda, consulte la sección donde se describía antes de continuar leyendo.

```
ancho_frame = camara.get(cv2.CAP_PROP_FRAME_WIDTH)
ancho_zona = ancho_frame/numero_imagenes
```

Ya dentro del bucle `while`, se añaden dos sentencias nuevas. La primera es la que obtiene el índice con el que está almacenada en `lista_emoticonos` la imagen del emoticono que hay que mostrar en función de la posición horizontal del juguete.

```
indice_emoticono = numero_imagenes - ceil(x/ancho_zona)
```

La segunda extrae la imagen de `lista_emoticonos` con el índice obtenido en la sentencia anterior y la muestra en la ventana "Emoticono".

```
cv2.imshow('Emoticono', lista_emoticonos[indice_emoticono])
```

Al igual que le sucedió con su primera mascota, estoy seguro de que estará impaciente por ejecutar este nuevo programa. Elija como juguete un objeto de color llamativo, diferente a los que hay en escena. Una vez verificado que es identificado y seguido en la ventana de la webcam sin problemas, minimícela para que solo se vea la del patito. Espero que se divierta jugando con él tanto como desarrollando el código que lo ha hecho posible.

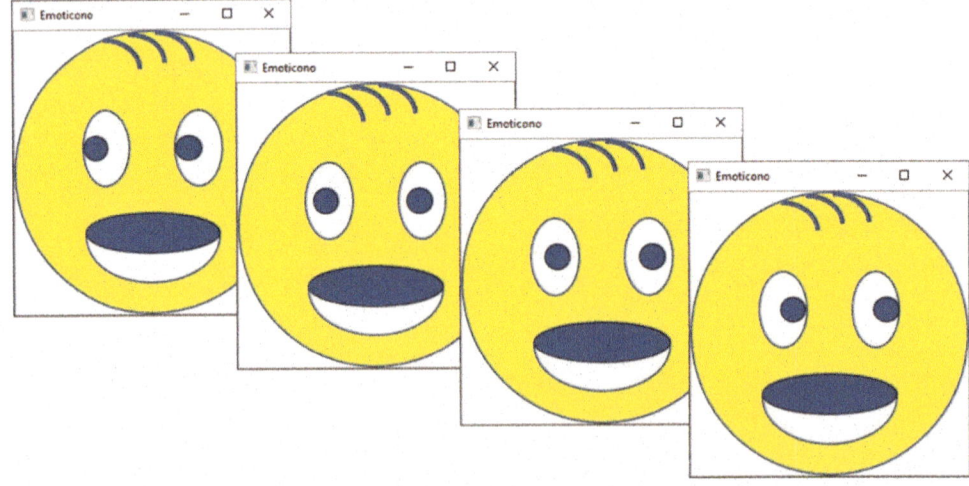

## 15.1.3 Mascota virtual (III)

Si no se le da bien dibujar, puede crear su propia mascota a partir de las imágenes capturadas por una webcam. En ese caso, el siguiente programa le ayudará a crear una secuencia de diez imágenes.

Antes de ver el código del programa, deberá crear una carpeta donde se guarden los fotogramas tomados por la webcam. Se debe llamar "secuencia_webcam" y tiene que estar situada dentro de la carpeta "imagenes." De esta forma, la estructura de carpetas utilizada en las prácticas será ahora:

*/carpeta de prácticas OpenCV*

　*/imagenes*

　　*/caras*

　　*/secuencia_emoticono*

　*/secuencia_webcam*

　*/haarcascades*

　*/carpeta con programas*

　...

　*/videos*

El código que le permitirá tomar los 10 fotogramas en un segundo es el siguiente:

```
import cv2

carpeta_fotogramas = '../imagenes/secuencia_webcam'
numero_fotograma = 0
numero_fotogramas = 10
grabando = False

camara = cv2.VideoCapture(0)

if not camara.isOpened():
    print("No es posible abrir la cámara")
    exit()
while numero_fotograma < numero_fotogramas:
    ret, frame = camara.read()
    if not ret:
        print("No es posible obtener la imagen")
        break
```

```
cv2.imshow('webcam', frame)

if cv2.waitKey(100) == ord(' '):
    grabando = True
    print("Inicio grabacion")
if grabando:
    print('Grabando '+'/fotograma'+str(numero_fotograma)+'.jpg')
    cv2.imwrite(carpeta_fotogramas+'/fotograma'+
                str(numero_fotograma)+'.jpg', frame)
    numero_fotograma +=1

print("Fin grabacion")
camara.release()
cv2.destroyAllWindows()
```

Una vez importada la librería OpenCV, se declaran las variables de configuración del programa. La variable `carpeta_fotogramas` contiene el nombre de la carpeta que acaba de crear, en la que se almacenan todos los fotogramas. La variable `numero_fotograma` establece el índice que se añade al nombre del archivo de cada fotograma. Se va incrementando para diferenciar unos de otros. La variable `numero_fotogramas` determina el número total de archivos. La última variable (`grabando`) permite empezar a realizar la grabación en el momento que se desee, en concreto, cuando se pulse la barra espaciadora, momento en el que se le asignará el valor `True`.

```
carpeta_fotogramas = '../imagenes/secuencia_webcam'
numero_fotograma = 0
numero_fotogramas = 10
grabando = False
```

> (i) Cuanto mayor sea el valor de `numero_fotogramas`, más suave y natural será el movimiento. Sin embargo, si aumentara dicho número por encima de 10, tendría que modificar el orden con el que se leyeran con la función `listdir()`, ya que debe coincidir con el que se escriban. Recuerde que, por ejemplo, para esta función un archivo cuyo índice es el 10 va antes que otro en el que sea el 2.

A continuación, se accede al dispositivo de vídeo y se empiezan a recoger las imágenes dentro de un bucle `while`. El código que realiza este proceso ya lo conoce, por lo que únicamente se van a explicar las sentencias que realizan la grabación de los fotogramas.

En concreto, se trata de dos sentencias if, la primera de las cuales verifica si se ha pulsado la barra espaciadora. De ser así, se asignaría el valor True a la variable grabando y se mostraría en la *shell* un mensaje indicando el comienzo de la grabación.

```
if cv2.waitKey(100) == ord(' '):
    grabando = True
    print("Inicio grabacion")
```

> *i*
>
> Observe que la función waitKey() toma como argumento 100 milisegundos, lo que significa que en un segundo le dará tiempo a tomar solo diez imágenes.

En la siguiente sentencia if se comprueba si el valor de dicha variable es True, en cuyo caso se mostraría en la *shell* el nombre del archivo en el que se va a guardar el fotograma, lo guardaría con la función imwrite() en la carpeta creada anteriormente y se incrementaría el número que se añadiría al nombre del siguiente fotograma.

```
if grabando:
    print('Grabando '+'/fotograma'+str(numero_fotograma)+'.jpg')
    cv2.imwrite(carpeta_fotogramas+'/fotograma'+
                str(numero_fotograma)+'.jpg', frame)
    numero_fotograma +=1
```

La ruta con la que se guarda el archivo del fotograma se compone a partir de:

- El nombre de la carpeta en la que se va a almacenar.
- La palabra "fotograma".
- El número del fotograma.
- La extensión ".jpg".

Es decir, los ficheros con los fotogramas tendrán los nombres "fotograma0.jpg" a "fotograma9.jpg".

Llegó el momento de ejecutar el programa. A partir de ahora los resultados dependen de su imaginación y las dotes artísticas que tenga. Elija el personaje y ensaye cuidadosamente el movimiento que quiera realizar en el segundo del que dispone. Recuerde que dicho movimiento será el reproducido hacia delante o atrás cuando mueva a derecha o izquierda delante de la webcam el juguete de la mascota.

Observe el resultado obtenido con un osito de peluche como mascota.

Ahora, sustituya la siguiente línea del programa desarrollado en la sección anterior:

```
carpeta_emoticono = '../imagenes/secuencia_emoticono/'
```

por esta otra:

```
carpeta_emoticono = '../imagenes/secuencia_webcam/'
```

> ℹ️ Si lo prefiere, haga estas modificaciones en una copia del utilizado de base. Aproveche también para cambiar los nombres de las variables que hacen referencia al emoticono, por ejemplo, `carpeta_emoticono`, por otros más acordes al tipo de imágenes que se hayan grabado.

Solo quedaría ejecutar este programa y disfrutar de los resultados obtenidos.

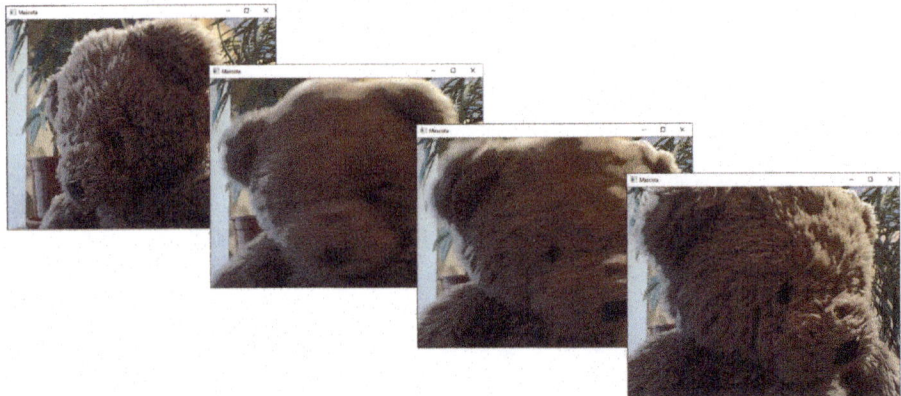

Quizás le resulte más interesante un programa que capture las imágenes de una en una (pulsando, por ejemplo, la barra espaciadora). Así tendría un mayor control de la posición de la mascota en cada fotograma. Para que el código que acaba de desarrollar se comporte de esta otra forma solo tiene que efectuar unos sencillos cambios que le dejo como ejercicio.

## 15.2 MEANSHIFT

Esta segunda técnica de seguimiento de objetos le permitirá separar el fondo estático de una escena de un objeto en movimiento. Para ello, es necesario seguir una serie de sencillos pasos:

1. Antes del seguimiento, se selecciona el objeto que hay que rastrear y se calcula su histograma usando el canal del matiz en el espacio de color HSV. Para el cálculo del histograma se pueden suprimir colores con saturación de color insuficiente o píxeles demasiado oscuros.

2. Al realizar el seguimiento, se efectúa una retroproyección del histograma del objeto de rastreo (obtenido en el paso anterior) sobre cada fotograma de vídeo. El resultado obtenido será una imagen del mismo tamaño que la utilizada de entrada (en su caso, la obtenida de una webcam), pero con un solo canal, donde el valor de cada píxel corresponde a la probabilidad de que este pertenezca al objeto de interés. A efectos prácticos, eso se traduce en que dicha imagen mostrará el objeto de interés en un tono más blanco que el resto.

3. Obtenida la retroproyección, se identifica el área más cercana donde se encontraba el objeto en el *frame* anterior, en la que se produce una mayor densidad de píxeles blancos. Dicha área correspondería al lugar donde probablemente se haya movido el objeto en ese momento.

Para el cálculo del histograma del objeto de rastreo (necesario en el primer paso), se utiliza la función `calcHist()` que ya conoce. Para llevar a cabo los otros dos pasos, tendrá que manejar dos nuevas funciones, la primera de las cuales le permitirá obtener la retroproyección de un histograma sobre una imagen. Su sintaxis es similar a la del cálculo de un histograma:

```
calcBackProject(imágenes, canales, histograma, rangos, escala)
```

Los argumentos de esta función son los siguientes:

- Imágenes. Imágenes de entrada, dentro de las que se encuentra el objeto de interés. Será cada uno de los *frames* recogidos por la cámara.

- Canales. Índice del canal utilizado para la retroproyección del histograma. Elegirá el 0, correspondiente al del matiz del espacio de color HSV.

- Histograma. Histograma del objeto de rastreo.

- Rangos. Límites del intervalo de valores del canal utilizado. Puesto que va a ser el del matiz, dicho rango será 0-180.

- Escala. Factor de escala de la retroproyección. Elegirá, por defecto, el valor 1.

El resultado devuelto es una imagen del mismo tamaño que la original, con la retroproyección del histograma.

La otra función que necesitará conocer permite obtener el área con mayor densidad de píxeles blancos de una imagen. En este caso, de la retroproyección obtenida anteriormente, que delataría dónde se encuentra el objeto de interés en cada momento:

```
meanShift(retroproyección histograma, ventana de búsqueda,
         criterios de parada)
```

Los argumentos de esta función son estos:

- Retroproyección del histograma del objeto de rastreo. Lo obtendrá como resultado de la ejecución de la función calcBackProject() que se acaba de describir.

- Área dentro de la que se encontraba el objeto de rastreo. Su valor es una tupla con el formato:

  (x, y, ancho alto)

  Los dos primeros argumentos son las coordenadas de la esquina superior izquierda del rectángulo que delimita dicha área.

- Criterios de finalización de la ejecución de la función, que podrá ser por el número de iteraciones mediante el que se va acercando al área de mayor densidad de píxeles, desde la posición en la que se encontraba previamente el objeto de rastreo; o cuando la ventana de búsqueda no se haya movido un número mínimo de píxeles en dicho proceso de búsqueda.

El resultado devuelto son las coordenadas de la ventana de búsqueda en la que se ha encontrado la máxima densidad de píxeles, es decir, la nueva ubicación del objeto. A continuación, se presenta el código de un programa que utiliza todos estos conceptos para identificar objetos en escena aplicando la técnica meanshift. Dicho programa le permitirá pulsar en pantalla sobre el objeto que quiera rastrear, momento a partir del que se mostrará un rectángulo que señalará su posición en todo momento.

## El código del programa es el siguiente:

```python
import numpy as np
import cv2

objeto_seleccionado = False

ancho = 100
alto = 100
color = (0, 255, 255)
grosor = 2

criterios_parada = (cv2.TERM_CRITERIA_COUNT |
                    cv2.TERM_CRITERIA_EPS, 15, 2)

def eventos_raton(evento, x, y, flags, parametros):
    global roi_hist, ventana_seguimiento, objeto_seleccionado

    if evento == cv2.EVENT_LBUTTONDOWN:
        objeto_seleccionado = True
        x = int(x-ancho/2)
        y = int(y-alto/2)
        ventana_seguimiento = (x, y, ancho, alto)
        roi = frame[y:y+alto, x:x+ancho]
        hsv_roi =  cv2.cvtColor(roi, cv2.COLOR_BGR2HSV)
        mascara = cv2.inRange(hsv_roi, np.array((0,60,32)),
                            np.array((180,255,255)))
        roi_hist = cv2.calcHist([hsv_roi],[0],mascara,[180],[0,180])

camara = cv2.VideoCapture(0)
if not camara.isOpened():
    print("No es posible abrir la cámara")
    exit()

cv2.namedWindow('webcam')
cv2.setMouseCallback('webcam', eventos_raton)

while(True):
    ret, frame = camara.read()
    if not ret:
        print("No es posible obtener la imagen")
        break
```

```
    if objeto_seleccionado:
        hsv = cv2.cvtColor(frame, cv2.COLOR_BGR2HSV)
        dst = cv2.calcBackProject([hsv],[0],roi_hist,[0,180],1)
        #cv2.imshow('retroproyeccion',dst)
        _, ventana_seguimiento = cv2.meanShift(dst, ventana_seguimiento,
                                               criterios_parada)
        x,y,ancho,alto = ventana_seguimiento
        frame = cv2.rectangle(frame, (x,y), (x+ancho,y+alto), color, grosor)

    cv2.imshow('webcam',frame)

    if cv2.waitKey(1) == ord('q'): break

camara.release()
cv2.destroyAllWindows()
```

En esta ocasión, además de OpenCV, se importa también la librería NumPy. Esta última se utilizará para filtrar el rango de valores del canal HSV con el que se realizará el histograma del objeto de rastreo.

```
import numpy as np
import cv2
```

Acto seguido, se declaran las variables de configuración del programa, la primera de las cuales determina si se ha elegido un objeto de interés, momento en el que tomará el valor True.

```
objeto_seleccionado = False
```

Las dos siguientes establecen el ancho y alto de la ventana de búsqueda, es decir, el área dentro del que se encuentra el objeto de rastreo.

```
ancho = 100
alto = 100
```

A continuación, están las que fijan el color y el grosor con el que se dibujará en pantalla el marco de dicha ventana de búsqueda.

```
color = (0, 255, 255)
grosor = 2
```

La última variable es una tupla con los criterios de parada utilizados para el algoritmo meanshift, en concreto, cuando se hayan producido quince iteraciones de acercamiento al máximo de densidad de píxeles, o el acercamiento de la ventana de búsqueda en una de dichas iteraciones haya sido menor de dos píxeles.

```
criterios_parada = (cv2.TERM_CRITERIA_COUNT |
                    cv2.TERM_CRITERIA_EPS, 15, 2)
```

Luego, se declara la función en la que se obtiene la ventana de seguimiento inicial, es decir, el área en el que se encuentra el objeto sobre el que se va a realizar el seguimiento en el momento de haber sido seleccionado, así como su histograma. Se llamará cuando se produzca cualquier evento del ratón dentro de la ventana en la que se muestran las imágenes de la webcam.

Lo primero que se hace dentro de esta función es declarar tres variables globales, fundamentales para el funcionamiento del programa: objeto_seleccionado, que tomará el valor True una vez seleccionado un objeto de interés; ventana_seguimiento, que contiene las coordenadas de la esquina superior izquierda, el ancho y el alto de la ventana de seguimiento, dentro de la cual estaba el objeto de interés en el momento de haber pulsado sobre él con el ratón, y roi_hist, cuyo contenido es el histograma de dicha ventana de seguimiento (dentro de la que se encuentra el objeto que se va a rastrear), utilizado posteriormente para hacer la retroproyección sobre los *frames* de la webcam.

```
def eventos_raton(evento, x, y, flags, parametros):
    global roi_hist, ventana_seguimiento, objeto_seleccionado
    ...
```

Después, se comprueba que el evento corresponda a la pulsación del botón izquierdo del ratón, momento en el que se asigna el valor True a la variable objeto_seleccionado, ya que este corresponderá al situado en dicha posición.

```
if evento == cv2.EVENT_LBUTTONDOWN:
    objeto_seleccionado = True
    ...
```

El siguiente grupo de sentencias determina las coordenadas *x, y* de la esquina superior izquierda, el ancho y el alto de la ventana de seguimiento (ventana_seguimiento). Destacar que las coordenadas *x, y* donde se pulsa el ratón serán el centro de dicha ventana, por lo que su esquina superior izquierda se desplazará según lo indicado en las siguientes sentencias.

```
x = int(x-ancho/2)
y = int(y-alto/2)
ventana_seguimiento = (x, y, ancho, alto)
```

Una vez establecida la ventana de seguimiento, se recorta de la imagen principal y se convierte al espacio de color HSV. Para crear el histograma, se utilizará el canal del matiz (componente "H") de dicho modelo.

```
roi = frame[y:y+alto, x:x+ancho]
hsv_roi =  cv2.cvtColor(roi, cv2.COLOR_BGR2HSV)
```

Además, para mejorar los resultados, se eliminarán aquellos píxeles que tengan una saturación de color muy baja (por debajo de 60) o en los que el nivel de luz sea escaso (inferior a 30).

```
mascara = cv2.inRange(hsv_roi, np.array((0,60,30)), np.array((180,255,255)))
```

> *i* También podría haber eliminado aquellos píxeles cuyo nivel de luz fuera demasiado alto (al tratarse seguramente de reflejos) bajando su valor, por ejemplo, a 200.

Por último, se calcula el histograma de la ventana de seguimiento utilizando, como se ha comentado antes, el espacio de color HSV generado previamente (hsv_roi), del que se usa solo el primer canal (el 0, correspondiente al matiz). El tercer argumento de la función calcHist() usa como máscara la obtenida en la sentencia anterior (mascara), que descarta aquellos píxeles que empeorarían los resultados de seguimiento. Los dos últimos argumentos tienen en cuenta todos los valores posibles de matiz que haya en la ventana de seguimiento.

```
roi_hist = cv2.calcHist([hsv_roi],[0],mascara,[180],[0,180])
```

Volviendo al flujo principal del programa, se accede al dispositivo de vídeo, tal como ya conoce.

```
camara = cv2.VideoCapture(0)
if not camara.isOpened():
    print("No es posible abrir la cámara")
    exit()
```

Luego, se asocian los eventos del ratón a la ventana en la que se mostrará la imagen de la webcam ("webcam"). Como todavía no se ha obtenido ningún *frame*, dicha ventana no existe, por lo que previamente se crea con la función namedWindow(). El último argumento establece eventos_raton(), descrita anteriormente, como función de *callback*.

```
cv2.namedWindow('webcam')
cv2.setMouseCallback('webcam', eventos_raton)
```

Ya puede empezar a recoger los *frames* de la webcam dentro de un bucle while, como está acostumbrado a hacer. Una vez obtenido cada uno de ellos, y únicamente en el caso de que se haya seleccionado algún objeto de rastreo, es decir, la variable objeto_seleccionado tenga el valor True, se aplicará la técnica de meanshift.

```
while(True):
    ret, frame = camara.read()
    if not ret:
        print("No es posible obtener la imagen")
        break
    if objeto_seleccionado:

        ...
```

En primer lugar, se convierte el *frame* al espacio de color HSV con la función cvtColor(), ya que la retroproyección del histograma del objeto de rastreo (hsv) se realizará sobre el primer canal (el 0, correspondiente al matiz). Ambos valores son los contenidos en el primer y segundo argumento de la función calcBackProject(), respectivamente. El tercer argumento de esta función es el histograma del objeto de rastreo, obtenido al pulsar con el ratón sobre él (roi_hist). Los dos últimos argumentos determinan que esta retroproyección se realice en todo el rango de valores del canal (al tratarse del matiz, es 0-180) y a escala normal (valor 1).

```
hsv = cv2.cvtColor(frame, cv2.COLOR_BGR2HSV)
dst = cv2.calcBackProject([hsv],[0],roi_hist,[0,180],1)
#cv2.imshow('retroproyeccion',dst)
```

**i** La sentencia que está comentada le permitiría ver en una ventana independiente los píxeles que la retroproyección considera que forman parte del objeto de rastreo. En la siguiente imagen puede verla una vez seleccionada la pequeña mascota que sujeto con la mano.

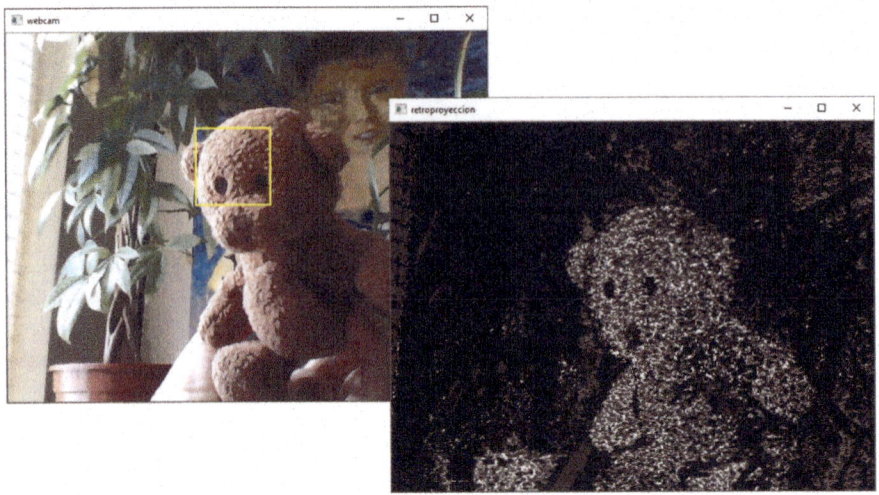

Una vez que se dispone de la imagen retroproyectada del objeto de rastreo (`dst`), se utiliza como argumento de entrada, junto con la ventana de seguimiento anterior (`ventana_seguimiento`) y los criterios de parada (`criterios_parada`), para invocar la función `meanShift()`. El resultado devuelto será la nueva ventana de seguimiento, es decir, la zona en la que se produce la máxima densidad de píxeles blancos, donde previsiblemente se habrá desplazado el objeto.

```
_, ventana_seguimiento = cv2.meanShift(dst, ventana_seguimiento,
                                       criterios_parada)
```

Solo quedaría obtener las coordenadas de dicha ventana y dibujar un rectángulo que la muestre en pantalla. El objeto de rastreo debería encontrarse dentro de dicho rectángulo.

```
x,y,ancho,alto = ventana_seguimiento
frame = cv2.rectangle(frame, (x,y), (x+ancho,y+alto), color, grosor)
```

Hecho esto, únicamente falta mostrar la imagen resultante en pantalla.

```
cv2.imshow('webcam',frame)
```

Naturalmente, dentro del bucle while no puede faltar la sentencia que permita salir de él cuando se pulse la tecla 'q'.

```
if cv2.waitKey(1) == ord('q'): break
```

Las últimas sentencias liberan el dispositivo de vídeo y cierran las ventanas abiertas antes de finalizar el programa.

```
camara.release()
cv2.destroyAllWindows()
```

Estará deseando probar el funcionamiento de este programa. Más abajo puede ver dos ejemplos en los que la cabeza del osito de peluche sobre la que se pulsó nada más arrancar el programa queda dentro de la ventana de seguimiento, dibujada como un rectángulo que irá señalando su posición en todo momento.

La ventana de seguimiento rastreará el objeto solo cuando este se encuentre dentro de la escena. Si quedara fuera, dicha ventana no volvería a seguirlo hasta que previamente hubiera vuelto a situar el objeto sobre ella. Tenga en cuenta que la función `meanShift()` obtiene la densidad máxima de puntos de la retroproyección de su histograma alrededor de la posición actual del objeto (o la que cree que es la actual), no en toda la imagen.

Otro de los inconvenientes de esta técnica es que el tamaño de la ventana de seguimiento siempre es el mismo, independientemente de la distancia entre el objeto y la cámara. Para solucionarlo, puede utilizar la técnica CAMshift (*continuously adaptive meanshift*; meanshift continuamente adaptable) creada por Gary Bradsky. Si quiere conocer en qué consiste, consulte https://docs.opencv.org/master/d7/d00/tutorial_meanshift.html.

# Unidad 16
# SUSTRACCIÓN DE UNA IMAGEN DE FONDO

La sustracción de fondo (BS; *Background Sustraction*) es una técnica amplia-mente utilizada para generar una máscara de primer plano en la que úni-camente aparece lo que se haya movido, resultado de restar al *frame* actual un modelo del fondo (aquel que representa la parte estática de la escena).

Sus aplicaciones prácticas son muchas, ya que se emplea para la segmenta-ción de objetos, la detección de movimiento, el seguimiento de peatones o el recuento de visitantes, vehículos, etc.

La técnica de sustracción de fondo se realiza en los siguientes pasos:

1. Creación inicial del modelo de fondo.

2. Adaptación del modelo de fondo a los posibles cambios de escena.

3. Sustracción del modelo de fondo de la imagen principal, creando una máscara de primer plano.

La máscara de primer plano es una imagen binaria (en blanco y negro) que muestra información sobre los objetos no estacionarios en la escena.

Los algoritmos más populares de sustracción de fondo son los siguientes:

• BackgroundSubtractorMOG2. Es un algoritmo de segmentación de fondo basado en una mezcla gaussiana.

• BackgroundSubtractorKNN. En este caso, se utiliza un algoritmo de inteligencia artificial conocido como los k-vecinos más cercanos (*K-nearest neighbours*).

No se va a entrar en los detalles del funcionamiento de cada uno de estos algoritmos, por lo que se recomienda al lector que pruebe ambos con el fin de quedarse con el que mejor resultados le proporcione en el escenario donde vaya a utilizarlo. De todos modos, ambos funcionan de manera correcta.

Para el primero de los algoritmos, OpenCV ofrece el constructor:

```
createBackgroundSubtractorMOG2()
```

Para el segundo:

```
createBackgroundSubtractorKNN()
```

Ambas funciones devuelven un objeto de la clase `BackgroundSubtractor`, uno de cuyos métodos es el que permite tanto calcular la máscara de primer plano, como actualizar el modelo del fondo.

```
apply(imagen)
```

> **i** En realidad, con el primer constructor se crea un objeto de la clase `BackgroundSubtractorMOG2`, mientras que el segundo devuelve otro de la clase `BackgroundSubtractorKNN`. Ambas son subclases de `BackgroundSubtractor`, por lo que únicamente se hará referencia a esta última.

El argumento de este método es la imagen sobre la que se va a aplicar la sustracción del fondo. El resultado devuelto es la máscara de primer plano.

> **i** Naturalmente, estos algoritmos ofrecen muchas posibilidades de configuración. Aunque usted usará la que tienen por defecto, si en algún momento deseara conocer las posibilidades de parametrización que ofrecen, consulte https://docs.opencv.org/master/de/de1/group__video__motion.html

Con el fin de empezar a practicar con esta técnica, el código del siguiente programa utiliza el algoritmo BackgroundSubtractorKNN para ver, en una ventana independiente, la máscara de primer plano que se genera cuando se produce un movimiento en escena.

```
import cv2

backSub = cv2.createBackgroundSubtractorKNN()

camara = cv2.VideoCapture(0)
if not camara.isOpened():
    print("No es posible abrir la cámara")
    exit()
```

```
while(True):
    ret, frame = camara.read()
    if not ret:
        print("No es posible obtener la imagen")
        break
    mascara_1er_plano = backSub.apply(frame)

    cv2.imshow('webcam',frame)
    cv2.imshow('mascara 1er plano',mascara_1er_plano)

    if cv2.waitKey(1) == ord('q'): break

camara.release()
cv2.destroyAllWindows()
```

Una vez importada la librería OpenCV, se invoca el constructor con el que se crea el objeto que implementa el algoritmo K-nearest neighbours, responsable de la creación del modelo de fondo y, en consecuencia, la máscara de primer plano con los objetos en movimiento (backSub).

```
backSub = cv2.createBackgroundSubtractorKNN()
```

A continuación, se encuentran las conocidas sentencias con las que se crea el objeto camara que representa la webcam, usado dentro de un bucle while para obtener los *frames* con el método read().

Es precisamente dentro de este bucle cuando, una vez recogido cada *frame*, se invoca el método apply() del objeto backSub creado previamente. Su argumento de entrada es el *frame* obtenido de la webcam, que se utiliza, por una parte, para actualizar el modelo de fondo (en caso de haber sufrido algún cambio) y, por otra, para devolver la máscara binaria de los objetos en primer plano (mascara_1er_plano), es decir, aquellos que se han movido.

```
mascara_1er_plano = backSub.apply(frame)
```

Una vez obtenida la imagen de la máscara de primer plano, se muestra en una ventana independiente a la de la webcam, exhibiendo en blanco sobre negro todo lo que se haya podido mover respecto del *frame* anterior.

```
cv2.imshow('webcam',frame)
cv2.imshow('mascara 1er plano',mascara_1er_plano)
```

La última sentencia del bucle `while`, como viene siendo habitual, permite salir de este cuando se pulse la tecla 'q', lo que hace que se ejecuten las dos últimas sentencias del programa, que liberan la webcam y cierran las ventanas que haya abiertas.

En las siguientes imágenes puede observar lo que sucede cuando la cámara, que apuntaba al cuadro de la niña, detecta, de repente, la presencia de un pequeño oso de peluche. En la imagen de la izquierda, que representa la máscara de primer plano, se puede observar claramente el osito, que es lo único que se ha movido en la escena. Todo lo demás permanece en negro al considerarse que forma parte del modelo de fondo (parte estática).

Esta técnica tiene multitud de aplicaciones prácticas. Por ejemplo, si le gusta el estudio de la fauna y quiere conocer el comportamiento de algún pequeño mamífero, un pájaro o cualquier otro animal que solo deje verse cuando crea que no hay peligro, ahora tiene la oportunidad de conseguirlo. Para ello, solo tiene que poner una cámara apuntando hacia el lugar que suela visitar y desarrollar un sencillo programa que sea capaz de tomar una foto o realizar un vídeo de lo que está sucediendo, únicamente mientras se produzca el movimiento.

Otra utilidad práctica de esta técnica son las alarmas antirrobo. Una vez activada, sería capaz de tomar una foto o grabar un vídeo de la persona que ha entrado en escena por sorpresa. Si no quiere que su mascota pueda activarla, solo tiene que ajustar el tamaño mínimo del objeto que provoque el disparo de la alarma.

A continuación, se describe el código de un programa capaz de realizar esta labor de vigilancia inteligente. Comprobará que es más sencillo de lo que en un principio hubiera podido llegar a pensar.

```python
import cv2

color = (0, 255, 255)
grosor = 2

area_min = 50000

carpeta_fotogramas = '../imagenes/alarma'

backSub = cv2.createBackgroundSubtractorKNN()

camara = cv2.VideoCapture(0)
if not camara.isOpened():
    print("No es posible abrir la cámara")
    exit()

while(True):
    ret, frame = camara.read()
    if not ret:
        print("No es posible obtener la imagen")
        break
    mascara_1er_plano = backSub.apply(frame)
    contornos, _ = cv2.findContours(mascara_1er_plano, cv2.RETR_LIST,
                            cv2.CHAIN_APPROX_NONE)
    if len(contornos):
        contorno_max = max(contornos, key = cv2.contourArea)
        area = abs(cv2.contourArea(contorno_max, True))
        #print(area)
        if area > area_min:
            cv2.imwrite(carpeta_fotogramas+'/fotograma.jpg', frame)

    cv2.drawContours(frame, [contorno_max], 0, color, grosor)
    cv2.imshow('webcam',frame)
    cv2.imshow('mascara 1er plano',mascara_1er_plano)

    if cv2.waitKey(1) == ord('q'): break

camara.release()
cv2.destroyAllWindows()
```

En este programa, una vez importada la librería OpenCV, se procede a declarar las variables de configuración. Las dos primeras son el color y el grosor de la línea que rodeará el contorno del objeto que se haya movido delante de la cámara.

```
color = (0, 255, 255)
grosor = 2
```

La siguiente variable determina la sensibilidad de la alarma. Si su valor es muy bajo, se disparará con el más ligero movimiento. Si lo aumentara, filtraría estos pequeños movimientos y se activaría solo cuando el tamaño del objeto que los produzca sea superior a dicho valor. Esto es útil, por ejemplo, cuando no quiera que los paseos de su gato por la habitación provoquen que se dispare la alarma.

El contenido de esta variable deberá establecerse experimentando. Para ello, solo tiene que mostrar en la *shell* el valor del área del contorno máximo que ha provocado el movimiento para, a partir de la sensibilidad que quiera tener, ajustarlo al deseado. Más adelante verá una sentencia comentada en el código que será la utilizada para este proceso de ajuste previo.

```
area_min = 50000
```

La siguiente variable es la que identifica la carpeta en la que se va a guardar la imagen tomada por la cámara cuando se dispare la alarma. Deberá haberla creado previamente dentro de la carpeta "imagenes". Por lo tanto, si ha utilizado la misma estructura de carpetas seguida a lo largo del libro, ahora será:

```
/carpeta de prácticas OpenCV
    /imagenes
        /alarma
        /caras
        /secuencia_emoticono
        /secuencia_webcam
    /haarcascades
    /carpeta con programas
    ...
    /videos
```

Por lo tanto, el contenido de la variable carpeta_fotogramas es el siguiente.

```
carpeta_fotogramas = '../imagenes/alarma'
```

La sentencia que hay a continuación es la responsable de la creación del objeto que implementa el algoritmo de sustracción de fondo K-nearest neighbours.

```
backSub = cv2.createBackgroundSubtractorKNN()
```

Aunque se ha elegido este algoritmo, pruebe a utilizar el basado en una mezcla gaussiana sustituyendo la sentencia anterior por:

```
backSub = cv2.createBackgroundSubtractorMOG2()
```

Las siguientes sentencias (que no se reproducen) crean el objeto camara que representa la webcam, utilizado dentro del bucle while para extraer los *frames* con el método read(). El código realmente interesante de este programa se encuentra justo después de haber obtenido cada uno de estos *frames*. En primer lugar, y de forma similar al programa descrito antes, se invoca el método apply() del objeto backSub creado previamente, para actualizar el modelo de fondo y extraer la máscara de primer plano (mascara_1er_plano).

```
mascara_1er_plano = backSub.apply(frame)
```

Será sobre dicha máscara donde se identifiquen los contornos de los objetos que se hayan movido. Para ello, se utiliza la conocida función findContours().

```
contornos, _ = cv2.findContours(mascara_1er_plano, cv2.RETR_LIST,
                    cv2.CHAIN_APPROX_NONE)
```

A continuación, si se hubiera detectado algún contorno, se obtendría el mayor de todos ellos con la función max(). Solo quedaría calcular su área con la función contourArea() y, si esta superase el establecido en la variable area_min, la alarma se dispararía, y se guardaría el fotograma en la carpeta carpeta_fotogramas con la función imwrite(). Dicho fotograma mostrará la imagen del intruso que provocó la activación de la alarma.

```
if len(contornos):
    contorno_max = max(contornos, key = cv2.contourArea)
    area = abs(cv2.contourArea(contorno_max, True))
    #print(area)
    if area > area_min:
        cv2.imwrite(carpeta_fotogramas+'/fotograma.jpg', frame)
```

> ⓘ Observe que hay una sentencia `print()` comentada. Es la utilizada para conocer el tamaño de los contornos producidos en el periodo de ajuste de la variable `area_min`. Provoque movimientos delante de la webcam, observe los valores mostrados en la *shell* y elija el más adecuado a sus necesidades. Finalizado este proceso, no se olvide de volver a comentar esta línea, ya que ralentiza bastante la ejecución del programa.

Por simplicidad, solo se almacena una imagen. Sin embargo, podría desear tomar varias mientras durase el movimiento. Para ello, el nombre del archivo debería tener un identificativo que hiciera referencia al instante en el que se tomó. También podría grabar un vídeo. En cualquier caso, es aconsejable desarrollar algún mecanismo que evite estar permanentemente escribiendo archivos en su ordenador, lo que podría provocar una ocupación de espacio excesivo.

Antes de salir del bucle `while` se dibuja el contorno sobre la imagen de la webcam, que se muestra en una ventana independiente de aquella otra en la que se ve la máscara de primer plano de la que se obtuvo.

```
cv2.drawContours(frame, [contorno_max], 0, color, grosor)
cv2.imshow('webcam',frame)
cv2.imshow('mascara 1er plano',mascara_1er_plano)
```

Seguro que está deseando probar cómo funciona este sencillo pero útil programa. Para ello, solo tiene que ejecutarlo enfocando la cámara hacia un lugar en el que no exista movimiento. A continuación, irrumpa en escena poniendo la mano delante de la webcam. Observe lo que vería en pantalla:

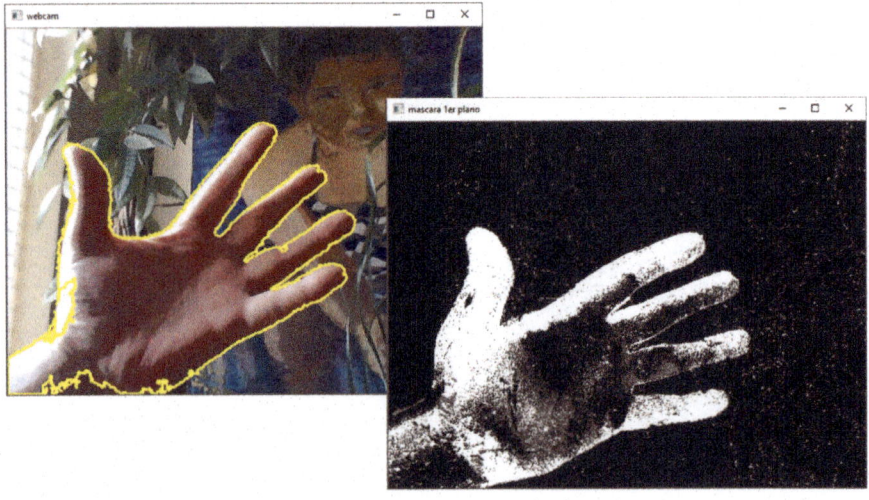

En la imagen de la izquierda, y dibujado en amarillo, se aprecia el contorno de la mano, que corresponde a lo que la máscara de primer plano (mostrada a la derecha) revela que se ha movido. El resto de dicha imagen permanece en negro, ya que forma parte del modelo de fondo (parte estática).

Ahora acceda a la carpeta "alarma" situada dentro de "imagenes". Podrá comprobar que se ha creado el fichero "fotograma.jpg" con la instantánea del momento en el que se produjo el movimiento, es decir, cuando puso la mano delante de la webcam.

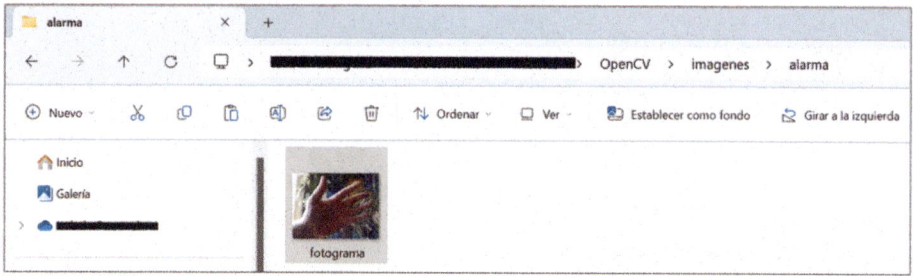

Con este último capítulo, finaliza el aprendizaje de los conocimientos básicos necesarios para entender y, en consecuencia, aplicar las técnicas descritas a lo largo de estas páginas a sus propias necesidades. Solo se han expuesto algunos de los cientos de algoritmos que ofrece OpenCV ya optimizados. Por ese motivo, este libro no es el final, sino el principio de un largo camino que lo llevará a conocer nuevas áreas quizás ahora impensables para usted. En cualquier caso, dispone de las herramientas necesarias para afrontar sus propios proyectos y, sobre todo, de la capacidad de adentrarse en aquellos ámbitos de su interés que no hayan sido tratados. Los límites de lo que pueda llegar a conseguir están ahora en su imaginación.

# Anexo
# FUNDAMENTOS DE PYTHON

Python es un lenguaje de programación creado a principios de la década de los noventa por Guido van Rossum, cuya afición al grupo de humoristas británicos Monty Python fue el origen de su nombre. Actualmente, es uno de los lenguajes más ampliamente utilizados porque resulta sencillo de aprender y muy fácil de usar. Sus características más relevantes son:

- Código abierto
- Múltiples paradigmas de programación
- Multiplataforma
- Interpretado
- Tipado dinámico

Veamos en detalle cada una de estas características.

En la primera se indica que es de código abierto porque su código fuente está disponible bajo una licencia compatible con GPL (*General Public License – Licencia Pública General*), que permite incluso modificaciones, sin exigir que estas sean a su vez de código abierto.

Tradicionalmente, los lenguajes de programación seguían un paradigma imperativo; es decir, los programas se desarrollaban partiendo de la base de que sus instrucciones debían seguir una secuencia ordenada. Posteriormente, surgieron otras formas diferentes de programar, de las cuales la más extendida es la orientada a objetos, en la que la lógica de los programas se establece a partir de una colección de objetos (que representan cualquier entidad manejada por la aplicación) y sus relaciones. Python permite el uso de ambos paradigmas.

Para que un programa pueda ser ejecutado, antes su código debe convertirse a lenguaje máquina, que es el que entienden los ordenadores y, más concretamente, los procesadores. Dicho código binario (formado únicamente de ceros y unos) puede ser generado por un compilador antes de ejecutarse. Eso es lo que hacen lenguajes de programación como C/C++. Otros, en cambio, convierten las instrucciones a código máquina según se van necesitando durante la ejecución del programa. Esa labor la realiza un intérprete; por eso, a este tipo de lenguajes se los llama "interpretados" (los anteriores eran "compilados").

Además de por las características anteriores, su gran aceptación viene dada también por ser multiplataforma y poder ejecutarse en Windows, Mac, Linux, Raspberry Pi, etc.

Finalmente, Python es un lenguaje de tipado dinámico porque, a diferencia de los de tipado estático (que generalmente son compilados), a una variable se le pueden asignar valores de distinto tipo durante la ejecución del programa; por ejemplo, en un momento dado, puede ser un número y, en otro, una cadena de caracteres.

A diferencia de otros lenguajes de programación, en los que suele utilizarse la última versión estable, en Python han convivido hasta hace poco tiempo dos familias: la 2.x (especialmente la 2.7) y la 3.x (actualmente la 3.13). ¿Qué ha provocado esta situación? La falta de compatibilidad entre ambas versiones; es decir, que lo que ya se había desarrollado en Python2 no funcionaba con el intérprete de la versión 3. Los cambios de adaptación eran realmente sencillos, pero había que esperar a que las librerías empleadas (punto fuerte de este lenguaje, debido a su amplia comunidad de desarrolladores) estuvieran adaptadas a la nueva versión. Con el paso del tiempo, este problema fue resuelto. Si a esto le añadimos el hecho de que Python2 ha sido oficialmente descontinuado el 1 de enero de 2020 (esta fecha había sido planeada inicialmente para 2015, pero el rechazo inicial obligó a retrasarla), únicamente debería programar con Python3.

Los ámbitos de uso de Python son muchos y muy variados, aunque destaca sobre todo en áreas de *big data*, inteligencia artificial o *deep learning*. También es ampliamente utilizado en programas de visión artificial, en los que se mezclan técnicas procedentes de los dos campos anteriores.

## **17.1** ENTORNO DE DESARROLLO

Antes de empezar a trabajar con este lenguaje, deberá instalar su entorno de desarrollo y aprender a manejarlo. Ese será el objetivo de los siguientes apartados.

## **17.1.1** Instalación

Para programar en Python, previamente deberá haber descargado e instalado el entorno de desarrollo de este lenguaje, que se encuentra en https://www.python.org/. Allí, pulse el menú desplegable "Downloads" y seleccione el sistema operativo en el que quiera instalarlo (en mi caso, Windows):

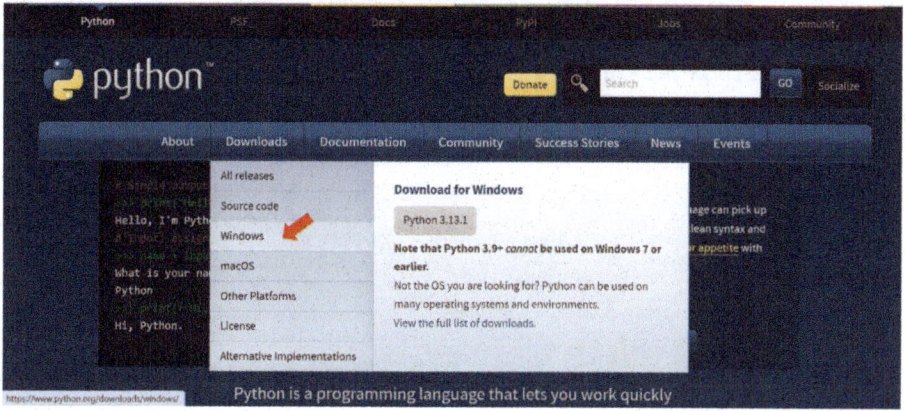

> ℹ️ Si dispone de Mac OS X, visite https://www.python.org/downloads/mac-osx/. Si lo que tiene es Red Hat, CentOS o Fedora, instale los paquetes python3 y python3-devel. Para Debian o Ubuntu, los paquetes serían python3.x y python3.x-dev.

A continuación, dependiendo de la forma en la que quiera instalar el entorno, y de si su ordenador es de 32 o 64 bits, pulse en el enlace correspondiente. Por sencillez, se va a utilizar un instalador. Para descargarlo, si su ordenador es de 32 bits, deberá pulsar en el enlace "Windows installer (32 bits)", mientras que, si fuera de 64 bits (como el mío), lo haría en "Windows installer (64 bits)":

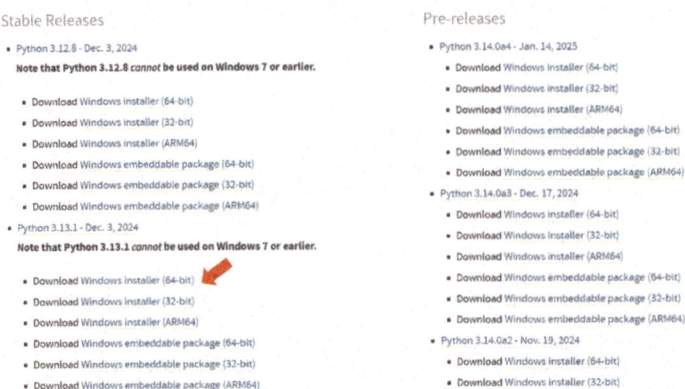

Una vez finalizada la descarga, ejecútelo. Aparecerá una primera ventana; le recomiendo seleccionar la casilla "Add Python 3.13 to PATH". De esta forma, podrá ejecutar los programas Python desde cualquier ruta (independientemente de la carpeta en la que se encuentre, Windows sabrá dónde está el intérprete). A continuación, pulse sobre el texto "Install Now":

> ℹ️ Marque la opción "Use admin privileges when installing py.exe" si quiere que el entorno pueda ser utilizado por el resto de usuarios con los que comparta el ordenador.

Como puede observar, el directorio en el que se instala el entorno es c:\Users\***\AppData\Local\Programs\Python\Python313 (donde *** es el nombre de su usuario Windows). Para ver la carpeta "AppData" en el explorador de Windows, deberá activar la opción "Elementos ocultos" del menú "Vista".

Si quisiera cambiar este u otro dato de configuración, pulse en el texto "Customize installation" de la ventana anterior.

En la última ventana, y de forma opcional, puede seleccionar la casilla "Disable path length limit." Eso eliminará la limitación que tiene Windows por defecto para establecer rutas (paths) de más de 260 caracteres. Fíjese en que el directorio raíz en el que se instala Python por defecto ya tiene más de 50 caracteres. Dentro hay más carpetas que, a su vez, tienen nuevas carpetas. Por eso, para evitar posibles problemas, conviene desactivar este límite.

Finalmente, pulse "Close." Ya dispone de un entorno de desarrollo de Python en su ordenador:

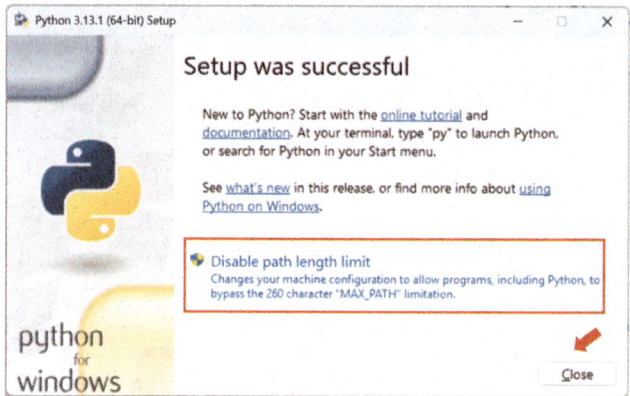

Para comprobarlo, abra una ventana de símbolo del sistema y escriba el comando:

```
python --version
```

El resultado, como puede apreciar en la siguiente imagen, es la versión de Python que tiene instalada (en este caso, 3.13.1):

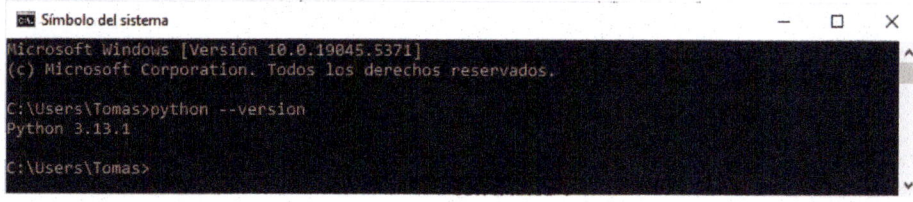

Algunas distribuciones de Linux vienen con varias versiones de Python instaladas al mismo tiempo. En ese caso, el comando `python` suele reservarse a Python2, por lo que tendría que usar `python3`.

> La forma más sencilla de abrir una ventana de símbolo del sistema en Windows es escribiendo su nombre en el campo de búsqueda situado en la parte inferior izquierda del escritorio. Enseguida le aparecerá un icono sobre el que podrá pulsar para abrir dicha ventana.

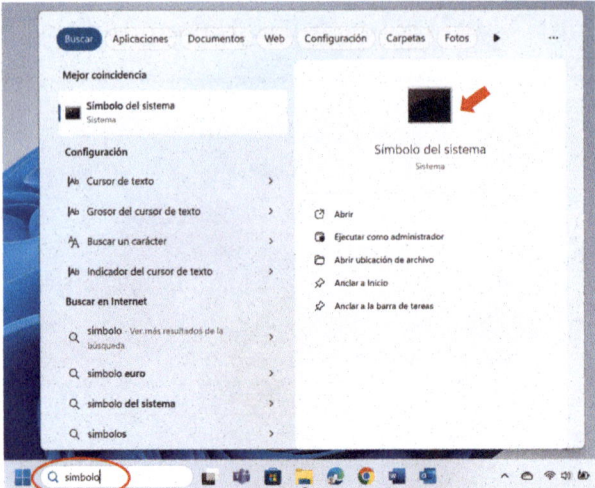

En macOS, la línea de comandos se obtiene ejecutando la aplicación Terminal situada en la carpeta "Utilidades", dentro de "Aplicaciones".

Ahora vaya al menú de Windows situado en la barra de tareas, muestre todas las aplicaciones instaladas en el ordenador y localice la carpeta "Python 3.13". Pulse sobre ella para ver su contenido:

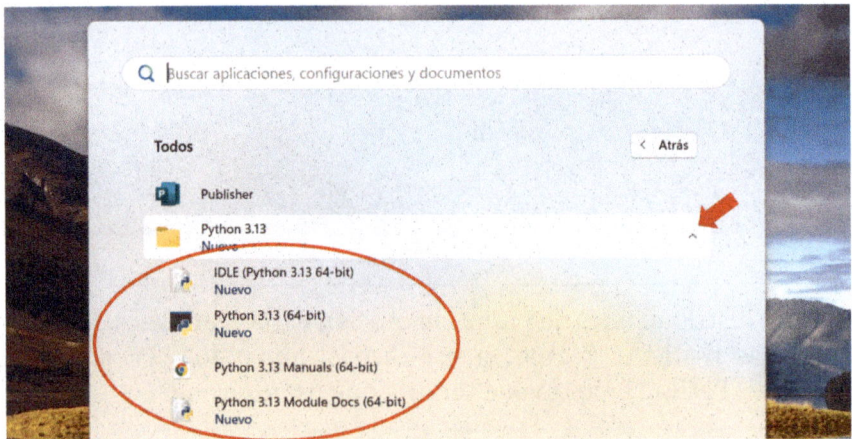

La opción "IDLE (Python 3.13 64-bit)" es la más importante, ya que abre el entorno que le permitirá editar y ejecutar programas en Python. Se explicará en detalle en el siguiente apartado.

La opción "Python 3.13 (64-bit)" ejecuta un intérprete (*shell*) de Python en el que podrá escribir sentencias y obtener su resultado. Como sabe, este lenguaje es interpretado, lo que significa que ejecuta el código línea a línea.

> *i* El motivo de que a esta ventana se la llama *shell* es que el intérprete de Python funciona de manera similar a una *shell* de Unix (sería el equivalente a la ventana de símbolo del sistema en Windows); es decir, lee y ejecuta comandos de manera interactiva.

En la imagen inferior, puede ver el resultado de ejecutar la siguiente sentencia en la *shell* de Python:

```
print("Hola Mundo")
```

> *i* Para salir, mate la ventana o ejecute el comando quit().

El intérprete de Python también se puede ejecutar desde una ventana de símbolo del sistema. Para ello, solo tiene que ejecutar el comando:

```
python
```

Como se aprecia en la siguiente imagen, aparecerán tres símbolos "mayor que" (>>>), que indican que se encuentra dentro del intérprete. A partir de ese momento, podrá empezar a introducir sentencias y ver su resultado.

En la siguiente imagen, puede ver cómo se arranca el intérprete desde una ventana de símbolo del sistema, en la que se ejecutan posteriormente los comandos print() y quit(), el último de los cuales permite abandonarlo:

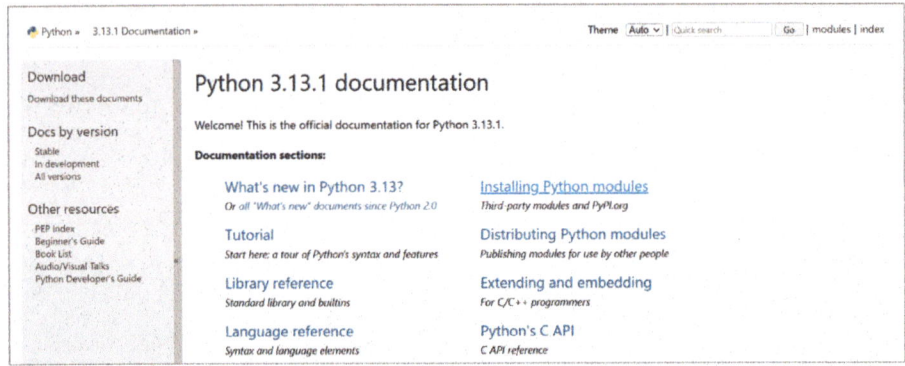

La opción "Python 3.13 Manuals (64-bit)" muestra una página web con amplia documentación de Python:

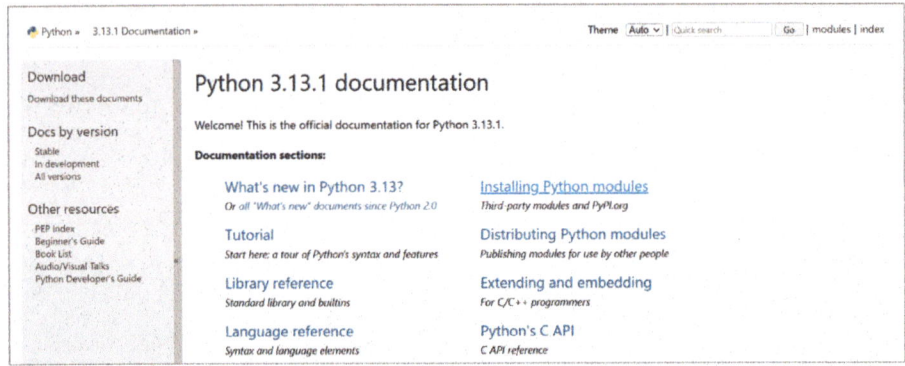

> **i** Esta página web es en realidad un archivo HTML situado en su propio ordenador, en concreto, en la ruta C:/Users/***/AppData/Local/Programs/Python/Python313/Doc/html/index.html (donde *** es el nombre de su usuario Windows).

Por último, la opción "Python 3.13 Module Docs (64-bit)" también muestra otra página web con información de ayuda, pero esta vez orientada específicamente a los módulos (elementos equivalentes a las librerías en otros lenguajes de programación):

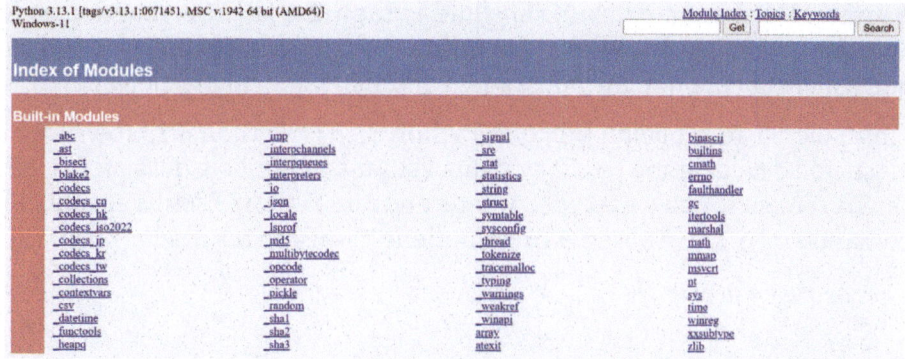

En este caso, se arranca un pequeño servidor web en su propio equipo para mostrar dicha información como páginas HTML, motivo por el que también se abre su navegador predeterminado, con el que podrá moverse entre ellas. Además, verá otra ventana, que es desde la que se arrancó el servidor web y el navegador. Para pararlo (y cerrar esta ventana), solo tiene que pulsar 'q' (abreviatura del comando quit) y el retorno de carro:

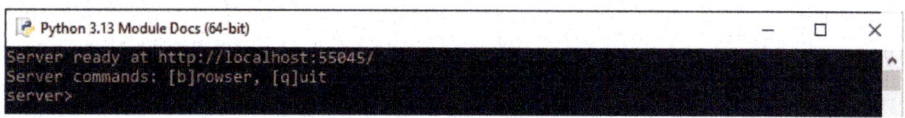

## 17.1.2 Descripción general

Al entorno de desarrollo de Python se lo conoce por su acrónimo inglés IDLE (Integrated Development and Learning Environment – Entorno Integrado de Desarrollo y Aprendizaje). Se trata de un entorno gráfico sencillo que le permitirá editar y ejecutar programas en Python. Para abrirlo, seleccione en el menú "Inicio" de Windows la opción: Inicio → Python 3.13 → IDLE (Python 3.13 64-bit).

```
IDLE Shell 3.13.1                                                 —    □    ×
File  Edit  Shell  Debug  Options  Window  Help
    Python 3.13.1 (tags/v3.13.1:0671451, Dec  3 2024, 19:06:28) [MSC v.1942 64 bit ( ^
    AMD64)] on win32
    Type "help", "copyright", "credits" or "license()" for more information.
>>>
                                                                    Ln: 3  Col: 0
```

Aparecerá una ventana con la *shell* de Python. En la parte superior podrá apreciar la versión de Python que utiliza. Los tres caracteres ">>>" indican que está lista para que introduzca las sentencias que quiera ejecutar.

Tras haber visto la opción Inicio → Python 3.13 → Python 3.13 (64-bit) y la ejecución del comando `python` en una ventana de símbolo del sistema, esta será la tercera forma de acceder al intérprete de Python. Escriba el conocido comando `print()` y observe cómo obtiene el mismo resultado:

```
print("Hola Mundo")
```

Desde la *shell* también se pueden ejecutar sentencias multilínea, pero, en esos casos, lo mejor es utilizar el editor de código que se describirá a continuación.

Como puede observar, los textos se muestran de diferentes colores dependiendo de su significado, lo que ayuda a identificar los distintos tipos de elementos que los componen. El código de colores utilizado es el siguiente:

- Naranja. Palabras reservadas (las que forman parte del lenguaje).
- Verde. Cadenas de texto.
- Púrpura. Funciones.
- Azul. Resultado de las órdenes.
- Rojo. Errores.

Desde esta ventana, se puede acceder al editor con el que se escribirán los programas Python, cuyos resultados de ejecución podrá ver aquí. Para abrirlo, seleccione la opción "New File" del menú "File":

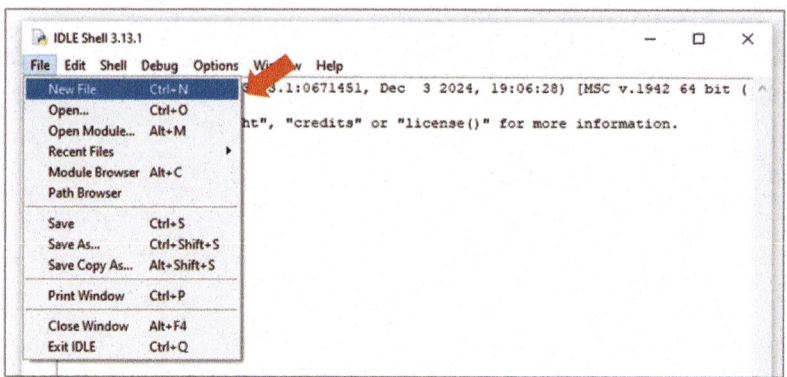

Aparecerá una nueva ventana, en la que podrá empezar a escribir el código de sus programas Python. Escriba el más conocido y sencillo de todos:

```
print("Hola Mundo")
```

Para ejecutarlo, solo tiene que seleccionar la opción "Run Module" del menú "Run" (o pulsar la tecla de función F5):

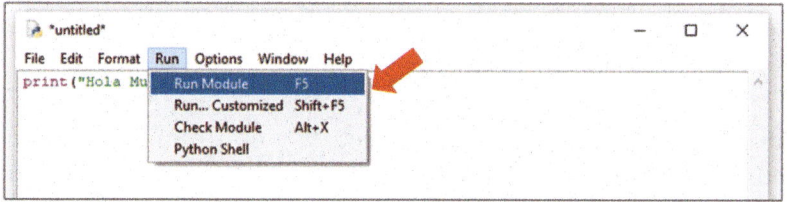

> *i* El editor sigue el mismo código de colores que la *shell*.

Le pedirá que previamente lo guarde. Por lo tanto, pulse el botón "Aceptar":

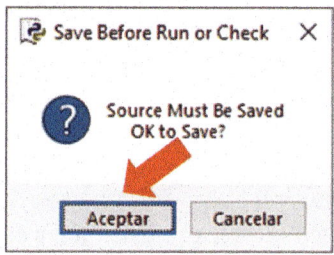

Se abrirá el explorador de Windows, en el que tendrá que seleccionar la carpeta y el nombre del fichero, al que le añadirá automáticamente la extensión "py". El resultado de la ejecución se mostrará en la ventana con la *shell* (intérprete) desde la que arrancó el editor:

> La función de cada una de las opciones de los menús desplegables, tanto del editor como de la *shell*, la puede encontrar en https://docs.python.org/es/3/library/idle.html#code-context.

## 17.2 SINTAXIS BÁSICA DE PYTHON

Python fue diseñado para facilitar la lectura y escritura de programas que pueden desarrollarse con menos líneas de código que usando otros lenguajes tradicionales. Las principales diferencias de sintaxis respecto a esos lenguajes son:

- Las sentencias se finalizan con retorno de carro, en vez de punto y coma (";").

- Para definir el alcance de los bloques de sentencias (estructuras de control, funciones, etc.), se indentan un determinado número de espacios (en vez de encerrarlos entre llaves). Esta sangría es configurable, pero, en cualquier caso, siempre debe ser la misma para todas las sentencias. Además, se desaconseja el uso de tabuladores, que podrían dar lugar a errores de sintaxis.

- Los comentarios se preceden del carácter "#". Si requiriese de varias líneas, cada una de ellas deberá comenzar con dicho carácter.

Una vez conocidos los principios básicos de la sintaxis con la que se escriben las sentencias en Python, llegó el momento de comenzar el estudio de los diferentes elementos que lo componen, empezando por las variables.

## 17.3 VARIABLES

Las variables son espacios de memoria que, como su nombre indica, pueden tener valores diferentes a lo largo de la ejecución de un programa. Son, por lo tanto, contenedores de información que se identifican por su nombre; por ejemplo, la siguiente sentencia crea la variable `mi_variable`, a la que se asigna el valor 10:

```
mi_variable = 10
```

> **i** Las variables se crean en el momento en el que se les asigna un valor.

Los nombres de las variables son secuencias arbitrariamente largas de letras, dígitos y guion bajo ("_"). No se pueden usar espacios, caracteres especiales (acentos, !, @, #, $, %, etc.) ni cualquiera de las palabras clave del propio lenguaje. Tampoco pueden empezar con un número. Por lo tanto, nombres de variables como `2E2`, `día` o `alumnos-clase` no son válidos. Además, las letras mayúsculas y minúsculas son diferentes, por lo que `mi_variable` y `Mi_variable` son variables distintas.

> **i** Por convención, los nombres de las variables comienzan por letras minúsculas.

> **i** Si quiere conocer las palabras reservadas de Python, ejecute las sentencias:
>
> ```
> import keyword
>
> keyword.kwlist
> ```

```
IDLE Shell 3.13.1                                          —   □   ×
File  Edit  Shell  Debug  Options  Window  Help
    Python 3.13.1 (tags/v3.13.1:0671451, Dec  3 2024, 19:06:28) [MSC v.1942 64 bit ( ^
    AMD64)] on win32
    Type "help", "copyright", "credits" or "license()" for more information.
>>> import keyword
>>> keyword.kwlist
    ['False', 'None', 'True', 'and', 'as', 'assert', 'async', 'await', 'break', 'cla
    ss', 'continue', 'def', 'del', 'elif', 'else', 'except', 'finally', 'for', 'from
    ', 'global', 'if', 'import', 'in', 'is', 'lambda', 'nonlocal', 'not', 'or', 'pas
    s', 'raise', 'return', 'try', 'while', 'with', 'yield']
>>>
```

En una misma sentencia, se pueden asignar varios valores a diversas variables:

```
variable1, variable2, variable3 = 1, 2, 3
```

También se puede asignar el mismo valor a diferentes variables:

```
variable1 = variable2 = variable3 = 10
```

> **i** En la mayoría de los lenguajes existen las constantes, que podrían considerarse como un tipo especial de variable cuyo valor no puede ser modificado. En Python realmente no existen ya que, aunque se usen (las distinguirá porque, por convención, su nombre se escribe solo con letras mayúsculas), el lenguaje no proporciona ningún mecanismo que evite la reasignación de valores.

## 17.4 TIPOS DE DATOS BÁSICOS

Python tiene diferentes tipos de datos. Los básicos son:

- Números (enteros o de coma flotante)
- Cadenas de caracteres
- Booleanos

Como verá más adelante, estos se utilizan para componer otros más complejos como las listas, las tuplas, los diccionarios o los conjuntos.

> **i** Existe otro tipo de datos, llamado `NoneType`, cuyo único valor es `None`. Se utiliza cuando se quiere crear una variable pero sin asignarle ningún valor concreto.

En Python, el tipo de datos se establece de forma implícita cuando se asigna un valor a una variable. Se puede, por lo tanto, variar a lo largo de la ejecución de un programa (solo tendría que dar a esa misma variable un nuevo valor de otro tipo). Ese es el motivo por el que en la creación (declaración) de una variable no se indica ningún tipo, tal como ocurre en otros lenguajes de programación.

Si fuera necesario conocer el tipo de una variable en un determinado momento, dispone de la función `type()`. El siguiente código muestra un ejemplo de uso de dicha función, donde se observa que la variable `mi_variable` se crea como un número entero (`int`) pero, tras la segunda asignación, ha pasado a ser `str` (una cadena de caracteres o *string*):

```
mi_variable = 10
tipo = type(mi_variable)
print(tipo)
mi_variable = "texto"
tipo = type(mi_variable)
print(tipo)
```

```
IDLE Shell 3.13.1                                          —   □   ×
File  Edit  Shell  Debug  Options  Window  Help
     Python 3.13.1 (tags/v3.13.1:0671451, Dec  3 2024, 19:06:28) [MSC v.1942 64 bit (
     AMD64)] on win32
     Type "help", "copyright", "credits" or "license()" for more information.
>>>
     ========= RESTART: C:\Users\Tomas\Documents\Python3\anexo\variables.py =========
     <class 'int'>
     <class 'str'>
>>>
```

## 17.4.1 Números

Los números pueden ser enteros (*integer*) o de punto flotante (*float*), es decir, con decimales. En ambos casos, pueden ser positivos o negativos. Además, se puede utilizar el carácter 'e' para expresar potencias de 10; por ejemplo:

```
variable_entera1 = 10
variable_entera2 = -10
variable_float1 = 2.5
variable_float2 = -2.5e3
```

> ℹ️ Python admite también números complejos (si recuerda las matemáticas que estudió en bachillerato, eran los que tenían una parte real y otra imaginaria).

> ℹ️ Los números enteros pueden ser de cualquier longitud; esta solo quedará limitada por la memoria disponible. En el caso de los de coma flotante, el número máximo de decimales que pueden tener son 15.

Los operadores más comunes de los números son: +, -, * y /, que representan suma, resta, multiplicación y división, respectivamente. También hay otros como // (devuelve un número entero tras descartar los decimales), ** (eleva un número a una potencia), o % (devuelve el resto de dividir dos números).

En la siguiente imagen, se utilizan dichos operadores en la propia *shell*, que se emplea como una calculadora:

```
IDLE Shell 3.13.1                                              —    □    ×

File  Edit  Shell  Debug  Options  Window  Help
      Python 3.13.1 (tags/v3.13.1:0671451, Dec  3 2024, 19:06:28) [MSC v.1942 64 bit ( ^
      AMD64)] on win32
      Type "help", "copyright", "credits" or "license()" for more information.
>>>   2 + 2
      4
>>>   5 - 3
      2
>>>   3 * 3
      9
>>>   10 / 2
      5.0
>>>   10 // 3
      3
>>>   3 ** 3
      27
>>>   10 % 3
      1
>>>
```

## 17.4.2 Cadenas de caracteres

Una cadena de caracteres es una secuencia de caracteres entre comillas, que podrán ser simples o dobles. Si el texto estuviera formado de varias líneas, entonces tendrían que ser triples, como puede ver en la imagen inferior:

```
IDLE Shell 3.13.1                                              —    □    ×

File  Edit  Shell  Debug  Options  Window  Help
      Python 3.13.1 (tags/v3.13.1:0671451, Dec  3 2024, 19:06:28) [MSC v.1942 64 bit ( ^
      AMD64)] on win32
      Type "help", "copyright", "credits" or "license()" for more information.
>>>   print("texto de de una linea")
      texto de de una linea
>>>   print('texto de de una linea')
      texto de de una linea
>>>   print("""texto de
...   dos lineas """)
      texto de
      dos lineas
>>>
```

Python no tiene sintaxis específica para comentarios de varias líneas. Pero, como ignora las cadenas que no son asignadas a ninguna variable, a veces verá que, en vez de preceder los comentarios del carácter '#', estos se escriben encerrados entre comillas triples; por ejemplo:

```
"""
Así se podría expresar
un comentario
de varias líneas
"""
```

Si quisiera partir en varias líneas una sentencia muy larga, deberá añadir el carácter "\" al final de cada una de ellas. De esta forma, la sentencia:

```
texto ="Esto pretende ser una línea de texto muy larga"
```

podría escribirse en dos líneas de código:

```
texto = "Esto pretende ser una línea \
        de texto muy larga"
```

```
IDLE Shell 3.13.1                                              —  □  ✕
File  Edit  Shell  Debug  Options  Window  Help
     Python 3.13.1 (tags/v3.13.1:0671451, Dec  3 2024, 19:06:28) [MSC v.1942 64 bit ( ^
     AMD64)] on win32
     Type "help", "copyright", "credits" or "license()" for more information.
>>>  texto ="Esto pretende ser una línea de texto muy larga"
>>>  texto = "Esto pretende ser una linea \
...  de texto muy larga"
>>>  texto
     'Esto pretende ser una linea de texto muy larga'
>>>
```

Por motivos de maquetación, las líneas de código que sobrepasen el tamaño de una línea podrían cortarse en dos sin usar el carácter '\'. Eso no significa que puedan transcribirse tal cual en un editor de texto, ya que provocarían errores de ejecución.

Dentro de una cadena de caracteres, se tiene la posibilidad de introducir caracteres especiales, como retornos de carro, tabuladores, etc. Para ello, estos deben ir precedidos del carácter de escape '\'. Así, por ejemplo, si quisiera mostrar una tabla de números con tres filas y tres columnas, podría utilizar la sentencia:

```
print("1\t2\t3\n4\t5\t6\n7\t8\t9")
```

```
IDLE Shell 3.13.1                                                    —  □  ✕
File  Edit  Shell  Debug  Options  Window  Help
     Python 3.13.1 (tags/v3.13.1:0671451, Dec  3 2024, 19:06:28) [MSC v.1942 64 bit ( ^
     AMD64)] on win32
     Type "help", "copyright", "credits" or "license()" for more information.
>>>  print("1\t2\t3\n4\t5\t6\n7\t8\t9")
     1       2       3
     4       5       6
     7       8       9
>>>
```

En dicha sentencia, las columnas se establecen con tabuladores ('\t'), mientras que las filas se crean introduciendo retornos de carro ('\n').

Si quisiera mostrar en la *shell* un mensaje que tuviera comillas simples o dobles, también debería precederlas del carácter '\'. Por lo tanto, para escribir en consola el texto

```
La última palabra de esta frase se escribe entre "comillas"
```

deberá ejecutar la sentencia siguiente:

```
IDLE Shell 3.13.1                                                    —  □  ✕
File  Edit  Shell  Debug  Options  Window  Help
     Python 3.13.1 (tags/v3.13.1:0671451, Dec  3 2024, 19:06:28) [MSC v.1942 64 bit ( ^
     AMD64)] on win32
     Type "help", "copyright", "credits" or "license()" for more information.
>>>  print("La última palabra de esta frase se escribe entre \"comillas\"")
     La última palabra de esta frase se escribe entre "comillas"
>>>
```

> ℹ️ Si no quiere que los caracteres precedidos por '\' se interpreten como caracteres especiales, deberá poner el carácter 'r' delante de la cadena.

Las cadenas se pueden concatenar (unir entre ellas) con el operador '+'. Así, por ejemplo, para escribir en consola "esto es un texto", además de la forma que ya conoce, podría hacerlo de esta otra manera:

```
texto = "esto es " + "un texto"
print(texto)
```

```
IDLE Shell 3.13.1                                                    —  □  ✕
File  Edit  Shell  Debug  Options  Window  Help
     Python 3.13.1 (tags/v3.13.1:0671451, Dec  3 2024, 19:06:28) [MSC v.1942 64 bit ( ^
     AMD64)] on win32
     Type "help", "copyright", "credits" or "license()" for more information.
>>>  texto = "esto es " + "un texto"
>>>  print(texto)
     esto es un texto
>>>
```

> ℹ️ Una forma de concatenar textos usando la función `print()` es poniéndolos como argumentos. En ese caso, las dos sentencias anteriores podrían sustituirse por:
>
> ```
> print("esto es", "un texto")
> ```
>
> Python se encargaría de añadir automáticamente los espacios entre los textos de cada argumento. Naturalmente, estos argumentos pueden ser variables o expresiones de cualquier tipo.

A diferencia de otros lenguajes de programación, la concatenación solo se puede realizar entre cadenas. Así, por ejemplo, la siguiente sentencia devolvería un error:

```
print("escribo el número " + 5)
```

```
IDLE Shell 3.13.1                                                    —    □    ×
File  Edit  Shell  Debug  Options  Window  Help
    Python 3.13.1 (tags/v3.13.1:0671451, Dec  3 2024, 19:06:28) [MSC v.1942 64 bit (
    AMD64)] on win32
    Type "help", "copyright", "credits" or "license()" for more information.
>>> print("escribo el número " + 5)
    Traceback (most recent call last):
      File "<pyshell#0>", line 1, in <module>
        print("escribo el número " + 5)
    TypeError: can only concatenate str (not "int") to str
>>> |
```

> ℹ️ Aunque lo estudiará más adelante, en el apartado de conversión de tipos, para concatenar un número, previamente deberá convertirlo en una cadena con la función `str()`. De esta forma, la sentencia correcta sería:
>
> ```
> print("escribo el número " + str(5))
> ```

Para obtener el carácter situado en una determinada posición de una cadena, se utiliza la expresión:

*cadena*[*posición*]

La posición del primer carácter es 0. Así, por ejemplo, en la cadena "esto es un texto", el carácter que está en la primera posición es 'e', el segundo 's', el tercero 't', y así sucesivamente.

La posición de un carácter también puede expresarse con un número negativo. De esta forma, la posición -1 sería el último carácter, la -2 el penúltimo, y así sucesivamente.

El número de caracteres de una cadena se obtiene con la función:

```
len()
```

En el caso de la cadena anterior, dicha función devolvería el valor 16.

Como resumen, la siguiente imagen muestra la ejecución de diversas sentencias que hacen uso de la concatenación y del acceso a los caracteres de una cadena:

Al igual que se puede obtener el carácter de una cadena situado en una posición determinada, seguramente suponga que también sea posible cambiarlo por otro diferente. Sin embargo, eso no es así porque las cadenas no se pueden modificar. Por ese motivo, la siguiente sentencia no haría que el texto empezara por mayúsculas, sino que provocaría un error:

```
texto[0] = 'E'
```

Para obtener no solo un carácter sino partes completas de una cadena, se usa la expresión:

*cadena* [*posición inicial* : *posición final*]

En el resultado se incluye el carácter situado en la posición inicial, pero se excluye el de la posición final. Si no se indica la posición inicial, se considera que su valor es 0. Si lo que no se establece es la posición final, se considera que es la última de la cadena.

En el siguiente ejemplo puede ver diversas formas de seleccionar la primera y la última palabra del texto usado de ejemplo:

```
IDLE Shell 3.13.1                                              —   □   ×
File  Edit  Shell  Debug  Options  Window  Help
    Python 3.13.1 (tags/v3.13.1:0671451, Dec  3 2024, 19:06:28) [MSC v.1942 64 bit (
    AMD64)] on win32
    Type "help", "copyright", "credits" or "license()" for more information.
>>> texto = "esto es un texto"
>>> print(texto[5:7])
    es
>>> print(texto[:4])
    esto
>>> print(texto[11:])
    texto
>>> print(texto[:])
    esto es un texto
>>>
```

Un método muy útil de las cadenas de caracteres es:

cadena.find(*texto buscado*)

Dicho método permite conocer la posición de la cadena pasada como argumento dentro de otra. Vea a continuación cómo utilizarlo:

```
IDLE Shell 3.13.1                                              —   □   ×
File  Edit  Shell  Debug  Options  Window  Help
    Python 3.13.1 (tags/v3.13.1:0671451, Dec  3 2024, 19:06:28) [MSC v.1942 64 bit (
    AMD64)] on win32
    Type "help", "copyright", "credits" or "license()" for more information.
>>> texto = "esto es un texto"
>>> texto.find("texto")
    11
>>>
```

*i* Si la cadena que busca no existe, se devolverá -1. Además, recuerde que las posiciones de los caracteres comienzan en 0.

Otro método muy práctico es:

cadena.replace(*texto a sustituir, nuevo texto*)

En este caso, en la cadena se sustituye el texto contenido en el primer argumento por el del segundo. En el siguiente ejemplo, se sustituye la palabra "texto" por "mensaje":

```
IDLE Shell 3.13.1                                          —    □    ✕
File  Edit  Shell  Debug  Options  Window  Help
     Python 3.13.1 (tags/v3.13.1:0671451, Dec  3 2024, 19:06:28) [MSC v.1942 64 bit (
     AMD64)] on win32
     Type "help", "copyright", "credits" or "license()" for more information.
>>>  texto = "esto es un texto"
>>>  texto.replace("texto", "mensaje")
     'esto es un mensaje'
>>>
```

> ⓘ El nombre de la cadena que se busca debe coincidir exactamente, por lo que se tienen en cuenta los espacios, las mayúsculas y las minúsculas.

Hay veces que resulta necesario escribir mensajes compuestos a partir de una plantilla de texto. Para ello, se utiliza el siguiente método:

*cadena*.format(*texto, …*)

Dentro de la cadena de texto que hace de plantilla, deberá situar los caracteres "{}" en las posiciones donde quiera insertar el valor de cada uno de los textos pasados como argumentos, en orden de aparición.

Por ejemplo, si quisiera mostrar en la *shell* una frase en la que se informara del número de teléfono de una persona, siendo persona y telefono las variables donde se almacena dicha información, la sentencia con la que se compondría sería:

```
print("El número de teléfono de {} es {}".format(nombre, telefono))
```

```
IDLE Shell 3.13.1                                          —    □    ✕
File  Edit  Shell  Debug  Options  Window  Help
     Python 3.13.1 (tags/v3.13.1:0671451, Dec  3 2024, 19:06:28) [MSC v.1942 64 bit (
     AMD64)] on win32
     Type "help", "copyright", "credits" or "license()" for more information.
>>>  nombre = "Tomás"
>>>  telefono = 123456
>>>  print("El número de teléfono de {} es {}".format(nombre, telefono))
     El número de teléfono de Tomás es 123456
>>>
```

> ⓘ Habrá observado que find(), replace() y format() son métodos, no funciones. Aunque este concepto lo estudiará cuando se expliquen las clases, de momento considere que una cadena de caracteres, además de un tipo de datos, es una clase. Por su parte, un método es una función

> vinculada a dicha clase. Por ese motivo, su invocación siempre debe ir precedida del nombre de un objeto perteneciente a dicha clase (en este caso, una cadena).

## 17.4.3 Booleanos

Este tipo de datos está formado únicamente por dos valores: `True` o `False` (con la primera letra en mayúsculas):

```
IDLE Shell 3.13.1                                              —  □  ×
File  Edit  Shell  Debug  Options  Window  Help
    Python 3.13.1 (tags/v3.13.1:0671451, Dec  3 2024, 19:06:28) [MSC v.1942 64 bit ( ^
    AMD64)] on win32
    Type "help", "copyright", "credits" or "license()" for more information.
>>> variable_booleana = True
>>> type(variable_booleana)
    <class 'bool'>
>>>
```

## 17.4.4 Conversión de tipos

Hay veces en las que una determinada expresión requiere que las variables o los valores empleados sean del mismo tipo. De no ser así, se produciría un error como el de la siguiente sentencia:

```
"2 " + 3
```

```
IDLE Shell 3.13.1                                              —  □  ×
File  Edit  Shell  Debug  Options  Window  Help
    Python 3.13.1 (tags/v3.13.1:0671451, Dec  3 2024, 19:06:28) [MSC v.1942 64 bit ( ^
    AMD64)] on win32
    Type "help", "copyright", "credits" or "license()" for more information.
>>> "2 " + 3
    Traceback (most recent call last):
      File "<pyshell#0>", line 1, in <module>
        "2 " + 3
    TypeError: can only concatenate str (not "int") to str
>>> |
```

Eso es debido a que el operador "+" solo puede concatenar cadenas o sumar números; es decir, es imprescindible que lo que haya a ambos lados de dicho operador sean números o cadenas. Por eso, si lo que realmente quiere es sumar números, tendrá que forzar que ambos valores sean de ese mismo tipo. En el ejemplo anterior, pasaría por convertir la cadena "2" en el número 2. Si lo que desea es concatenar cadenas, tendrá que transformar el número 3 en la cadena "3".

> ℹ️ A este tipo de conversiones se las conoce por el término inglés de *casting*.

Para convertir una cadena en un número, se pueden usar las funciones `int()` o `float()`, dependiendo de si lo que se quiere como resultado es un número entero o coma flotante, respectivamente. Si lo que pretende es convertir un número en una cadena, tendrá que utilizar la función `str()`.

Por lo tanto, siguiendo con el ejemplo anterior, si quisiera realizar una suma aritmética, la sentencia que tendría que seguir sería:

```
int("2") + 3
```

Y, si lo que buscara fuera la concatenación de dos cadenas, sería:

```
"2" + str(3)
```

La siguiente imagen muestra el resultado de la ejecución de ambas sentencias:

```
IDLE Shell 3.13.1                                          —    □    ×
File  Edit  Shell  Debug  Options  Window  Help
    Python 3.13.1 (tags/v3.13.1:0671451, Dec  3 2024, 19:06:28) [MSC v.1942 64 bit ( ^
    AMD64)] on win32
    Type "help", "copyright", "credits" or "license()" for more information.
>>> int("2") + 3
    5
>>> "2" + str(3)
    '23'
>>>
```

## 17.5 OPERADORES

En programación, para el cálculo de valores, se utilizan expresiones formadas por operadores, a los que se les pasa uno o dos datos (operandos); por ejemplo, la expresión 2 + 3 utiliza el operador "suma" para obtener el valor 5 a partir de la suma de los operandos 2 y 3. El operador suma es binario porque necesita dos valores que sumar. También existen los operadores unarios, que solo tienen un operando como, por ejemplo, el de negación.

En Python existen los siguientes tipos de operadores:

- Operadores aritméticos
- Operadores de comparación
- Operadores lógicos
- Operador de asignación

Los operadores aritméticos son aquellos cuyos operandos son números y devuelven otro número. Los de comparación, como indica la palabra, comparan los operandos y devuelven `True` o `False`, dependiendo de si son iguales o no. Los operadores lógicos devuelven también un valor booleano, pero requieren que los operandos también sean booleanos. Finalmente, el operador de asignación permite dar un valor a una variable.

> *i* En realidad, los operadores lógicos también se podrían aplicar a operandos de cualquier tipo, ya que, al evaluarse la expresión, son convertidos a un valor booleano. Así, por ejemplo, la cadena vacía ("") o la cadena "0" se convertirían al valor False, al igual que el número 0.

Los operadores aritméticos ya los conoce:

- Suma ("+"). Suma dos números o concatena dos cadenas de caracteres.
- Resta ("-"). Resta sus dos operandos.
- Multiplicación ("*"). Multiplica sus dos operandos.
- División ("/"). Divide el primer operando por el segundo.
- División entera ("//"). Al resultado de la división se le quitan los decimales.
- Resto ("%"). Devuelve el resto de dividir el primer operando por el segundo.
- Exponenciación ("**"). Eleva el primer operando al segundo.

Como operadores de comparación se encuentran:

- Igual ("=="). Devuelve True si ambos operandos son iguales.
- Distinto ("!="). Devuelve True si ambos operandos son diferentes.
- Menor, menor o igual, mayor y mayor o igual ("<", "<=", ">" y ">="). Devuelve True si el primer operando es menor, menor o igual, mayor, mayor o igual que el segundo, respectivamente. En el caso de los números, dichas comparaciones son intuitivas. Si lo que se cotejan son cadenas de caracteres, estas lo hacen letra por letra, según su código ASCII; es decir, que la comparación no es realmente lexicográfica, ya que el código de una letra minúscula es mayor que el de la misma letra en mayúsculas.

> *i* ASCII (*American Standard Code for Information Interchange* - Código Estándar Americano para el Intercambio de Información) es un sistema de codificación de caracteres alfanuméricos que asigna a cada uno de ellos un número. Los códigos ASCII coinciden con los Unicode (https://unicode-table.com/es/). En realidad, son un subconjunto de estos.

Por último, están los operadores lógicos:

- AND ("and"). Devuelve `True` si ambos operandos son `True`.

- OR ("or"). Devuelve `True` si alguno de sus operandos es `True`.

- NOT ("not"). Devuelve `True` si su único operando es `False`, y viceversa.

Además de los operadores anteriores, el operador de asignación ("=") evalúa la expresión que hay a su derecha y almacena el valor obtenido en la variable situada a su izquierda. Existen diferentes variantes de operadores de asignación, pero los más usados son "+=" y "-=", que asignan a la variable situada a la izquierda el resultado de sumarle o restarle, respectivamente, el valor de la expresión de la parte derecha.

En la siguiente imagen, se muestra el resultado de la ejecución de diferentes sentencias de asignación:

## **17.6** ESTRUCTURAS DE CONTROL

Las estructuras de control son las que gobiernan el flujo de ejecución de las sentencias de un programa. Estas se pueden clasificar de la siguiente forma:

- Condicionales. Permiten la ejecución de diferentes bloques de sentencias con base en el resultado de la evaluación de expresiones de comparación y/o lógicas. En Python, la única sentencia condicional es `if` … `else`.

- Bucles. Ejecutan un bloque de sentencias de forma reiterada, hasta que se cumpla una condición. En este caso, hay dos sentencias: `while` y `for`.

Veamos en detalle cada una de ellas.

## 17.6.1 if...else

La sentencia if...else tiene la siguiente sintaxis:

```
if(condición lógica):

    ...

else:

    ....
```

Esta sentencia evalúa la expresión que hay entre paréntesis. Si esta fuera cierta, se ejecutaría el bloque de sentencias que tiene debajo. En caso contrario, se ejecutarían las del bloque else (si lo tuviera).

> ℹ️ Recuerde que Python usa el sangrado para establecer los límites de un bloque. Por eso, deberá prestar especial atención a que se haga de forma correcta. De lo contrario, se provocarían errores de ejecución.

Veamos un ejemplo de uso de esta sentencia condicional:

```
x = 10
y = 20

if x > y:
    print(str(x) + " es mayor que " + str(y))
else:
    print(str(x) + " es menor o igual que " + str(y))
```

El resultado puede verlo a continuación:

Pruebe a modificar los valores de las variables x e y para comprobar el correcto funcionamiento del programa. Además, observe la operación de *casting* realizada con los números para poder formar el texto que se muestra en pantalla.

Modifique el programa anterior para que ahora devuelva mensajes diferentes dependiendo de si uno de los números es menor, mayor, o igual al otro. El código sería el siguiente:

```
x = 20
y = 20

if x > y:
    print(str(x) + " es mayor que " + str(y))
else:
    if x < y:
        print(str(x) + " es menor que " + str(y))
    else:
        print(str(x) + " es igual que " + str(y))
```

Como puede apreciar, se ha anidado una sentencia if...else dentro de otra. De esta forma, si x no fuera mayor que y, se comprobaría si es menor. Si no se cumpliera esta segunda condición, necesariamente ambos números serían iguales.

> *i* Se ha aprovechado para modificar el valor de la variable x, con el fin de comprobar que se ejecuta la sentencia que forma parte del último else.

```
IDLE Shell 3.13.1                                          —    □    ×
File  Edit  Shell  Debug  Options  Window  Help
    Python 3.13.1 (tags/v3.13.1:0671451, Dec  3 2024, 19:06:28) [MSC v.1942 64 bit (
    AMD64)] on win32
    Type "help", "copyright", "credits" or "license()" for more information.
>>>
    ===== RESTART: C:\Users\Tomas\Documents\Python3\anexo\sentenciasControl.py =====
    10 es menor o igual que 20
>>>
    ===== RESTART: C:\Users\Tomas\Documents\Python3\anexo\sentenciasControl.py =====
    20 es igual que 20
>>>
```

Para estos casos, Python permite simplificar el código de la siguiente manera:

```
x = 20
y = 20

if x > y:
    print(str(x) + " es mayor que " + str(y))
elif x < y:
    print(str(x) + " es menor que " + str(y))
else:
    print(str(x) + " es igual que " + str(y))
```

Ahora, si se cumpliera la condición de algún `elif`, se ejecutaría el bloque de sentencias correspondiente, y se dejaría de intentar el resto.

Cuando el bloque de sentencias `if` o `else` consta únicamente de una sentencia, esta se puede poner en la misma línea. Por eso, el siguiente código es equivalente al anterior:

```
x = 20
y = 20

if x > y: print(str(x) + " es mayor que " + str(y))
elif x < y: print(str(x) + " es menor que " + str(y))
else: print(str(x) + " es igual que " + str(y))
```

> *i*
>
> El bloque de sentencias de un `if` nunca puede estar vacío. Por ello, si la lógica del programa así lo requiriera, debería incluir la sentencia:
>
> ```
> pass
> ```
>
> Aunque dicha sentencia no hace nada, evita que se produzca un error. Por lo general, se usa de forma provisional cuando todavía no se ha definido el bloque de sentencias que tendría que haber en la posición que ahora ocupa dicha sentencia. De esta forma, se puede seguir probando el resto de código del programa.

Una condición lógica puede estar formada por operadores de comparación, por operadores lógicos o por una mezcla de ambos; por ejemplo, imagine que un concesionario de compraventa de coches de segunda mano solo adquiere aquellos con menos de diez años de antigüedad de las marcas "BMW" y "Mercedes." Suponiendo que las variables `edad` y `marca` almacenaran la antigüedad y el fabricante de un vehículo, la condición lógica que expresaría dicho enunciado sería:

```
(edad < 10) and (marca == "BMW" or marca == "Mercedes")
```

Para que la condición se cumpla, lo que hay a derecha e izquierda del operador `and` debe ser `True`. El operando izquierdo será cierto cuando el coche tenga menos de diez años. El segundo será cierto cuando su marca sea BMW o Mercedes. Compruébelo, modificando los valores de las variables que intervienen en el siguiente programa:

```
edad = 9
marca = "Mercedes"

if (edad < 10) and (marca == "BMW" or marca == "Mercedes"):
    print("Te compro el " + marca + " de " + str(edad) + " años")
else:
    print("No compro ese tipo de coches")
```

```
IDLE Shell 3.13.1                                                    —    □    ✕
File  Edit  Shell  Debug  Options  Window  Help
      Python 3.13.1 (tags/v3.13.1:0671451, Dec  3 2024, 19:06:28) [MSC v.1942 64 bit ( ^
      AMD64)] on win32
      Type "help", "copyright", "credits" or "license()" for more information.
>>>
      ===== RESTART: C:\Users\Tomas\Documents\Python3\anexo\sentenciasControl.py =====
      Te compro el Mercedes de 9 años
>>>
```

## 17.6.2 while

De las sentencias con las que se pueden formar bucles, empezará estudiando while, cuya sintaxis es la siguiente:

```
while(condición lógica) :

    ...
```

En esta estructura de control, lo primero que se hace es evaluar la condición. Si su valor fuera False, no se entraría en el bucle. En caso contrario, se ejecutarían las sentencias que contiene y se volvería a evaluar de nuevo la condición. Si su valor fuera False, se saldría del bucle. De no ser así, se ejecutarían de nuevo las sentencias en una nueva iteración, repitiendo así el ciclo.

Para comprobarlo, escriba y ejecute el siguiente código:

```
numero_iteraciones = 3
numero_iteracion = 1

while numero_iteracion <= numero_iteraciones :
    print("Iteración número " + str(numero_iteracion))
    numero_iteracion += 1
```

En dicho programa, la variable numero_iteraciones determina un número de iteraciones, mientras que numero_iteracion lleva la cuenta de la que está en curso. Ambas variables se utilizarán en la condición del bucle while, para controlar que se realicen las iteraciones establecidas.

Como puede observar en la siguiente imagen, se producen las tres iteraciones previstas:

```
IDLE Shell 3.13.1                                                    —    □    ×

File  Edit  Shell  Debug  Options  Window  Help
      Python 3.13.1 (tags/v3.13.1:0671451, Dec  3 2024, 19:06:28) [MSC v.1942 64 bit (
      AMD64)] on win32
      Type "help", "copyright", "credits" or "license()" for more information.
>>>
      ===== RESTART: C:\Users\Tomas\Documents\Python3\anexo\sentenciasControl.py =====
      Iteración número 1
      Iteración número 2
      Iteración número 3
>>>
```

Al igual que en las sentencias if...else, la condición lógica puede contener cualquier expresión que combine tanto operadores de comparación como operadores lógicos. Además, dentro del bucle, se pueden utilizar dos sentencias especiales:

- break. Fuerza la salida el bucle.

- continue. Evita que se ejecuten el resto de las sentencias del bucle actual y vuelve a evaluarse la condición inicial.

Para demostrar el uso de ambas sentencias, observe el siguiente código:

```
numero_iteracion = 0

while True :
    numero_iteracion += 1
    if numero_iteracion == 5 : break
    if numero_iteracion%2 == 0 : continue
    print("Iteración número " + str(numero_iteracion))
```

En este programa, el bucle while tiene como condición el valor True, por lo que podría estar ejecutándose indefinidamente. La única forma de salir sería con una sentencia break; en concreto, cuando la condición de la primera sentencia if verifique que se han realizado cinco iteraciones.

La condición de la segunda sentencia if comprueba si dicho número es par. Para ello, se utiliza el operador "%", que devuelve 0 si el número es divisible por dos. En ese caso, se comenzaría un nuevo bucle sin ejecutar la siguiente sentencia, que es la que muestra en la *shell* el número de iteración.

Por lo tanto, la ejecución de este programa solo mostrará el número de las interacciones impares (hasta cinco), tal como se puede ver a continuación:

```
IDLE Shell 3.13.1                                        —    □    ×
File  Edit  Shell  Debug  Options  Window  Help
     Python 3.13.1 (tags/v3.13.1:0671451, Dec  3 2024, 19:06:28) [MSC v.1942 64 bit ( ^
     AMD64)] on win32
     Type "help", "copyright", "credits" or "license()" for more information.
>>>
     ===== RESTART: C:\Users\Tomas\Documents\Python3\anexo\sentenciasControl.py =====
     Iteración número 1
     Iteración número 3
>>>
```

## 17.6.3 for

La siguiente estructura de control con la que se pueden crear bucles es `for`, utilizada generalmente para recorrer los elementos de un rango, lista, tupla, conjunto, diccionario o *string*. De momento, solo conoce el último tipo de datos, por lo que únicamente podrá utilizarlo para desplazarse por los caracteres que componen una cadena. Compruébelo ejecutando el siguiente programa, con el que se escriben los caracteres de un texto en líneas separadas:

```
cadena = "HOLA"
for caracter in cadena:
    print(caracter)
```

```
IDLE Shell 3.13.1                                        —    □    ×
File  Edit  Shell  Debug  Options  Window  Help
     Python 3.13.1 (tags/v3.13.1:0671451, Dec  3 2024, 19:06:28) [MSC v.1942 64 bit ( ^
     AMD64)] on win32
     Type "help", "copyright", "credits" or "license()" for more information.
>>>
     ===== RESTART: C:\Users\Tomas\Documents\Python3\anexo\sentenciasControl.py =====
     H
     O
     L
     A
>>>
```

> ℹ️ Por defecto, la función `print()` escribe un retorno de carro al final del texto pasado como argumento. Para evitar este comportamiento, añada como segundo argumento: `end=""`. De esta forma, si en el ejemplo anterior quisiera que los caracteres se escribieran en la misma línea, debería sustituir la sentencia:
>
> `print(caracter)`
>
> por:
>
> `print(caracter, end="")`

Al igual que en los bucles creados con `while`, también podrá usar las sentencias `break` y `continue`. Para comprobarlo, en el siguiente código de ejemplo, se crea una cadena a partir de otra, a la que se quitan los espacios en blanco hasta que encuentra un punto ignorando, de este modo, el texto que hay a continuación:

```python
cadena = "Primera frase. Segunda frase"
nueva_cadena = ""

for caracter in cadena:
    if caracter == "." : break
    elif caracter == " " : continue
    nueva_cadena += caracter

print(nueva_cadena)
```

```
IDLE Shell 3.13.1                                          —    □    ×
File  Edit  Shell  Debug  Options  Window  Help
    Python 3.13.1 (tags/v3.13.1:0671451, Dec  3 2024, 19:06:28) [MSC v.1942 64 bit ( ^
    AMD64)] on win32
    Type "help", "copyright", "credits" or "license()" for more information.
>>>
    ===== RESTART: C:\Users\Tomas\Documents\Python3\anexo\sentenciasControl.py =====
    Primerafrase
>>>
```

Cuando lo que se quiere es ejecutar un número determinado de iteraciones, se deben usar rangos, los cuales se crean con la función:

range(*número*)

Dicha función devuelve una serie de números consecutivos, que empieza por el cero y termina en el anterior, al que se pasa como argumento.

Esta función también se puede llamar con dos argumentos:

range(*nº inicial, nº final*)

En este caso, el primer argumento es el número inicial del que partiría la secuencia y el segundo es el final.

La última forma de llamar a esta función es:

range(*nº inicial, nº final, incremento*)

Ahora, el tercer argumento establece el incremento con el que se irán generando los números de la secuencia.

Precisamente, con el fin de ver las secuencias de números generadas por las distintas formas de llamar a dicha función, se va a utilizar un bucle `for` para cada una de ellas:

```
print("Elementos del rango creado con la sentencia range(2)")
for i in range(2):
    print(i)


print("Elementos del rango creado con la sentencia range(1, 3)")
for i in range(1, 3):
    print(i)


print("Elementos del rango creado con la sentencia range(1, 5, 2)")
for i in range(1, 5, 2):
    print(i)
```

```
IDLE Shell 3.13.1                                          —    □    ×
File  Edit  Shell  Debug  Options  Window  Help
    Python 3.13.1 (tags/v3.13.1:0671451, Dec  3 2024, 19:06:28) [MSC v.1942 64 bit (
    AMD64)] on win32
    Type "help", "copyright", "credits" or "license()" for more information.
>>>
    ===== RESTART: C:\Users\Tomas\Documents\Python3\anexo\sentenciasControl.py =====
    Elementos del rango creado con la sentencia range(2)
    0
    1
    Elementos del rango creado con la sentencia range(1, 3)
    1
    2
    Elementos del rango creado con la sentencia range(1, 5, 2)
    1
    3
>>>
```

En el primer for, la secuencia empieza por el número 0 y acaba en el inmediatamente anterior al incluido como argumento de la función range(), es decir, el 0 y el 1, ya que el 2 quedaría excluido. En el segundo for, la secuencia empieza por 1, que es el valor del primer argumento de la función. En el último for, la secuencia también empieza por 1, pero los números se cuentan de dos en dos, ya que así se ha especificado en el tercer argumento.

## 17.7 ESTRUCTURAS DE DATOS

Hasta ahora, los tipos de datos que ha visto estaban formados por un único valor (número, cadena o booleano). Pero Python tiene otros tipos formados por varios valores. En concreto:

- Listas. Sus elementos están ordenados e indexados, y pueden ser modificados. Además, admite que estén duplicados.

- Tuplas. Sus elementos están ordenados e indexados, pero no pueden ser modificados. Al igual que en el caso anterior, estos pueden estar duplicados.

- Conjuntos. Sus elementos no están ordenados ni indexados. Además, no puede haber miembros duplicados.

- Diccionarios. Sus elementos no están ordenados, pero sí indexados. Al igual que en los conjuntos, no puede haber miembros duplicados, aunque pueden modificarse.

> **i**
>
> Las listas, las tuplas y los rangos (estudiados con los bucles `for`) son secuencias de datos; es decir, sus elementos se almacenan en un orden preciso.

Veamos en detalle las características de cada uno de estos tipos de datos.

## 17.7.1 Listas

Una lista es una colección ordenada de elementos (una secuencia) a los que se accede por su posición (índice). La forma de representarla es encerrando sus miembros entre corchetes. A continuación, puede ver cómo se crea una lista de frutas:

```
lista_frutas = ["pera", "manzana", "naranja", "cereza"]
```

> **i**
>
> Las listas son equivalentes a los *arrays* de otros lenguajes. Sin embargo, su flexibilidad es mucho mayor, ya que los elementos pueden ser de diferentes tipos. Además, no es necesario establecer su tamaño al declararlas.

La forma de acceder a los elementos de una lista es por su posición (índice), que empieza por 0. Así, por ejemplo, la sentencia para acceder a la primera fruta de la lista anterior sería:

```
primera_fruta = lista_frutas[0]
```

También se pueden usar índices negativos. En ese caso, -1 correspondería al último elemento de la lista, -2 al penúltimo, y así sucesivamente. En consecuencia, para obtener la última fruta de la lista, debería emplearse la sentencia:

```
utlima_fruta = lista_frutas[-1]
```

La forma de trabajar con listas le va a resultar familiar, ya que es similar a la de las cadenas.

También se pueden indicar rangos de índices, en cuyo caso el resultado sería otra lista con los elementos correspondientes a los índices del rango (excluyendo el último). Si no se pusiera el índice inicial, se empezaría por el primer elemento. Si faltara el final, el resultado contendría los elementos comprendidos entre el inicial y el último de la lista.

A continuación, se muestran los resultados de la ejecución de diferentes sentencias de este tipo, sobre la lista utilizada de ejemplo:

```
IDLE Shell 3.13.1                                          —    □    ×

File  Edit  Shell  Debug  Options  Window  Help
      Python 3.13.1 (tags/v3.13.1:0671451, Dec  3 2024, 19:06:28) [MSC v.1942 64 bit (
      AMD64)] on win32
      Type "help", "copyright", "credits" or "license()" for more information.
>>>   lista_frutas = ["pera", "manzana", "naranja", "cereza"]
>>>   lista_frutas[0]
      'pera'
>>>   lista_frutas[-1]
      'cereza'
>>>   lista_frutas[0:2]
      ['pera', 'manzana']
>>>   lista_frutas[:2]
      ['pera', 'manzana']
>>>   lista_frutas[1:3]
      ['manzana', 'naranja']
>>>   lista_frutas[1:]
      ['manzana', 'naranja', 'cereza']
>>>
```

A diferencia de una cadena, las listas permiten que se modifique el valor de sus elementos. Por lo tanto, si en la lista de ejemplo quisiera que el primer elemento fuera "melocotón" (en vez de "pera"), solo tendría que ejecutar la sentencia:

```
lista_frutas[0] = "melocotón"
```

Si deseara agregar un elemento al final de la lista, se usaría el método:

*lista* . append (*elemento*).

Si quisiera agregarlo en una posición determinada, el método sería:

*lista* . insert (*posición, elemento*)

Para borrar un elemento de la lista, se emplea el método:

*lista* . remove (*elemento*)

Si hubiera elementos repetidos, se borraría el primero de ellos.

Si lo que desea es borrarlo por su posición, utilice este otro método:

*lista*.pop (*posición*)

> **i** Si no indicara ninguna posición, se borraría el último elemento de la lista.

El método que borra todos los elementos de una lista es:

*lista*.clear().

La siguiente imagen muestra un ejemplo de ejecución de los métodos anteriores sobre la misma lista de ejemplo:

```
IDLE Shell 3.13.1                                              —    □    ×
File  Edit  Shell  Debug  Options  Window  Help
    Python 3.13.1 (tags/v3.13.1:0671451, Dec  3 2024, 19:06:28) [MSC v.1942 64 bit (
    AMD64)] on win32
    Type "help", "copyright", "credits" or "license()" for more information.
>>> lista_frutas = ["pera", "manzana", "naranja", "cereza"]
>>> lista_frutas[0] = "melocotón"
>>> lista_frutas
    ['melocotón', 'manzana', 'naranja', 'cereza']
>>> lista_frutas.append("pera")
>>> lista_frutas
    ['melocotón', 'manzana', 'naranja', 'cereza', 'pera']
>>> lista_frutas.insert(1, "kiwi")
>>> lista_frutas
    ['melocotón', 'kiwi', 'manzana', 'naranja', 'cereza', 'pera']
>>> lista_frutas.pop(0)
    'melocotón'
>>> lista_frutas
    ['kiwi', 'manzana', 'naranja', 'cereza', 'pera']
>>> lista_frutas.remove("kiwi")
>>> lista_frutas
    ['manzana', 'naranja', 'cereza', 'pera']
>>> lista_frutas.clear()
>>> lista_frutas
    []
>>>
```

La longitud de una lista la puede conocer con la función:

len(*lista*).

El siguiente programa utiliza la función anterior en un bucle for para recorrer los diferentes elementos de una lista:

```
lista_frutas = ["pera", "manzana", "naranja", "cereza"]

for indice in range(len(lista_frutas)):
    fruta = lista_frutas[indice]
    print(fruta)
```

El bucle `for` se ejecutará siguiendo los valores de un rango, cuya secuencia tiene tantos números como elementos haya en la lista `lista_frutas` (empezando por 0). Los valores de dicho rango se usarán como índice para extraer los elementos de la lista, que se mostrarán en pantalla con la sentencia `print()`:

```
IDLE Shell 3.13.1                                           —   □   ×
File Edit Shell Debug Options Window Help
Python 3.13.1 (tags/v3.13.1:0671451, Dec  3 2024, 19:06:28) [MSC v.1942 64 bit (
AMD64)] on win32
Type "help", "copyright", "credits" or "license()" for more information.
>>>
============ RESTART: C:\Users\Tomas\Documents\Python3\anexo\listas.py ============
pera
manzana
naranja
cereza
>>>
```

> ℹ️ Observe que, en las cadenas, `len()` es un método, mientras que, en este caso, se trata de una función. Más adelante se estudiarán en detalle ambos conceptos de programación.

De todas formas, Python proporciona un método más adecuado para desplazarse por los elementos de una lista, que es utilizar la palabra clave `in`:

```python
lista_frutas = ["pera", "manzana", "naranja", "cereza"]

for fruta in lista_frutas:
    print(fruta)
```

Con esta palabra clave, también es posible saber si un elemento se encuentra en una lista. Así, por ejemplo, en el siguiente programa se detecta si `lista_frutas` contiene la fruta cuyo nombre se asigna a la variable `fruta`:

```python
lista_frutas = ["pera", "manzana", "naranja", "cereza"]
fruta = "manzana"

if fruta in lista_frutas:
    print("La " + fruta + " es una de las frutas de la lista")
else:
    print("La " + fruta + " no es una de las frutas de la lista")
```

```
IDLE Shell 3.13.1                                          —   □   ×
File  Edit  Shell  Debug  Options  Window  Help
      Python 3.13.1 (tags/v3.13.1:0671451, Dec  3 2024, 19:06:28) [MSC v.1942 64 bit ( ^
      AMD64)] on win32
      Type "help", "copyright", "credits" or "license()" for more information.
>>>
      ========== RESTART: C:\Users\Tomas\Documents\Python3\anexo\listas.py ==========
      La manzana es una de las frutas de la lista
>>>
```

Al igual que en la concatenación de cadenas, la forma de unir listas se realiza mediante el operador "+":

```
IDLE Shell 3.13.1                                          —   □   ×
File  Edit  Shell  Debug  Options  Window  Help
      Python 3.13.1 (tags/v3.13.1:0671451, Dec  3 2024, 19:06:28) [MSC v.1942 64 bit ( ^
      AMD64)] on win32
      Type "help", "copyright", "credits" or "license()" for more information.
>>>  lista1 = [1, 2]
>>>  lista2 = [3, 4]
>>>  lista3 = lista1 + lista2
>>>  lista3
      [1, 2, 3, 4]
>>>
```

Si lo que se pretende es añadir los elementos de una lista a otra, deberá utilizar el método:

*lista1*.extend(*lista2*)

En la siguiente imagen, puede ver un ejemplo de uso de este método:

```
IDLE Shell 3.13.1                                          —   □   ×
File  Edit  Shell  Debug  Options  Window  Help
      Python 3.13.1 (tags/v3.13.1:0671451, Dec  3 2024, 19:06:28) [MSC v.1942 64 bit ( ^
      AMD64)] on win32
      Type "help", "copyright", "credits" or "license()" for more information.
>>>  lista1 = [1, 2]
>>>  lista2 = [3, 4]
>>>  lista1.extend(lista2)
>>>  lista1
      [1, 2, 3, 4]
>>>
```

¿Cómo se podría crear una lista idéntica a otra? Seguramente esté pensando en usar la sentencia:

```
lista1 = lista2
```

Sin embargo, dicha asignación no copia los elementos de una lista a otra, sino su referencia. Eso significa que ambas variables "apuntan" a la misma lista, por lo que cualquier cambio en una de ellas se verá reflejado en la otra. Esta circunstancia se observa a continuación donde, después de asignar lista1 a lista2, al añadir el valor 3 a la primera, se comprueba que también se encuentra en la segunda:

```
IDLE Shell 3.13.1                                        —    □    ×

File  Edit  Shell  Debug  Options  Window  Help
      Python 3.13.1 (tags/v3.13.1:0671451, Dec  3 2024, 19:06:28) [MSC v.1942 64 bit ( ^
      AMD64)] on win32
      Type "help", "copyright", "credits" or "license()" for more information.
>>>  lista1 = [1, 2]
>>>  lista2 = lista1
>>>  lista1.append(3)
>>>  lista1
      [1, 2, 3]
>>>  lista2
      [1, 2, 3]
>>>
```

La forma correcta de hacer una copia de una lista es con un bucle como este:

```
for elemento in lista1:
    lista2.append(elemento)
```

Vea un ejemplo donde se demuestra que ahora sí existen realmente dos listas idénticas e independientes:

```
lista1 = [1, 2]
lista2 = []

for elemento in lista1:
    lista2.append(elemento)

lista2.append(3)

print("elementos de lista1: " + str(lista1))
print("elementos de lista2: " + str(lista2))
```

En dicho programa se crea una lista (lista1) con dos elementos (los números 1 y 2). A continuación, se crea otra lista vacía (lista2) a la que se van añadiendo, uno a uno, los elementos de la primera. Para ello se utiliza un bucle for que los va recorriendo y añadiendo con el método append(). Para terminar, se añade el número 3 a la segunda lista. Al visualizar los elementos de cada una de ellas, se observa que esta vez dicho número solo se encuentra en la lista donde se ha añadido, no en la otra:

```
IDLE Shell 3.13.1                                              —   □   ×
File  Edit  Shell  Debug  Options  Window  Help
     Python 3.13.1 (tags/v3.13.1:0671451, Dec  3 2024, 19:06:28) [MSC v.1942 64 bit ( ^
     AMD64)] on win32
     Type "help", "copyright", "credits" or "license()" for more information.
>>>
     ========== RESTART: C:\Users\Tomas\Documents\Python3\anexo\listas.py ==========
     elementos de lista1: [1, 2]
     elementos de lista2: [1, 2, 3]
>>>
```

Por suerte, Python permite simplificar este proceso de copia, sustituyendo el bucle `for` por el método `copy()`:

*lista2* = *lista1*.copy()

Otro método que puede resultar de gran utilidad es:

*lista*.sort()

Se emplea para ordenar los elementos de una lista, tal como puede ver a continuación:

```
IDLE Shell 3.13.1                                              —   □   ×
File  Edit  Shell  Debug  Options  Window  Help
     Python 3.13.1 (tags/v3.13.1:0671451, Dec  3 2024, 19:06:28) [MSC v.1942 64 bit ( ^
     AMD64)] on win32
     Type "help", "copyright", "credits" or "license()" for more information.
>>> lista = [1, 5, 2, 4, 3]
>>> lista.sort()
>>> lista
     [1, 2, 3, 4, 5]
>>> lista = ["bellota", "zanahoria", "almendra", "ala"]
>>> lista.sort()
>>> lista
     ['ala', 'almendra', 'bellota', 'zanahoria']
>>>
```

Al principio de este apartado, se comentó lo parecido que resulta el manejo de listas y cadenas de texto. Por eso, conviene que conozca un práctico método que permite convertir cadenas en listas. Se trata de:

*cadena*.split(*separador*),

Si se invocara sin argumentos, devolvería como resultado una lista con las palabras de un texto. Si lo hiciera con un carácter (o cualquier texto, en general), este se utilizaría como separador para identificar las diferentes partes que componen la cadena.

En la siguiente imagen, puede ver algunos ejemplos sencillos de uso del método split():

```
IDLE Shell 3.13.1                                          —    □    ×
File  Edit  Shell  Debug  Options  Window  Help
    Python 3.13.1 (tags/v3.13.1:0671451, Dec  3 2024, 19:06:28) [MSC v.1942 64 bit ( ^
    AMD64)] on win32
    Type "help", "copyright", "credits" or "license()" for more information.
>>> frase = "Esto es un frase"
>>> frase.split()
    ['Esto', 'es', 'un', 'frase']
>>> diccionario = "nombre:Tomás:teléfono:123456"
>>> diccionario.split(":")
    ['nombre', 'Tomás', 'teléfono', '123456']
>>>
```

> ℹ Cuando se llama a este método sin argumentos, el carácter separador utilizado por defecto es el espacio.

> ℹ Las listas tienen muchas más funciones que las aquí descritas. Si quiere conocerlas todas, consulte https://docs.python.org/3/library/stdtypes.html#sequence-types-list-tuple-range.

## 17.7.2 Tuplas

Las tuplas son secuencias ordenadas de elementos, pero, a diferencia de las listas, son inmutables; es decir, no se pueden modificar una vez creadas. La forma de declarar una tupla es encerrando sus elementos entre paréntesis, como en el siguiente ejemplo:

```
tupla_frutas = ("pera", "manzana", "naranja", "cereza")
```

Al igual que en las listas, para acceder a los elementos de una tupla, se utiliza un índice, que puede ser positivo o negativo. En la siguiente imagen puede ver un par de ejemplos:

```
IDLE Shell 3.13.1                                          —    □    ×
File  Edit  Shell  Debug  Options  Window  Help
    Python 3.13.1 (tags/v3.13.1:0671451, Dec  3 2024, 19:06:28) [MSC v.1942 64 bit ( ^
    AMD64)] on win32
    Type "help", "copyright", "credits" or "license()" for more information.
>>> tupla_frutas = ("pera", "manzana", "naranja", "cereza")
>>> tupla_frutas[0]
    'pera'
>>> tupla_frutas[-1]
    'cereza'
>>>
```

Como se acaba de comentar, las tuplas son inmutables, por lo que no podrá modificar su contenido. Por ese motivo, si tratara de ejecutar la siguiente sentencia para modificar el valor del primer elemento, provocaría un error:

```
tupla_frutas[0] = "melocotón"
```

```
IDLE Shell 3.13.1                                          —  □  ×
File  Edit  Shell  Debug  Options  Window  Help
   Python 3.13.1 (tags/v3.13.1:0671451, Dec  3 2024, 19:06:28) [MSC v.1942 64 bit ( ^
   AMD64)] on win32
   Type "help", "copyright", "credits" or "license()" for more information.
>>> tupla_frutas = ("pera", "manzana", "naranja", "cereza")
>>> tupla_frutas[0] = "melocotón"
   Traceback (most recent call last):
     File "<pyshell#1>", line 1, in <module>
       tupla_frutas[0] = "melocotón"
   TypeError: 'tuple' object does not support item assignment
>>>
```

Tampoco se pueden añadir o borrar elementos de una tupla. Si necesitara realizar este tipo de operaciones, tendría que convertirla necesariamente en una lista con la función `list()`, tal como se muestra a continuación:

```
IDLE Shell 3.13.1                                          —  □  ×
File  Edit  Shell  Debug  Options  Window  Help
   Python 3.13.1 (tags/v3.13.1:0671451, Dec  3 2024, 19:06:28) [MSC v.1942 64 bit ( ^
   AMD64)] on win32
   Type "help", "copyright", "credits" or "license()" for more information.
>>> tupla_frutas = ("pera", "manzana", "naranja", "cereza")
>>> lista_frutas = list(tupla_frutas)
>>> lista_frutas[0] = "melocotón"
>>> lista_frutas
   ['melocotón', 'manzana', 'naranja', 'cereza']
>>>
```

> ℹ️ Observe cómo, una vez convertida la tupla en una lista, los elementos aparecen encerrados entre corchetes (en vez de paréntesis).

Por el contrario, si lo que quiere es convertir una lista en una tupla, utilice la función `tuple()`.

## 17.7.3 Conjuntos

Un conjunto es una colección de datos que no están ordenados ni indexados. Se declara encerrando sus elementos entre llaves, como en la siguiente sentencia:

```
conjunto_frutas = {"pera", "manzana", "naranja", "cereza"}
```

> ℹ️ Este tipo de datos trata de simular el concepto matemático de los conjuntos.

Puesto que los elementos de un conjunto no están ordenados, no es posible saber la posición que ocupa cada uno de ellos.

A diferencia de las listas y las tuplas, los conjuntos no están indexados, por lo que no podrá acceder a sus elementos usando su posición. Lo que sí podrá hacer es recorrerlos con un bucle `for`, utilizando la palabra clave `in`:

```
conjunto_frutas = {"pera", "manzana", "naranja", "cereza"}

for fruta in conjunto_frutas:
    print(fruta)
```

También podrá emplear la palabra clave `in` en la condición de una sentencia `if`, para saber si un elemento se encuentra en un conjunto:

```
conjunto_frutas = {"pera", "manzana", "naranja", "cereza"}
fruta = "manzana"

if fruta in conjunto_frutas:
    print("La " + fruta + " es una de las frutas del conjunto")
```

El número de elementos del conjunto lo daría la función:

`len(`*conjunto*`)`

Aunque no se puedan modificar los elementos de un conjunto, sí es posible añadir otros nuevos, con los métodos:

*conjunto*`.add(`*elemento*`)`

*conjunto*`.update(`*lista de elementos*`)`

Con el primero se agrega un solo elemento al conjunto, mientras que con el segundo se añade una lista.

Para borrar un elemento, se pueden usar los métodos:

*conjunto*`.remove(`*elemento*`)`

*conjunto*`.discart(`*elemento*`)`

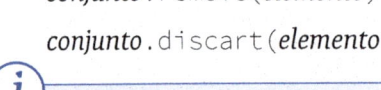

La diferencia entre `remove()` y `discart()` es que el primero provoca un error en caso de que no exista el elemento para eliminar y el otro no.

La forma de eliminarlo todo sería invocando el método:

*conjunto*`.clear()`.

En la siguiente imagen puede ver cómo se crea el conjunto `conjunto_frutas` con un solo elemento ("pera"). A continuación, se agrega "manzana" y, posteriormente, se incorpora la lista ["naranja", "cereza"]. Recuerde que, en un conjunto, sus elementos no están ordenados, por lo que se añaden en cualquier posición. Posteriormente, se borra el elemento "naranja" y, por último, se borran todos los elementos del conjunto:

```
IDLE Shell 3.13.1                                              —   □   ×
File  Edit  Shell  Debug  Options  Window  Help
     Python 3.13.1 (tags/v3.13.1:0671451, Dec  3 2024, 19:06:28) [MSC v.1942 64 bit (
     AMD64)] on win32
     Type "help", "copyright", "credits" or "license()" for more information.
>>>  conjunto_frutas = {"pera"}
>>>  conjunto_frutas.add("manzana")
>>>  conjunto_frutas
     {'manzana', 'pera'}
>>>  conjunto_frutas.update(["naranja", "cereza"])
>>>  conjunto_frutas
     {'naranja', 'cereza', 'manzana', 'pera'}
>>>  conjunto_frutas.remove("naranja")
>>>  conjunto_frutas
     {'cereza', 'manzana', 'pera'}
>>>  conjunto_frutas.clear()
>>>  conjunto_frutas
     set()
>>>
```

La forma de unir conjuntos es diferente a como se hacía en las listas o en las tuplas, ya que ahora no se emplea el operador "+" sino el método:

*conjunto1* . union (*conjunto2*)

Dicho método crea un nuevo conjunto compuesto por los elementos ambos. Si no se pretende crear un nuevo conjunto, sino añadir los elementos de uno en los de otro, el método que usar será:

*conjunto1* . update (*conjunto2*)

Como resultado de la ejecución de este método, al primer conjunto (*conjunto1*) se le habrían añadido los elementos del segundo (*conjunto2*), tal como puede comprobar a continuación:

```
IDLE Shell 3.13.1                                              —   □   ×
File  Edit  Shell  Debug  Options  Window  Help
     Python 3.13.1 (tags/v3.13.1:0671451, Dec  3 2024, 19:06:28) [MSC v.1942 64 bit (
     AMD64)] on win32
     Type "help", "copyright", "credits" or "license()" for more information.
>>>  conjunto_frutas1 = {"pera", "manzana"}
>>>  conjunto_frutas2 = {"naranja", "cereza"}
>>>  conjunto_frutas1.update(conjunto_frutas2)
>>>  conjunto_frutas1
     {'naranja', 'cereza', 'pera', 'manzana'}
>>>
```

En cualquier momento, un conjunto se puede convertir en una lista o una tupla (y viceversa). Para ello, tendrá que utilizar las funciones de *casting* `list()`, `tuple` y `set()`.

A continuación, puede ver cómo se convierte un conjunto en una tupla y en una lista y cómo se revierte, en cada caso, el proceso para volver a transformarlo en un conjunto:

```
IDLE Shell 3.13.1                                            —    □    ×
File  Edit  Shell  Debug  Options  Window  Help
     Python 3.13.1 (tags/v3.13.1:0671451, Dec  3 2024, 19:06:28) [MSC v.1942 64 bit (
     AMD64)] on win32
     Type "help", "copyright", "credits" or "license()" for more information.
>>>  conjunto = {1, 2 , 3, 4}
>>>  tupla = tuple(conjunto)
>>>  tupla
     (1, 2, 3, 4)
>>>  conjunto = set(tupla)
>>>  conjunto
     {1, 2, 3, 4}
>>>  lista = list(conjunto)
>>>  lista
     [1, 2, 3, 4]
>>>  conjunto = set(lista)
>>>  conjunto
     {1, 2, 3, 4}
>>>
```

### 17.7.4 Diccionarios

Los diccionarios son una colección de elementos desordenados, pero, a diferencia de los conjuntos, pueden indexarse y modificarse. Además, cada uno de estos elementos está formado por un par clave-valor, en el que la clave será el índice que permita acceder al valor del elemento (a diferencia de las secuencias, en las que los índices son la posición que ocupan).

A continuación, puede ver un ejemplo de creación de un diccionario, en el que se almacena el nombre, la raza, el sexo y la edad de mi perro:

```
mi_perro = {
    nombre: "Snoppy",
    raza: "Beagle",
    sexo: "macho",
    edad: 10
}
```

Para acceder a los datos de esta estructura (como, por ejemplo, el nombre de mi perro), se utilizaría la sentencia:

```
mi_perro["nombre"]
```

> (i) De forma alternativa, podría usar el método `get()`, por lo que la expresión equivalente sería:
>
> ```
> mi_perro.get("nombre")
> ```

> (i) Las claves pueden ser de cualquier tipo de datos.

En los diccionarios es posible modificar el valor de sus elementos. Por eso, si quisiera cambiar la edad de mi perro, escribiría la sentencia:

```
mi_perro["edad"] = 9
```

La siguiente imagen muestra el resultado de la ejecución de estas sentencias en la *shell* de Python:

```
IDLE Shell 3.13.1                                             —   □   ×
File  Edit  Shell  Debug  Options  Window  Help
    Python 3.13.1 (tags/v3.13.1:0671451, Dec  3 2024, 19:06:28) [MSC v.1942 64 bit (
    AMD64)] on win32
    Type "help", "copyright", "credits" or "license()" for more information.
>>> mi_perro = {
...     "nombre": "Snoppy",
...     "raza": "Beagle",
...     "sexo": "macho",
...     "edad": 10
... }
>>> mi_perro["nombre"]
    'Snoppy'
>>> mi_perro["edad"] = 9
>>> mi_perro
    {'nombre': 'Snoppy', 'raza': 'Beagle', 'sexo': 'macho', 'edad': 9}
>>>
```

> (i) A diferencia de los valores, las claves son únicas (no se pueden repetir) e inmutables (no se pueden modificar una vez creadas).

Para recorrer las claves de un diccionario, se utiliza la palabra clave `in` en un bucle `for`. Compruébelo escribiendo y ejecutando el siguiente programa:

```
mi_perro = {
    "nombre": "Snoppy",
    "raza": "Beagle",
    "sexo": "macho",
    "edad": 10
}

for clave in mi_perro:
    print(clave)
```

A continuación, se muestra el resultado obtenido:

```
IDLE Shell 3.12.3                                              —  □  ×
File  Edit  Shell  Debug  Options  Window  Help
     Python 3.12.3 (tags/v3.12.3:f6650f9, Apr  9 2024, 14:05:25) [MSC v.1938 64 bit ( ^
     AMD64)] on win32
     Type "help", "copyright", "credits" or "license()" for more information.
>>>
     = RESTART: C:\Users\Tomas\Documents\Python3\anexo\diccionarios.py
     nombre
     raza
     sexo
     edad
>>>
```

Si lo que quiere es desplazarse por los valores, en vez de por los índices, llame al método values() del diccionario en el bucle for, tal como puede ver a continuación:

```
for valor in mi_perro.values():
    print(valor)
```

```
IDLE Shell 3.12.3                                              —  □  ×
File  Edit  Shell  Debug  Options  Window  Help
     Python 3.12.3 (tags/v3.12.3:f6650f9, Apr  9 2024, 14:05:25) [MSC v.1938 64 bit ( ^
     AMD64)] on win32
     Type "help", "copyright", "credits" or "license()" for more information.
>>>
     = RESTART: C:\Users\Tomas\Documents\Python3\anexo\diccionarios.py
     Snoppy
     Beagle
     macho
     10
>>>
```

Y, si busca tanto las claves como los valores, el método que debería usar en el bucle for sería items(), como se aprecia en este otro ejemplo:

```
for clave, valor in mi_perro.items():
    print(clave + " : " + str(valor))
```

```
IDLE Shell 3.12.3                                              —  □  ×
File  Edit  Shell  Debug  Options  Window  Help
     Python 3.12.3 (tags/v3.12.3:f6650f9, Apr  9 2024, 14:05:25) [MSC v.1938 64 bit ( ^
     AMD64)] on win32
     Type "help", "copyright", "credits" or "license()" for more information.
>>>
     = RESTART: C:\Users\Tomas\Documents\Python3\anexo\diccionarios.py
     nombre : Snoppy
     raza : Beagle
     sexo : macho
     edad : 10
>>>
```

Dentro de la sentencia `print()` se hace una operación de *casting* con el valor porque la edad es un número; eso provocaría un error al intentar concatenarlo con la clave, que es una cadena.

También se puede emplear la palabra clave `in` para saber si existe una clave, como en este nuevo ejemplo, que mostraría en la *shell* el nombre del perro (valor) si existiera la clave en la que se guarda:

```
if "nombre" in mi_perro:
    print("Mi perro tiene nombre. Se llama " + mi_perro["nombre"])
else: print("Mi perro todavía no tiene nombre")
```

Para conocer el número de elementos (pares clave-valor) de un diccionario, se dispone de la función:

`len(`*diccionario*`)`

La forma de añadir un elemento (para clave-valor) a un diccionario sería similar a la de las listas, en la que ahora se utiliza la clave como índice; por ejemplo, en esta sentencia se agrega mi nombre al diccionario que contiene los datos de mi perro (`mi_perro`):

```
mi_perro["dueño"] = "Tomás"
```

Si la clave ya existiera, lo que se estaría haciendo sería modificar su valor.

Para borrar un elemento de un diccionario, se usan los métodos:

*diccionario*`.pop(`*clave*`)`

*diccionario*`.popitem()`

Con el primero se borra el elemento cuya clave se indica como argumento, mientras que, con el segundo, se elimina el último insertado. Para vaciar por completo el diccionario, se emplea el método:

*diccionario*`.clear()`.

En la siguiente imagen, puede ver un ejemplo de ejecución de estos métodos:

```
IDLE Shell 3.13.1                                                    —  □  ×
File  Edit  Shell  Debug  Options  Window  Help
    Python 3.13.1 (tags/v3.13.1:0671451, Dec  3 2024, 19:06:28) [MSC v.1942 64 bit (AMD64)]
    on win32
    Type "help", "copyright", "credits" or "license()" for more information.
>>> mi_perro = {
...     "nombre": "Snoppy",
...     "raza": "Beagle",
...     "sexo": "macho",
...     "edad": 10
... }
>>> mi_perro["dueño"] = "Tomás"
>>> mi_perro
    {'nombre': 'Snoppy', 'raza': 'Beagle', 'sexo': 'macho', 'edad': 10, 'dueño': 'Tomás'}
>>> mi_perro.pop("nombre")
    'Snoppy'
>>> mi_perro
    {'raza': 'Beagle', 'sexo': 'macho', 'edad': 10, 'dueño': 'Tomás'}
>>> mi_perro.popitem()
    ('dueño', 'Tomás')
>>> mi_perro
    {'raza': 'Beagle', 'sexo': 'macho', 'edad': 10}
>>> mi_perro.clear()
>>> mi_perro
    {}
>>>
```

Si lo que pretende es copiar un diccionario, deberá utilizar la función:

dict(*diccionario*)

Por ejemplo, si quisiera tener una copia de los datos "mi perro", la sentencia que tendría que escribir sería:

```
copia_mi_perro = dict(mi_perro)
```

Los datos de cada uno de los elementos de un diccionario pueden ser de cualquier tipo, incluso otros diccionarios. Para demostrarlo, escriba el siguiente programa:

```
yo = {
    "nombre" : "Tomás",
    "NIF" :  1234567,
    "dirección" : "Madrid"
}

mi_perro = {
    "nombre": "Snoppy",
    "raza": "Beagle",
    "sexo": "macho",
    "edad": 10,
    "dueño": yo
}
```

```
print("---DATOS DEL PERRO---")
for clave_perro, valor_perro in mi_perro.items():
    if clave_perro == "dueño" :
        print("---DATOS DEL DUEÑO---")
        for clave_dueño, valor_dueño in valor_perro.items():
            print(clave_dueño + ":" + str(valor_dueño))
    else : print(clave_perro + ":" + str(valor_perro))
```

En primer lugar, se declara un diccionario con mis datos (yo). Luego, se crea otro con los de mi perro (mi_perro). En este último, como aspecto destacable, puede observar que la clave dueño tiene como valor el diccionario creado previamente con mis datos personales (yo). De esta forma, ambos diccionarios quedarían ligados o, lo que es lo mismo, yo quedaría vinculado a mi perro.

Luego, el bucle for recorre todos los elementos del diccionario mi_perro para mostrarlos en la *shell*. Dentro se utiliza una sentencia de control if para que, en el caso de que la clave del elemento sea dueño, como su valor es a su vez un diccionario, se muestren también sus elementos (pares clave-valor), recorriéndolos con un bucle for similar al anterior.

El resultado de la ejecución de este programa lo puede ver a continuación:

```
IDLE Shell 3.12.3                                                    —    □    ×

File  Edit  Shell  Debug  Options  Window  Help

Python 3.12.3 (tags/v3.12.3:f6650f9, Apr  9 2024, 14:05:25) [MSC v.1938 64 bit ( ^
AMD64)] on win32
Type "help", "copyright", "credits" or "license()" for more information.
>>>
= RESTART: C:\Users\Tomas\Documents\Python3\anexo\diccionarios.py
---DATOS DEL PERRO---
nombre:Snoppy
raza:Beagle
sexo:macho
edad:10
---DATOS DEL DUEÑO---
nombre:Tomás
NIF:1234567
dirección:Madrid
>>>
```

Por último, es importante indicar que, con la función de *casting* dict(), es posible convertir listas, tuplas o conjuntos a diccionarios. Para ello, cada uno de los elementos de estos tipos de datos deben ser, a su vez, tuplas de dos elementos (el primero de los cuales representaría la clave y el segundo, el valor).

## **17.8** ENTRADA DE DATOS DE USUARIO

Además de sacar información por la consola, Python también puede recoger desde allí información de usuario. Para ello, se utiliza la función:

```
input(texto)
```

El argumento de esta función contiene el texto con el que se solicita la información. A continuación, puede ver un sencillo código de ejemplo que muestra cómo se usa:

```
nombre = input("¿Cómo te llamas? ")
print("Encantado de conocerte, " + nombre)
```

```
IDLE Shell 3.13.1                                          —   □   ×
File  Edit  Shell  Debug  Options  Window  Help
    Python 3.13.1 (tags/v3.13.1:0671451, Dec  3 2024, 19:06:28) [MSC v.1942 64 bit ( ^
    AMD64)] on win32
    Type "help", "copyright", "credits" or "license()" for more information.
>>>
    ====== RESTART: C:\Users\Tomas\Documents\Python3\anexo\entrada_usuario.py ======
    ¿Cómo te llamas? Tomás
    Encantado de conocerte, Tomás
>>>
```

Cuando el intérprete ejecuta una función `input()`, detiene la ejecución del programa, hasta que el usuario introduce un dato, que devuelve como cadena de caracteres (aunque sea un número).

## **17.9** EL DEPURADOR DE CÓDIGO DE PYTHON

El IDLE de Python viene con un depurador integrado, con el que se puede controlar el flujo de ejecución de las sentencias de un programa y analizar el valor que toman las variables en cada momento.

Para activar el depurador, seleccione la opción "Debugger" del menú "Debug" en la ventana de la *shell*.

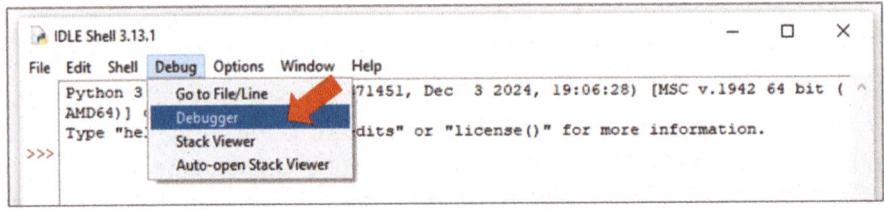

Aparecerá el mensaje "[DEBUG ON]". Si despliega de nuevo el menú, comprobará que dicha opción tiene ahora un *check* que indica que está activado:

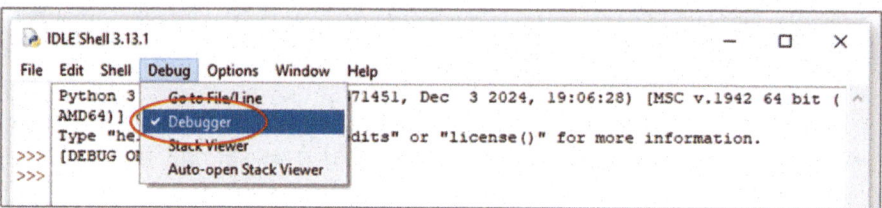

Si volviera a seleccionar la opción "Debugger", el depurador se desactivaría (y aparecería el mensaje "[DEBUG OFF]").

Además, se abrirá una ventana desde la que podrá controlar el funcionamiento del depurador y ver los resultados de la ejecución de un programa:

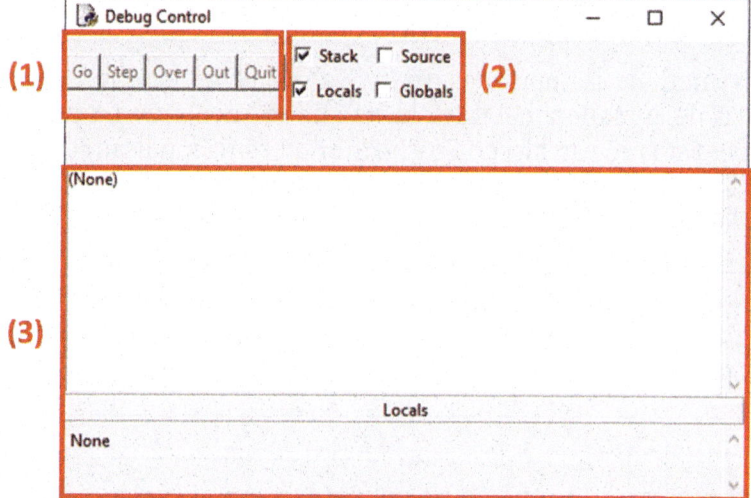

Dicha ventana se compone de tres secciones claramente diferenciadas:

1. Botones de control del comportamiento del depurador. Permiten ejecutar el programa línea a línea, pararlo en puntos concretos establecidos en el editor, etc. Se explicarán en detalle a continuación

2. Casillas de verificación, con las que se establece la información mostrada durante el proceso de depuración. Podrán ser: la secuencia de sentencias que se vayan ejecutando ("Stack"), el valor de las variables locales ("Locals") o el de las globales ("Globals"). Marcando la opción "Source", podrá ver seleccionada en el editor de código (con fondo gris) la sentencia en la que está parada la ejecución del programa en cada momento.

3. Área en la que se muestra la información indicada en la sección anterior.

Los botones de control del depurador realizan las siguientes tareas:

- Go. Ejecuta el código normalmente, hasta que se alcanza un punto de interrupción (se describe más adelante) o se solicita información al usuario.

- Step. Ejecuta la siguiente sentencia. Si se tratara de la llamada a una función, el depurador entraría en la función, y se pararía en la primera sentencia.

- Over. Ejecuta la siguiente sentencia. Si se tratara de la llamada a una función, la ejecutaría, y se pararía en la siguiente sentencia.

- Out. Si se encuentra dentro de una función, ejecuta normalmente su código hasta que finaliza, y se para en la siguiente sentencia desde la que se llamó.

- Quit. Detiene la ejecución del programa.

En la primera de las opciones, se indicaba que la ejecución del programa se realiza de la manera habitual, hasta que se encuentra un punto de interrupción. Estos se establecen en el editor de código, pulsando con el botón derecho del ratón en la línea donde se quiere parar la ejecución y seleccionando la opción "Set Breakpoint".

Para quitar un punto de interrupción, pulse con el botón derecho del ratón en la sentencia que lo tenga y, en el menú desplegable que aparece, seleccione la opción "Clear Breakpoint".

Los puntos de interrupción no se guardan con el código. Por ese motivo, si sale del editor, al volver a cargarlo, no tendrá ninguno.

Con el fin de demostrar lo sencillo que resulta el manejo del depurador, desarrollará un programa que pregunte al usuario cuál es la suma de dos números generados aleatoriamente. Dependiendo de si acierta o no, mostrará en la *shell* el mensaje correspondiente.

El código de dicho programa es el siguiente:

```
from random import randint

numero1 = randint(1, 10)
numero2 = randint(1, 10)
numero = numero1 + numero2

respuesta = input("Cuánto es " + str(numero1) +
                  " + " + str(numero2) + "? ")

if respuesta == numero:
    print("¡Correcto!")
else:
    print("No es correcto, la respuesta es " + str(numero))
```

La primera sentencia todavía no la ha estudiado. De momento, solo necesita saber que se utiliza para importar la función `randint()` del módulo random:

```
from random import randint
```

Las siguientes sentencias generan dos números aleatorios (`numero1` y `numero2`) usando dicha función:

```
numero1 = randint(1, 10)
numero2 = randint(1, 10)
```

A continuación, se calcula la suma de dichos números, que será el valor por el que se pregunte al usuario con la sentencia `input()`:

```
numero = numero1 + numero2
respuesta = input("Cuánto es " + str(numero1) +
                  " + " + str(numero2) + "? ")
```

Las últimas sentencias muestran en la *shell* el mensaje correspondiente, dependiendo de si el usuario ha acertado, o no, la respuesta:

```
if respuesta == numero:
    print("¡Correcto!")
else:
    print("No es correcto, la respuesta es " + str(numero))
```

Ahora, ejecute el programa. Tal como puede ver en la siguiente imagen, el comportamiento esperado no es el correcto.

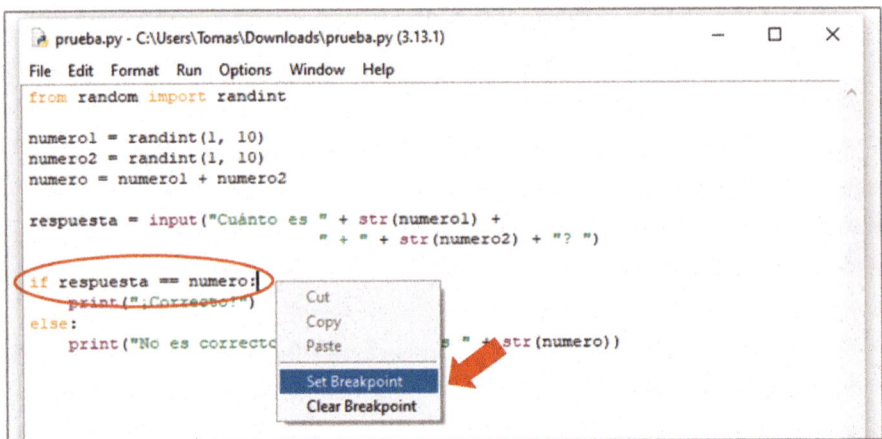

Para entender lo que ha pasado, active el depurador seleccionando la opción "Debugger" del menú "Debug" en la *shell*. A las casillas de verificación que están marcadas por defecto añada "Source". De esa forma, en el editor de código, podrá ver la línea en la que está parada la ejecución del programa en cada momento.

Añada también un punto de interrupción en la sentencia de control `if`:

Ejecute de nuevo el programa y, cuando se pare en la primera sentencia (la que tiene el `import`), pulse el botón "Go" del depurador para que empiece a ejecutar las siguientes hasta llegar al `if` donde incluyó el punto de interrupción. De esta forma, una vez introducida la respuesta correcta a la pregunta que se hace, el programa quedará parado allí. En ese momento, pulse el botón "Step". Comprobará que no se ejecuta la sentencia que hay a continuación (como era de esperar), sino la del bloque `else`:

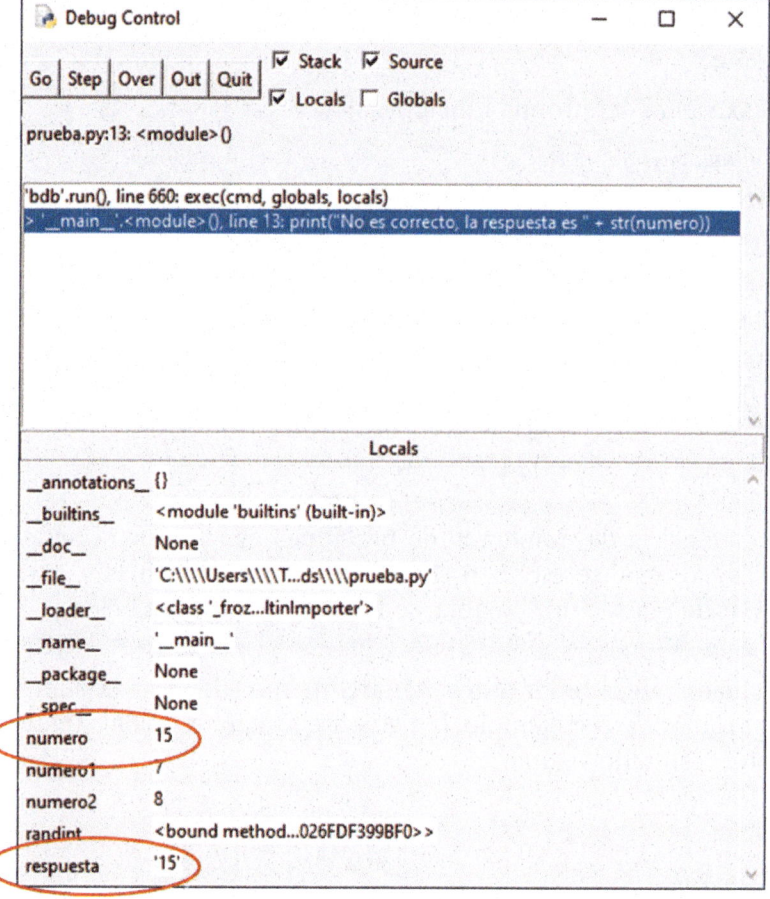

¿Qué ha pasado? La respuesta la puede ver en la sección "Locals" del depurador. Como puede observar en la siguiente imagen, la variable `respuesta` tiene el valor '13', lo que significa que es un `string`, mientras que `número` es de tipo entero. Por lo tanto, al comparar '13' con 13, la condición no se ha cumplido, y se ejecuta la sentencia del bloque `else`.

Para resolver el problema, solo tiene que sustituir la sentencia

```
respuesta = input("Cuánto es " + str(numero1) + " + " + str(numero2) + "? ")
```

por esta otra, en la que se añade una operación de *casting* para convertir la respuesta devuelta por la función `input()` en un número entero:

```
respuesta = int(input("Cuánto es " + str(numero1) +
                      " + " + str(numero2) + "? "))
```

Vuelva a ejecutar el código. Verá cómo ahora el programa se comporta según lo esperado.

## 17.10 FUNCIONES

En programación, una función es un conjunto de sentencias que realizan una tarea concreta dentro de un programa. Su objetivo es estructurar el código, dividiéndolo en partes más manejables, además de favorecer su reutilización. Los datos que pueda necesitar una función para realizar la tarea serán pasados como argumentos. Finalizada la ejecución, devolverá un resultado.

La sintaxis para definir una función es:

```
def función (argumento, …):

    …

    return valor
```

Como puede ver, una función se define poniendo la palabra clave `def` delante del nombre de la función. Después, se incluyen los argumentos entre paréntesis. Los dos puntos que hay a continuación (":") marcan el bloque de sentencias que componen la función, una de las cuales deberá ser `return`, si se devuelve un resultado tras su ejecución.

> *i*
>
> La convención de nombrado de funciones es la misma que la de variables. Por eso, se escriben empezando por minúsculas y, en caso de constar de más de una palabra, se juntan con guiones bajos.

Una función puede tener cero o más argumentos de entrada y devolver cero o más resultados; por ejemplo, la siguiente función no tiene argumentos ni devuelve resultado alguno:

```
def hola():
    print("Hola desde mi primera función")


hola()
```

El programa anterior consta únicamente de la declaración de una función (que lo único que hace es mostrar un mensaje de saludo en la *shell*) y la sentencia con la que se invoca:

```
IDLE Shell 3.13.1                                          —   □   ✕
File  Edit  Shell  Debug  Options  Window  Help
      Python 3.13.1 (tags/v3.13.1:0671451, Dec  3 2024, 19:06:28) [MSC v.1942 64 bit ( ^
      AMD64)] on win32
      Type "help", "copyright", "credits" or "license()" for more information.
>>>
      ========= RESTART: C:\Users\Tomas\Documents\Python3\anexo\funciones.py =========
      Hola desde mi primera función
>>>
```

Recuerde que Python es un lenguaje interpretado, lo que implica que el programa se ejecuta línea a línea. Por ese motivo, y a diferencia de los programas compilados, las funciones se deben declarar antes de ser invocadas. De lo contrario, no serían reconocidas, y eso provocaría un error de ejecución.

La siguiente función es una modificación de la anterior, a la que se ha añadido un argumento con el que se indica el nombre de la persona a la que quiere saludarse:

```
def hola(nombre):
    print("Hola " + nombre)


nombre = input("¿Cómo te llamas? ")
hola(nombre)
```

```
IDLE Shell 3.13.1                                          —   □   ✕
File  Edit  Shell  Debug  Options  Window  Help
      Python 3.13.1 (tags/v3.13.1:0671451, Dec  3 2024, 19:06:28) [MSC v.1942 64 bit ( ^
      AMD64)] on win32
      Type "help", "copyright", "credits" or "license()" for more information.
>>>
      ========= RESTART: C:\Users\Tomas\Documents\Python3\anexo\funciones.py =========
      ¿Cómo te llamas? Tomás
      Hola Tomás
>>>
```

Las funciones deben llamarse exactamente con los mismos argumentos con los que se declararon, salvo que tengan valores por defecto. Vea el siguiente ejemplo, en el que ahora se invoca la función `hola()` dos veces: la primera sin argumentos y la segunda con el nombre introducido por el usuario:

```
def hola(nombre = ""):
    if nombre == "" : print("Hola")
    else : print("Hola " + nombre)


hola()
nombre = input("¿Cómo te llamas? ")
hola(nombre)
```

Como puede observar, la función `hola()` se ha modificado para que el argumento `nombre` tenga por defecto el valor "anónimo". El `if` que se ha añadido dentro discrimina el valor de dicho argumento para saludar con un simple "Hola" (si la función se hubiera invocado sin argumentos) o incluyendo el nombre de la persona. Es importante enfatizar el hecho de que, si no se hubiera establecido un valor por defecto, se hubiera producido un error de ejecución al invocarla sin argumentos:

```
IDLE Shell 3.13.1                                          —   □   ×
File  Edit  Shell  Debug  Options  Window  Help
    Python 3.13.1 (tags/v3.13.1:0671451, Dec  3 2024, 19:06:28) [MSC v.1942 64 bit ( ^
    AMD64)] on win32
    Type "help", "copyright", "credits" or "license()" for more information.
>>>
    ========= RESTART: C:\Users\Tomas\Documents\Python3\anexo\funciones.py =========
    Hola
    ¿Cómo te llamas? Tomás
    Hola Tomás
>>>
```

*i* Los argumentos con valores por defecto deben ser los últimos de la función.

Hasta ahora, a las funciones las ha llamado incluyendo los mismos argumentos y en el mismo orden con el que fueron declaradas (excepto si tenían un valor por defecto). Por ese motivo, a estos argumentos se los llama "posicionales". Pero hay otra forma de invocar una función, con la que los argumentos no tienen que incluirse en el mismo orden. Se trata de la siguiente:

*función (argumento=valor, …)*

En contraposición al tipo de argumentos anterior, a estos se los conoce por el término inglés *keyword* (los otros eran *positional*).

Para terminar de entender cómo se usan, se analizará el código del siguiente programa:

```
def datos(nombre, direccion, telefono):
    if nombre == "" : print("No tengo tu nombre")
    else : print("Hola " + nombre)
    if direccion != "" : print("Vives en  "+direccion)
    else : print("No tengo tu dirección")
    if telefono != "" : print("Tu teléfono es "+telefono)
    else : print("No tengo tu teléfono")


nombre = input("¿Cómo te llamas? ")
direccion = input("¿Cuál es tu dirección? ")
telefono = input("¿Cuál es tu número de teléfono? ")


datos(telefono=telefono, nombre=nombre, direccion=direccion)
```

La función datos() muestra en la *shell* el nombre del usuario, su dirección y su teléfono, pasados como argumentos. Si el valor de alguno de ellos fuera la cadena vacía, indicaría que no tiene el dato correspondiente.

Con las sentencias input() que hay a continuación, se obtienen dichos datos. Si el usuario pulsara retorno de carro, el valor obtenido sería la cadena vacía.

La última sentencia invoca la función datos(), pero, en esta ocasión, cada valor va precedido por el nombre del argumento correspondiente. Por ese motivo, el orden con el que se han incluido en la llamada a la función no coincide con el orden con el que fueron declarados (cualquier otra combinación sería válida). Aun así, tal como puede ver en la siguiente imagen, el resultado es el correcto:

El nombre de las variables no tiene por qué coincidir con el de los argumentos de la función. Naturalmente, esta forma de invocar una función puede hacerse también con argumentos que tengan valores por defecto. En ese caso, no sería obligatorio incluirlos en la llamada.

En este último ejemplo, se define una función que tiene como argumento de entrada una lista de números y devuelve como resultado el máximo de todos ellos:

```
def maximo(lista):
    max = 0
    for x in lista:
        if x > max:
            max = x
    return max


lista = [1, 5, 2, 7, 3]
max = maximo (lista)
print("El máximo de " + str(lista) + " es " + str(max))
```

En primer lugar, se declara la función que obtiene el valor máximo, dentro de la que inicialmente se establece con el valor 0. Luego, se recorren todos los elementos de la lista pasada como argumento y, si el valor de alguno de ellos fuera mayor que el máximo encontrado hasta el momento, se convertiría en el nuevo máximo. De esta forma, cuando se llegue al final de la lista, se devolverá el mayor de todos ellos con la sentencia return.

A continuación, se crea una lista y se invoca la función anterior utilizándola como argumento. Una vez devuelto el resultado, se muestra en la *shell:*

```
IDLE Shell 3.13.1                                               —   □   ×
File  Edit  Shell  Debug  Options  Window  Help
    Python 3.13.1 (tags/v3.13.1:0671451, Dec  3 2024, 19:06:28) [MSC v.1942 64 bit ( ^
    AMD64)] on win32
    Type "help", "copyright", "credits" or "license()" for more information.
>>>
    ========= RESTART: C:\Users\Tomas\Documents\Python3\anexo\funciones.py =========
    El máximo de [1, 5, 2, 7, 3] es 7
>>>
```

La sentencia return puede devolver varios valores.

Antes de finalizar esta sección, es interesante que conozca la existencia de las funciones lambda. Este tipo especial de funciones, a las que también se las llama "anónimas", porque no tienen nombre, se componen de una única expresión. Su sintaxis es la siguiente:

```
lambda argumento, ...: expresión
```

Como puede observar, los argumentos no van entre paréntesis. El resultado devuelto es el de la evaluación de la expresión.

Una función lambda se puede asignar a una variable, a través de la cual se le haría referencia; por ejemplo, imagine que desea tener una función que multiplique dos números. Su código podría ser el siguiente:

```
def multiplica(x, y):
    return x*y
```

Escrito en una sola línea, sería:

```
def multiplica(x, y): return x*y
```

O como una función lambda:

```
multiplica = lambda x, y : x*y
```

Este tipo de funciones, al poder asignarse a variables, se suelen utilizar como argumentos de otras funciones, aunque también pueden formar parte de su propio código, tal como se muestra en el siguiente ejemplo:

```
def escalar(numero):
    return lambda multiplicador : multiplicador * numero


doblar = escalar(2)
triplicar = escalar(3)


numero = int(input("Escriba un número: "))


numero_doblado = doblar(numero)
numero_triplicado = triplicar(numero)


print("El doble de "+str(numero)+ " es "+str(numero_doblado))
print("El triple de "+str(numero)+ " es "+str(numero_triplicado))
```

Lo primero que se hace es declarar la función `escalar()`, cuyo resultado es el devuelto por una función lambda, en la que se multiplica el argumento de entrada de la función lambda por el de la función en la que se encuentra.

A continuación se declaran dos variables, que en realidad son dos funciones declaradas a partir de `escalar()`. Una vez que se ha recogido el número introducido por el usuario, se invocan las funciones `doblar()` y `triplicar()` utilizando dicho número como argumento de entrada. El resultado devuelto por cada una de ellas se muestra en pantalla, demostrando así esta forma tan curiosa de obtener el doble y el triple de un número utilizando funciones lambda:

```
IDLE Shell 3.13.1                                              —    □    ×

File  Edit  Shell  Debug  Options  Window  Help
      Python 3.13.1 (tags/v3.13.1:0671451, Dec  3 2024, 19:06:28) [MSC v.1942 64 bit (
      AMD64)] on win32
      Type "help", "copyright", "credits" or "license()" for more information.
>>>
      ========= RESTART: C:\Users\Tomas\Documents\Python3\anexo\funciones.py =========
      Escriba un número: 5
      El doble de 5 es 10
      El triple de 5 es 15
>>>
```

## 17.11 ALCANCE DE LAS VARIABLES

En un programa anterior, en el que se obtenía el máximo de una lista de valores, habrá visto que, tanto en el código principal como en el que componía la función `máximo()`, se utilizaba la variable `max`. En realidad, se trata de dos variables diferentes que tienen el mismo nombre. Eso es debido a que una variable solo es accesible (existe) dentro del bloque de código en el que se ha creado. Por eso, la variable `max` que hay dentro de la función es diferente de la variable `max` del programa principal.

A las variables que se crean dentro de un bloque de sentencias (como el de una función) se las conoce como "variables locales". Las que forman parte del programa principal son las "variables globales", que podrían utilizarse incluso dentro de las funciones, tal como puede comprobar con el siguiente código:

```python
x = 100

def mi_funcion():
    print(x)

mi_funcion()
print(x)
```

En este programa se crea la variable x con el valor 100, que se muestra en la *shell*, tanto desde el programa principal como desde la función mi_funcion(). Observe que, en este último caso, dicha variable no se pasa como argumento ya que, al ser global, puede accederse a su valor desde dentro de la función:

```
IDLE Shell 3.13.1                                                  —    □    ×
File  Edit  Shell  Debug  Options  Window  Help
    Python 3.13.1 (tags/v3.13.1:0671451, Dec  3 2024, 19:06:28) [MSC v.1942 64 bit ( ^
    AMD64)] on win32
    Type "help", "copyright", "credits" or "license()" for more information.
>>>
    ========= RESTART: C:\Users\Tomas\Documents\Python3\anexo\funciones.py =========
    100
    100
>>>
```

Cuando el nombre de una variable local y global coinciden, Python crea variables diferentes utilizando, en ese caso, la local (es lo que sucedió con la variable max en el programa anterior). Esto puede dar lugar a errores derivados de suponer que la modificación del valor de una variable global dentro de una función tendría efecto fuera de esta. Para tratar de entenderlo mejor, vea el siguiente ejemplo:

```
funcion_ejecutada = False

def mi_funcion():
    funcion_ejecutada = True
    print("Dentro de la función: " + str(funcion_ejecutada))

mi_funcion()
print("Después de ejecutar la función: " + str(funcion_ejecutada))
```

En este programa, primero se crea la variable funcion_ejecutada con el fin de saber si se ha ejecutado o no la función que se declara más abajo. Su valor es inicialmente False, ya que todavía no se ha invocado.

Dentro de la declaración de la función mi_funcion() se asigna el valor True a dicha variable, lo que indicaría que se ha ejecutado (o eso podría suponer), y se muestra en la *shell* su valor.

Inmediatamente después de haber declarado esta función, se invoca. Por último, se muestra el valor de la variable funcion_ejecutada en la *shell*.

El resultado lo puede ver a continuación:

```
IDLE Shell 3.13.1                                               —   □   ✕
File  Edit  Shell  Debug  Options  Window  Help
      Python 3.13.1 (tags/v3.13.1:0671451, Dec  3 2024, 19:06:28) [MSC v.1942 64 bit ( ^
      AMD64)] on win32
      Type "help", "copyright", "credits" or "license()" for more information.
>>>
      ========= RESTART: C:\Users\Tomas\Documents\Python3\anexo\funciones.py =========
      Dentro de la función: True
      Después de ejecutar la función: False
>>>
```

Como puede comprobar, la variable `funcion_ejecutada` toma el valor `True` dentro de la función y `False` fuera de ella. El motivo es que, en realidad, se trata de dos variables con el mismo nombre: una global y otra local a la función. Por eso, una vez ejecutada esta función, la variable local desaparece y queda únicamente la global, cuyo valor sigue siendo `False`, ya que no se ha modificado en ninguna sentencia del flujo principal del programa.

Entonces, ¿qué habría que hacer si se quisiera modificar el valor de una variable global dentro de una función? Declararla con la palabra clave `global`, para evitar que se cree una variable local con dicho nombre. Así, modificando ligeramente el código del programa anterior, dentro de `mi_funcion()` se podrá modificar el valor de la variable `funcion_ejecutada`, que ahora sería única:

```python
funcion_ejecutada = False


def mi_funcion():
    global funcion_ejecutada
    funcion_ejecutada = True
    print("Dentro de la función: " + str(funcion_ejecutada))


mi_funcion()
print("Después de ejecutar la función: " + str(funcion_ejecutada))
```

```
IDLE Shell 3.13.1                                               —   □   ✕
File  Edit  Shell  Debug  Options  Window  Help
      Python 3.13.1 (tags/v3.13.1:0671451, Dec  3 2024, 19:06:28) [MSC v.1942 64 bit ( ^
      AMD64)] on win32
      Type "help", "copyright", "credits" or "license()" for more information.
>>>
      ========= RESTART: C:\Users\Tomas\Documents\Python3\anexo\funciones.py =========
      Dentro de la función: True
      Después de ejecutar la función: False
>>>
      ========= RESTART: C:\Users\Tomas\Documents\Python3\anexo\funciones.py =========
      Dentro de la función: True
      Después de ejecutar la función: True
>>>
```

> ℹ️ Si declara una variable como global en una función, tiene el mismo alcance que si lo hubiera hecho en el programa principal.

## 17.12 CLASES Y OBJETOS

En informática —y, en concreto, en programación orientada a objetos—, las clases se utilizan para representar cualquier entidad o concepto que deba manejar un programa; por ejemplo, si el programa tuviera que trabajar con información de personas, existiría una clase que las representara. Las clases pueden considerarse como plantillas que se utilizan para crear objetos. Siguiendo con el mismo ejemplo, estos serían todas y cada una de las personas con quienes trabajaría el programa.

> ℹ️ A los objetos también se los llama "instancias".

Las clases se componen de un estado y un comportamiento. El estado está formado por una colección de atributos, que contienen las características comunes a todos los objetos de una clase. En el caso de la clase "persona", sus atributos podrían ser el nombre, la edad, el sexo o el DNI. Todas las personas tienen estos atributos.

> ℹ️ A los atributos también se los llama "propiedades".

El comportamiento de los objetos de una clase lo establece un conjunto de métodos que, generalmente, modifican su estado; por ejemplo, estudiar, trabajar, etc., podrían ser métodos que definan el comportamiento de una persona.

En Python, las clases se declaran con la palabra clave `class`. Los atributos de una clase son variables y los métodos son funciones.

Veamos un primer ejemplo en el que se define la clase `Perro`:

```
class Perro:
    nombre = ""
    raza = ""

    def ladrar(self):
        print("¡Guau!")
```

Dicha clase está formada por dos atributos y un método. Los atributos indican el nombre y la raza del perro, mientras que el método simula un ladrido.

> ℹ️ Todos los métodos deben llevar el argumento `self`, que representa al propio objeto. Más adelante, aprenderá a utilizarlo.

Una vez definida la clase, ya se podría utilizar como plantilla para crear los objetos que, siguiendo el mismo ejemplo, serían perros. Para ello, previamente habría tenido que dotarla de un método especial que permitiera hacerlo: el constructor. Dicho método se llama __init__() y se encarga de asignar valores a los atributos (o de crearlos si no existieran), así como de cualquier otra tarea de inicialización que se considerara necesaria durante la creación de la instancia (objeto) de una clase.

En el siguiente código, se ha añadido a la clase Perro un constructor que permite crear perros (objetos de la clase Perro) con el nombre y la raza indicados como argumentos:

```
class Perro:
    nombre = ""
    raza = ""

    def __init__(self, nombre, raza):
        self.raza = raza
    def ladrar(self):
        print("¡Guau!")
```

De esta forma, cualquier perro se representaría como un objeto de la clase Perro, en el que su nombre se almacenaría en el atributo nombre y su raza en raza. Para obtener o asignar el valor de un atributo, hay que acceder a él con la siguiente sintaxis:

*objeto.atributo*

Cuando el acceso a los atributos se realiza desde métodos del propio objeto, este se representa con la palabra clave self. Por eso, en el constructor de la clase Perro, la asignación del nombre o la raza del perro que se está creando se realiza con las sentencias:

```
self.nombre = nombre
self.raza = raza
```

Observe que no se produce ninguna ambigüedad entre el nombre de los argumentos y el de los atributos, por ir estos últimos precedidos del nombre del objeto.

Si los atributos no existieran, se crearían al asignarles un valor. Por ese motivo, el código de la clase anterior es equivalente al siguiente:

```
class Perro:
    def __init__(self, nombre, raza):
        self.nombre = nombre
        self.raza = raza
    def ladrar(self):
        print("¡Guau!")
```

Para crear un objeto, se invoca el constructor de la clase correspondiente usando la notación:

*clase(argumento, ...)*

Es como si el constructor de una clase fuera una función con el nombre de dicha clase. Por lo tanto, si quisiera crear un objeto que representara un perro de raza Beagle llamado Snoopy, debería ejecutar la sentencia:

```
mi_perro = Perro("Snoopy", "Beagle")
```

*i*

> Por convención, los nombres de las clases se escriben con mayúscula inicial, mientras que los de los objetos deben escribirse en minúsculas.

Una vez creado este perro, para conocer su raza, tendría que acceder al valor del atributo raza utilizando la expresión:

```
mi_perro.raza
```

Para ejecutar el método de un objeto, se emplea la notación:

*objeto.método(argumento, ...)*

Por eso, si quisiera provocar el ladrido de mi_perro, la sentencia utilizada sería:

```
mi_perro.ladrar()
```

*i*

> Aunque en la declaración de la clase todos los métodos deban llevar como argumento el objeto self, al invocarlos, no hace falta ponerlo (tal como ha hecho con el constructor).

A modo de resumen, juntando las líneas de código que se han ido describiendo en este apartado, obtendríamos este pequeño programa:

```
class Perro:
    def __init__(self, nombre, raza):
        self.nombre = nombre
        self.raza = raza
    def ladrar(self):
        print("¡Guau!")


mi_perro = Perro("Snoopy", "Beagle")

print("La raza de mi perro es " + mi_perro.raza)
mi_perro.ladrar()
```

El resultado de su ejecución lo puede ver en la siguiente imagen:

Para modificar un atributo, solo tiene que acceder a él y asignarle un valor. Si dicho atributo no existiera, lo crearía. Para borrarlo, se usa la palabra clave del, que sirve también para borrar un objeto.

> **i** Las estructuras de datos estudiadas anteriormente son, en realidad, clases, cuyo constructor es list(), tuple(), set() y dict() para listas, tuplas, conjuntos o diccionarios, respectivamente.

## 17.12.1 Herencia

Una de las características más importantes del paradigma de programación orientado a objetos es que una clase puede heredar los atributos y los métodos de otra. A la clase que hereda se la llama "clase hija", mientras que la otra es la "clase padre". Las ventajas que proporciona son muchas, entre las que destacan la reutilización y la facilidad para crear nuevo código, extendiendo clases ya existentes. Esto, a su vez, conlleva una reducción de tiempo de desarrollo y una mayor facilidad de mantenimiento.

Para crear una clase hija de otra, se usa la sintaxis:

```
class clase hija (clase padre)
```

Con el fin de practicar el mecanismo de la herencia, creará la clase Persona con los atributos nombre y DNI, además de un método que muestre en la *shell* los valores de dichos atributos:

```python
class Persona:
    def __init__(self, nombre, dni):
        self.nombre = nombre
        self.dni = dni

    def mostrarAtributos(self):
        print("Nombre: " + self.nombre)
        print("DNI: " + str(self.dni))
```

Ahora, imagine que tiene que desarrollar un programa para una clínica veterinaria y que, además de trabajar con perros (representados mediante la clase Perro vista anteriormente), debe manejar información de sus dueños. Si ya dispusiera de la clase Persona para representar a un cliente, solo tendría que crear una clase hija, a la que se la agregarían los métodos y atributos específicos de un cliente de la clínica (como, por ejemplo, el perro del que es dueño, la fecha en la que acudió a la clínica, el importe de la factura, etc.).

Para empezar a practicar con el mecanismo de la herencia, va a crear la clase Cliente como hija de la clase Persona, sin añadir ningún atributo ni método específico. Como la clase Cliente hereda de la clase Persona, ambas tendrán los mismos atributos (nombre y dni), así como el método mostrarAtributos(). Eso se puede probar ejecutando el siguiente programa:

```python
class Persona:
    def __init__(self, nombre, dni):
        self.nombre = nombre
        self.dni = dni
    def mostrarAtributos(self):
        print("Nombre: " + self.nombre)
        print("DNI: " + str(self.dni))

class Cliente(Persona):
    pass
```

```
yo = Cliente("Tomás", 1234)
yo.mostrarAtributos()
```

En primer lugar, se declara la clase `Persona` tal como ya conoce y, a continuación, la clase `Cliente` como hija de esta.

 La sentencia `pass` se pone porque una clase no se puede definir vacía.

Luego, se crea un objeto de esta última clase, cuyo constructor tiene los mismos argumentos que el de la clase padre (nombre y DNI), ya que lo ha heredado de ella. Por último, se muestra en la *shell* el valor de dichos atributos invocando el método `mostrarAtributos()`, heredado también de la clase padre.

A continuación, puede ver el resultado de la ejecución de este programa, en el que se demuestra que el objeto `yo` de la clase `Cliente` tiene los mismos atributos y métodos que la clase `Persona`:

```
IDLE Shell 3.13.1                                          —    □    ×
File  Edit  Shell  Debug  Options  Window  Help
    Python 3.13.1 (tags/v3.13.1:0671451, Dec  3 2024, 19:06:28) [MSC v.1942 64 bit ( ^
    AMD64)] on win32
    Type "help", "copyright", "credits" or "license()" for more information.
>>>
    ========== RESTART: C:\Users\Tomas\Documents\Python3\anexo\clases.py ==========
    Nombre: Tomás
    DNI: 1234
>>>
```

Ahora va a modificar la clase `Cliente` para añadirle el atributo `perro`, cuyo valor será el perro del que es dueño, es decir, un objeto de la clase `Perro`. El código del programa es el siguiente:

```
class Perro:
    def __init__(self, nombre, raza):
        self.nombre = nombre
        self.raza = raza

    def ladrar(self):
        print("¡Guau!")

class Persona:
    def __init__(self, nombre, dni):
        self.nombre = nombre
        self.dni = dni
```

```
    def mostrarAtributos(self):
        print("Nombre de la persona: " + self.nombre)
        print("DNI: " + str(self.dni))

class Cliente(Persona):
    def __init__(self, nombre, dni, perro):
        Persona.__init__(self, nombre, dni)
        self.perro = perro
    def mostrarAtributos(self):
        super().mostrarAtributos()
        print("Nombre del perro: " + self.perro.nombre)
        print("Raza: " + self.perro.raza)

mi_perro = Perro("Snoopy", "Beagle")
yo = Cliente("Tomás", 1234, mi_perro)
yo.mostrarAtributos()
```

En primer lugar, se declaran las clases Perro y Persona, que ya conoce.

Por último, se declara la clase Cliente como hija de la clase Persona. En esta ocasión, la clase Cliente dispone de un constructor que sustituye y complementa al de la clase padre. Lo sustituye, porque ahora este es el que se ejecuta, y no el de la clase padre. Y lo complementa porque, como parte del código de su constructor, invoca el de la clase padre para crear los atributos que hereda (nombre y dni), además del atributo específico de esta clase (perro).

La forma de llamar al constructor de la clase padre (Persona) sigue una sintaxis similar a la usada para ejecutar el método de cualquier objeto:

```
Persona.__init__(self, nombre, dni)
```

> **ℹ** Observe que es necesario añadir el propio objeto (self) como argumento.

Además de los atributos nombre y dni de la clase padre, esta nueva clase hereda el método mostrarAtributos(). Pero recuerde que dicho método solo muestra los valores de los atributos nombre y dni. Por lo tanto, si ahora quisiera que también presentara el nombre y la raza del perro del que es dueño, sería necesario crear un método con el mismo nombre que sustituyera al heredado. Con el fin de reutilizar el código del método original, dentro del nuevo método se llamaría al original, seguido de las sentencias que mostrarían en pantalla los atributos del perro (`raza` y `nombre`).

En este caso, para invocar el método de la clase padre, se utiliza la función `super()`:

```
super().mostrarAtributos()
```

> **i** Solo se permite invocar métodos de la clase padre, no acceder a sus atributos.

En el programa principal, primero se crea el objeto que representa mi perro (`mi_perro`); a continuación, la instancia que me representa como cliente de la clínica (`yo`) y, finalmente, se ejecuta el método `mostrarAtributos()`, que muestra en la *shell* todos los datos de que dispondría la clínica sobre mí.

El resultado de la ejecución del programa lo puede ver en esta imagen:

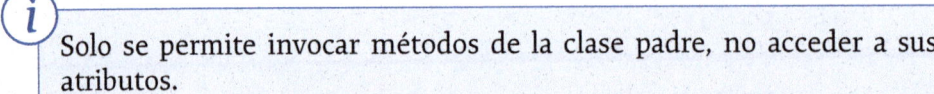

> **i** Al emplear `super()`, no es necesario añadir `self` como argumento.

> **i** El uso del nombre de la clase padre o `super()` no es exactamente igual, ya que esta última función permite la herencia múltiple.

# 17.13 MÓDULOS

Los módulos, al igual que las funciones, son uno de los pilares principales de la reutilización de código en cualquier lenguaje de programación. La diferencia entre ambos conceptos es que las funciones suelen realizar tareas específicas de un programa, mientras que los módulos son de carácter general. Además, un módulo puede tener lo mismo que cualquier otro programa; es decir, puede tener funciones, variables, estructuras de datos, clases, etc. La diferencia entre un programa y un módulo radica únicamente en el hecho de que, en estos últimos, el código es reutilizable.

> *i* Los módulos son como las librerías en otros lenguajes de programación.

Los módulos, al igual que los programas, son ficheros con extensión ".py". Para hacer uso del contenido de un módulo (variables, funciones, clases, etc.), primero hay que importarlo:

```
import módulo
```

Posteriormente, para acceder a los elementos del módulo que se necesiten, utilice la sintaxis:

```
módulo.elemento
```

Por ejemplo, escriba el siguiente código y guárdelo con el nombre "miModulo.py":

```
variable = "Soy la variable de miModulo.py"

def funcion():
    print("Soy la función de miModulo.py")
```

Luego escriba este programa en otro fichero:

```
import miModulo

print(miModulo.variable)
miModulo.funcion()
```

En dicho programa, lo primero que se hace es importar el módulo miModulo desarrollado previamente. A continuación, se muestra en la *shell* el valor de la variable variable y se ejecuta la función funcion(), definidas en el módulo importado:

```
IDLE Shell 3.13.1                                              —   □   ✕
File  Edit  Shell  Debug  Options  Window  Help
     Python 3.13.1 (tags/v3.13.1:0671451, Dec  3 2024, 19:06:28) [MSC v.1942 64 bit ( ^
     AMD64)] on win32
     Type "help", "copyright", "credits" or "license()" for more information.
>>>
     ========== RESTART: C:\Users\Tomas\Documents\Python3\anexo\modulos.py ==========
     Soy la variable de miModulo.py
     Soy la función de miModulo.py
>>>
```

> ⓘ Para encontrar un módulo, Python busca, en primer lugar, en el directorio donde está el programa que se ejecuta. Si no lo localizara, iría a la ruta contenida en la variable del sistema PYTHONPATH (si la hubiera creado) y, por último, examinaría los directorios de instalación de Python. Para saber cuáles son estos últimos, ejecute las sentencias:
>
> ```
> import sys
> print(sys.path)
> ```

```
IDLE Shell 3.13.1                                              —   □   ✕
File  Edit  Shell  Debug  Options  Window  Help
     Python 3.13.1 (tags/v3.13.1:0671451, Dec  3 2024, 19:06:28) [MSC v.1942 64 bit ( ^
     AMD64)] on win32
     Type "help", "copyright", "credits" or "license()" for more information.
>>> import sys
>>> print(sys.path)
     ['', 'C:\\Users\\Tomas\\AppData\\Local\\Programs\\Python\\Python313\\Lib\\idleli
     b', 'C:\\Users\\Tomas\\AppData\\Local\\Programs\\Python\\Python313\\python313.zi
     p', 'C:\\Users\\Tomas\\AppData\\Local\\Programs\\Python\\Python313\\DLLs', 'C:\\
     Users\\Tomas\\AppData\\Local\\Programs\\Python\\Python313\\Lib', 'C:\\Users\\Tom
     as\\AppData\\Local\\Programs\\Python\\Python313', 'C:\\Users\\Tomas\\AppData\\Lo
     cal\\Programs\\Python\\Python313\\Lib\\site-packages']
>>>
```

> ⓘ En la imagen anterior, donde pone "Tomas", aparecería el nombre de su usuario Windows.

El entorno de Python viene con una serie de módulos que pueden importarse en cualquier momento. Estos dan soluciones estandarizadas a problemas comunes de programación. Para conocer todos los que tiene disponibles, ejecute la siguiente sentencia:

```
help('modules')
```

```
File  Edit  Shell  Debug  Options  Window  Help

      Python 3.13.1 (tags/v3.13.1:0671451, Dec  3 2024, 19:06:28) [MSC v.1942 64 bit ( ^
      AMD64)] on win32
      Type "help", "copyright", "credits" or "license()" for more information.
>>>   help('modules')

      Please wait a moment while I gather a list of all available modules...

      test_sqlite3: testing with SQLite version 3.45.3
      __future__            _testsinglephase     getopt               run
      __hello__             _thread              getpass              runpy
      __main__             _threading_local     gettext              runscript
      __phello__            _tkinter             glob                 sched
      _abc                 _tokenize            graphlib             scrolledlist
      _aix_support         _tracemalloc         grep                 search
      _android_support     _typing              gzip                 searchbase
      _ast                 _uuid                hashlib              searchengine
      _asyncio             _warnings            heapq                secrets
      _bisect              _weakref             help                 select
      _blake2              _weakrefset          help_about           selectors
      _bz2                 _winapi              history              shelve
      _codecs              _wmi                 hmac                 shlex
      _codecs_cn           _zoneinfo            html                 shutil
      _codecs_hk           abc                  http                 sidebar
      _codecs_iso2022      antigravity          hyperparser          signal
      _codecs_jp           argparse             idle                 site
      _codecs_kr           array                idle_test            smtplib
      _codecs_tw           ast                  idlelib              socket
      _collections         asyncio              imaplib              socketserver
      _collections_abc     atexit               importlib            sqlite3
       colorize            autocomplete         inspect              squeezer
```

Por ejemplo, el módulo "platform" permite obtener datos del ordenador en el que se ejecutan los programas, tales como el sistema operativo:

```
import platform

print("El sistema operativo donde me ejecuto es " + platform.system())
```

En dicho programa, tras importar el módulo "platform", se llama a la función system(), que devuelve el tipo de sistema operativo en el que se ejecuta el programa (en mi caso, Windows):

```
IDLE Shell 3.13.1                                          —   □   ×

File  Edit  Shell  Debug  Options  Window  Help

      Python 3.13.1 (tags/v3.13.1:0671451, Dec  3 2024, 19:06:28) [MSC v.1942 64 bit ( ^
      AMD64)] on win32
      Type "help", "copyright", "credits" or "license()" for more information.
>>>
      ========= RESTART: C:\Users\Tomas\Documents\Python3\anexo\modulos.py =========
      El sistema operativo donde me ejecuto es Windows
>>>
```

Si el nombre del módulo fuera demasiado grande o quisiera referirse a él por otro más corto, deberá emplear la palabra clave as; por ejemplo, el programa anterior podría escribirse como:

```
import platform as plt

print("El sistema operativo donde me ejecuto es " + plt.system())
```

Si no quisiera importar todo lo que ofrece un módulo, sino solo aquello que le interesa, use la notación:

from *módulo* import *elemento*

Por ejemplo, si del primer módulo que creó ("miModulo") solo le interesara la función, el código del programa sería el siguiente:

```
from miModulo import funcion
funcion()
```

Observe que, en este caso, la función importada no va precedida del nombre del módulo del que se importa ("miModulo").

> *i*
>
> Podría pensar en utilizar la siguiente sentencia para importar todos los elementos de un módulo sin tener que poner el nombre de este cada vez que se hace uso de alguno de ellos:
>
> from *módulo* import *
>
> Sin embargo, esto tiene como efecto colateral que se juntan los espacios de nombres del módulo con los de su programa. Dicho de otra forma, el espacio de nombre sería único. Es como si el código del módulo se hubiera escrito en el mismo fichero que el suyo. Por lo tanto, no podría usar los nombres manejados en dicho módulo ya que, de lo contrario, los sobrescribiría, dando lugar a comportamientos inesperados. Para conocer cuáles son dichos nombres, ejecute la función dir().

Si el módulo que se quiere importar no es uno de los que trae Python ya incorporados en su entorno, previamente deberá cargarlo. Para ello, tendrá que acudir a un repositorio central llamado "PyPI" (Python Package Index). Con el fin de facilitar la descarga, instalación y administración de dichos paquetes, se utiliza la herramienta PIP (acrónimo recursivo que se puede interpretar como PIP Instalador de Paquetes o PIP Instalador de Python).

Aunque muchas veces se emplean los términos "módulo" y "paquete" indistintamente, un módulo se compone de un único archivo, mientras que un paquete es una colección de módulos relacionados entre sí, situados en una jerarquía de directorios.

A partir de Python 3.5, esta utilidad viene con el resto de los componentes del entorno. Para descargar e instalar módulos de terceros con ella, deberá ejecutar el siguiente comando en una ventana de símbolo del sistema:

```
pip install módulo
```

Tenga en cuenta que en algunas distribuciones Linux, como Ubuntu y Fedora, el comando `pip` solo funciona con Python 2, por lo que tendrá que ejecutar `pip3` (naturalmente, con permisos de administrador).

Para saber la versión de PIP que tiene instalada, ejecute el comando:

```
python -m pip --version
```

En el siguiente ejemplo, se va a desarrollar un programa que requiere el módulo "tabulate", para mostrar información en formato de tabla. Como dicho módulo no forma parte del entorno Python, lo primero que tendrá que hacer es descargarlo e instalarlo, ejecutando el siguiente comando en una ventana de símbolo del sistema:

```
pip install tabulate
```

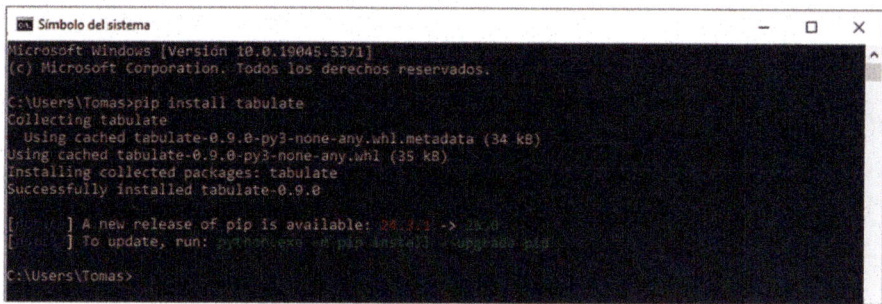

Una vez hecho esto, ya estaría en disposición de utilizarlo en cualquier programa, importándolo previamente. El siguiente código de ejemplo mostrará una tabla que contiene el nombre, la dirección y el teléfono de una lista de personas, con el encabezado correspondiente:

```
from tabulate import tabulate

cabecera = ["NOMBRE", "DIRECCIÓN", "TELÉFONO"]
datos_persona1 = ["Tomás", "Gran Vía, 10, 1ºA", "9112345"]
datos_persona2 = ["Juan", "Alcalá, 11, 2ºB", "9167890"]
datos_personas = [datos_persona1, datos_persona2]

tabla_con_formato = tabulate(datos_personas, cabecera)
print(tabla_con_formato)
```

En primer lugar, se importa el módulo "tabulate" y, en concreto, su función `tabulate()`, que es la única que se va a necesitar:

```
from tabulate import tabulate
```

Una tabla está formada por una cabecera y los datos para mostrar. La cabecera es una lista con los nombres de las columnas (`cabecera`). Los datos están contenidos en una lista cuyos elementos son las filas de dicha tabla (`datos_personas`). Cada una de estas filas es, a su vez, una lista que contiene la información de una persona (`datos_persona1` y `datos_persona2`):

```
cabecera = ["NOMBRE", "DIRECCIÓN", "TELÉFONO"]
datos_persona1 = ["Tomás", "Gran Vía, 10, 1ºA", "9112345"]
datos_persona2 = ["Juan", "Alcalá, 11, 2ºB", "9167890"]
datos_personas = [datos_persona1, datos_persona2]
```

Una vez que se tienen la cabecera y los datos, se utilizan como argumentos de la función `tabulate()`, que devuelve una cadena de texto en formato tabla. Solo quedaría mostrarlo en pantalla con el comando `print()`:

```
tabla = tabulate(datos_personas, cabecera)
print(tabla)
```

El resultado de la ejecución de este programa lo puede ver a continuación:

```
IDLE Shell 3.13.1                                           —    □    ×

File  Edit  Shell  Debug  Options  Window  Help
      Python 3.13.1 (tags/v3.13.1:0671451, Dec  3 2024, 19:06:28) [MSC v.1942 64 bit ( ^
      AMD64)] on win32
      Type "help", "copyright", "credits" or "license()" for more information.
>>>
      ========== RESTART: C:\Users\Tomas\Documents\Python3\anexo\modulos.py ==========
      NOMBRE     DIRECCIÓN              TELÉFONO
      --------   ------------------    ----------
      Tomás      Gran Vía, 10, 1ºA     9112345
      Juan       Alcalá, 11, 2ºB       9167890
>>>
```

> ℹ️ Todas las posibilidades ofrecidas por la función `tabulate()` en particular —y por este módulo en general— las puede encontrar en https://pypi.org/project/tabulate/.

> ℹ️ Cuando se importa un módulo, el intérprete crea la carpeta __pycache__, cuyo contenido se utiliza en posteriores ejecuciones para arrancar más rápido el programa. Puede ignorarlo o incluso borrarlo, en cuyo caso volvería a aparecer (a menos que suprima específicamente ese comportamiento).

## 17.14 THREADS

Según lo visto hasta ahora, las tareas realizadas por un programa son el resultado de la ejecución de un conjunto de sentencias de manera secuencial. El flujo de ejecución de estas sentencias sigue el orden en el que están escritas, hasta que una de ellas es `if`, `while` o `for`, momento en el que se modifica según las condiciones establecidas en dichas estructuras de control.

Sin embargo, Python es capaz de ejecutar varias tareas (secuencias de sentencias) a la vez. Para ello, crea diferentes flujos de ejecución, a los que se conoce con el nombre de *threads* ("hilos" o "subprocesos"). Su empleo permite reducir los tiempos de ejecución de un programa. Pero, para eso, se deben poder paralelizar las tareas que realiza (algo que no siempre es posible) y la máquina debe tener tantos procesadores físicos (o núcleos) como *threads*. Sin embargo, el aumento de la velocidad en la ejecución de programas no es la única ventaja de su utilización, ya que también es imprescindible cuando se realizan, por ejemplo, tareas de comunicaciones. Imagine una aplicación que tuviera que sincronizar información de clientes con la base de datos de un servidor remoto. El hecho de que las comunicaciones vayan lentas —o, incluso, se interrumpan temporalmente— no tiene por qué evitar que el usuario siga trabajando con información disponible en local. Es más, si no fuera así, ni siquiera se podría cancelar la operación que está tardando, ya que no se atendería ningún evento de interfaz (la pulsación de una tecla o el ratón), debido a que el programa está ocupado ejecutando únicamente las tareas de comunicaciones.

> ℹ️ El paralelismo de tareas es real solo cuando cada una de ellas se ejecuta en un procesador (o núcleo) independiente. Si no fuera posible por falta de procesadores, las sentencias serían ejecutadas de forma entrelazada, dando la sensación de que lo hacen en paralelo, cuando en realidad una CPU (Central Processing Unit – Unidad Central de Proceso) solo atiende a una de ellas en un instante de tiempo.

Para ejecutar varias tareas en paralelo, deberá hacer uso del módulo *threading*, dentro del cual se encuentra la clase `Thread`, que representa un hilo de ejecución (subproceso). El constructor de esta clase no tiene argumentos obligatorios, aunque destacan dos:

`Thread(target=`*función*`, args= `*argumentos*`)`

En el `target` se indica el nombre de la función que se ejecutaría en paralelo con el flujo principal del programa. Si dicha función tuviera argumentos de entrada, estos se introducirían como una tupla en `args`.

Una vez creado el hilo, la forma de arrancarlo es invocando el método:

`start()`

A continuación, se desarrolla un programa cuyo flujo principal muestra en la *shell* el número de segundos que lleva ejecutándose. Previamente, se arranca un subproceso, que intercalará un mensaje cada dos segundos. Su código es el siguiente:

```
import time, threading

def interrumpir():
    while True:
        time.sleep(2)
        print("INTERRUMPO")
```

```
hilo = threading.Thread(target=interrumpir)
hilo.start()

segundos = 0
while True:
    print(segundos)
    segundos += 1
    time.sleep(1)
```

En primer lugar, se importan los módulos *time* y *threading*. El primero contiene la función `sleep()`, empleada para realizar temporizaciones, mientras que del segundo se utilizará la clase `Thread` para crear el subproceso que se ejecutará en paralelo con el principal:

```
import time, threading
```

A continuación, se declara la función con el código del subproceso (hilo de ejecución). Como puede observar, únicamente consta de un bucle `while` indefinido, dentro del cual se escribe en la *shell* la palabra "INTERRUMPO" cada dos segundos:

```
def interrumpir():
    while True:
        time.sleep(2)
        print("INTERRUMPO")
```

Volviendo al flujo principal, se crea el hilo de ejecución (`hilo`). Para ello, se usa el constructor de la clase `Thread`, que se asocia a la función `interrumpir()`, la cual no tiene argumentos. Esta función se ejecutará en paralelo con el resto de las sentencias del programa, una vez arrancado con el método `start()`:

```
hilo = threading.Thread(target=interrumpir)
hilo.start()
```

A partir de ese momento, el programa principal escribirá en la *shell* de forma indefinida el número de segundos que vayan transcurriendo:

```
segundos = 0
while True:
    print(segundos)
    segundos += 1
    time.sleep(1)
```

Ejecute el programa y observe el resultado obtenido. Como puede ver, cada dos segundos aparece un mensaje de interrupción entre los que llevan la cuenta del tiempo transcurrido en el flujo principal del programa:

```
*IDLE Shell 3.13.1*                                          —   □   ×
File  Edit  Shell  Debug  Options  Window  Help
     Python 3.13.1 (tags/v3.13.1:0671451, Dec  3 2024, 19:06:28) [MSC v.1942 64 bit (
     AMD64)] on win32
     Type "help", "copyright", "credits" or "license()" for more information.
>>>
     ========== RESTART: C:\Users\Tomas\Documents\Python3\anexo\threads.py ==========
     0
     1
     INTERRUMPO
     2
     3
     INTERRUMPO4

     5
     INTERRUMPO6

     7
     INTERRUMPO
     8
     9
```

En la imagen anterior, puede observar líneas como:

...

INTERRUMPO4

...

INTERRUMPO6

...

No es que el programa funcione incorrectamente, sino que la escritura de los mensajes de ambos hilos de ejecución se ha solapado, al haber coincidido en el tiempo. En el primer caso, el flujo principal empieza a escribir primero, pero, antes de que termine (falta el retorno de carro), el subproceso hilo empieza a escribir su mensaje. Los retornos de carro de ambos mensajes se escriben al final, de ahí que haya una línea en blanco a continuación. En el segundo caso, el que empieza a escribir antes es el subproceso que ejecuta la función interrumpir().

En este sencillo ejemplo, puede observar que no se puede asegurar el orden de ejecución de las sentencias pertenecientes a hilos de ejecución independientes. Esto provoca problemas de carreras cuando varios hilos acceden a un mismo recurso compartido (ficheros, bases de datos, etc.) para consultar y/o modificar información. La consecuencia indeseada es que se producirán resultados diferentes dependiendo de quién llegue antes al recurso —algo prácticamente imposible de predecir—. Si quiere saber cómo superar estas dificultades, visite la documentación oficial que se encuentra en https:// docs.python.org/3/library/*threading*.html.

## **17.15** FICHEROS

Hasta ahora, toda la información obtenida o generada en los programas era mantenida en memoria. Eso significa que, una vez finalizada su ejecución, esta desaparecía. Para guardar de forma persistente datos de interés, Python ofrece una serie de funciones de manejo de ficheros que permiten su creación, borrado, lectura, escritura o modificación. Veamos cada una de ellas.

Para leer o escribir en un fichero, primero hay que abrirlo con la función:

open(*fichero, modo*)

El primer argumento es el nombre (o ruta) del fichero. El segundo es el modo de acceso, que tendrá los siguientes valores:

- 'r'. El fichero se abre en modo lectura.

- 'w'. El fichero se abre en modo escritura. Si ya existiera, el nuevo contenido sustituiría al actual.

- 'a'. El fichero se abre en modo escritura, pero, a diferencia del modo anterior, el contenido se añade a continuación del existente.

El argumento en el que se indica el modo es opcional. Si no se incluye, se considerará que el fichero se abre en modo lectura.

> *i*
>
> Normalmente, los ficheros se abren en modo texto, lo que significa que se leen y que se escriben caracteres. Si algunos fueran especiales, como los acentos, deberá incluir un tercer argumento a la función con el tipo de codificación empleado; en concreto:
>
> encoding='utf-8'

Si un fichero se abriera en modo escritura y no existiera, se crearía. En cualquier caso, el método open() devuelve un objeto (manejador del fichero) del que destacan tres métodos. El primero devuelve el contenido del fichero como una cadena de caracteres:

*manejador*.read()

El segundo escribe en un fichero el texto pasado como argumento:

*manejador*`.write(`*texto*`)`

Una vez finalizada la lectura o escritura de un fichero, con el tercer método se cerraría:

*manejador*`.close()`

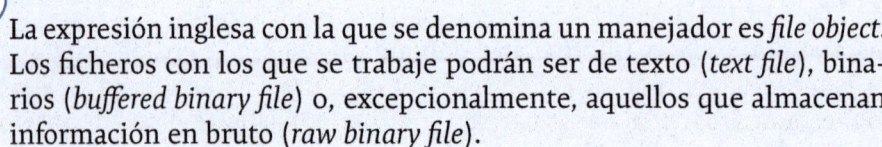

La expresión inglesa con la que se denomina un manejador es *file object*. Los ficheros con los que se trabaje podrán ser de texto (*text file*), binarios (*buffered binary file*) o, excepcionalmente, aquellos que almacenan información en bruto (*raw binary file*).

En el siguiente ejemplo, se crea un fichero con tres líneas de texto. Posteriormente, se escriben nuevas líneas, abriéndolo primero en modo "w" y, luego, en modo "a". De esta forma, podrá ver claramente el efecto producido cuando se utiliza cada uno de ellos:

```
print ("Se crea el fichero miFichero.txt con el contenido:")
f = open("miFichero.txt", "w")
f.write("Este fichero\ncontiene tres líneas\nde texto")
f.close
f = open("miFichero.txt", "r")
print(f.read())
f.close()

print("\nAhora se sobrescribe con la siguiente frase:")
f = open("miFichero.txt", "w")
f.write("Este nuevo fichero")
f.close
f = open("miFichero.txt", "r")
print(f.read())
f.close()

print("\nPor último, se añaden dos frases más a la anterior,
      quedando finalmente:")
f = open("miFichero.txt", "a")
f.write("\ncontiene de nuevo\ntres líneas de texto")
f.close
f = open("miFichero.txt", "r")
print(f.read())
f.close()
```

En el primer bloque de sentencias se abre el fichero "miFichero.txt" en modo escritura, con la función `open()`. Al no existir, se crea. Una vez creado, se escribe un texto de tres líneas con el método `write()` del manejador devuelto por dicha función (observe las secuencias de escape "\n" que introducen los saltos de línea), y se cierra finalmente con el método `close()`. A continuación, se comprueba que dicho fichero contenga estas tres líneas de texto. Para ello, se abre de nuevo con la función `open()` en modo lectura, se lee su contenido con el método `read()` y se muestra en la *shell*, sin olvidar volver a cerrarlo.

> Recuerde que el método `write()` requiere una cadena de texto como entrada. Si quisiera escribir un número, antes debería realizar una operación de *casting* usando `str()`.

El segundo bloque de sentencias vuelve a abrir el fichero en modo "w", por lo que sustituye las tres frases escritas inicialmente por la que se ha puesto como argumento en el método `write()`. El último bloque de sentencias abre el mismo fichero, pero esta vez en modo "a", por lo que todo lo que se escriba se añadirá a continuación del contenido existente.

El resultado de la ejecución de este programa puede verlo a continuación:

```
IDLE Shell 3.13.1                                               —    □    ×
File  Edit  Shell  Debug  Options  Window  Help
    Python 3.13.1 (tags/v3.13.1:0671451, Dec  3 2024, 19:06:28) [MSC v.1942 64 bit ( ^
    AMD64)] on win32
    Type "help", "copyright", "credits" or "license()" for more information.
>>>
    ========== RESTART: C:\Users\Tomas\Documents\Python3\anexo\ficheros.py ==========
    Se crea el fichero miFichero.txt con el contenido:
    Este fichero
    contiene tres lineas
    de texto

    Ahora se sobrescribe con la siguiente frase:
    Este nuevo fichero

    Por último, se añaden dos frases más a la anterior, quedando finalmente:
    Este nuevo fichero
    contiene de nuevo
    tres lineas de texto
>>>
```

También podrá observar este resultado abriendo el fichero "miFichero.txt", situado en la misma carpeta donde está el programa. En la siguiente imagen, se muestra el contenido de dicho fichero, abierto con el bloc de notas de Windows:

Otra forma de leer o escribir el contenido de un fichero es utilizando la estructura de control:

with *manejador* as :

...

Esto tiene la ventaja de que el archivo se cierra correctamente después de haber ejecutado el bloque de sentencias que lo componen, incluso aunque se produjera algún tipo de excepción. De esta forma, el código del programa anterior sería equivalente a este otro:

```
print ("Se crea el fichero miFichero.txt con el contenido:")
with open("miFichero.txt", "w") as f:
    f.write("Este fichero\ncontiene tres líneas\nde texto")
with open("miFichero.txt", "r") as f:
    print(f.read())


print("\nAhora se sobrescribe con la siguiente frase:")
with open("miFichero.txt", "w") as f:
    f.write("Este nuevo fichero")
with open("miFichero.txt", "r") as f:
    print(f.read())


print("\nPor último, se añaden dos frases más a la anterior,
    quedando finalmente:")
with open("miFichero.txt", "a") as f:
    f.write("\ncontiene de nuevo\ntres líneas de texto")
with open("miFichero.txt", "r") as f:
    print(f.read())
```

En este nuevo programa, se pretende guardar de forma persistente la información de una lista de empresas; en concreto, su nombre, la dirección social y la facturación anual. Los datos de cada empresa estarán contenidos en diccionarios, que se almacenarán en un fichero para recuperarlos posteriormente:

```python
FICHERO = "miFichero.txt"
empresa1 = {"nombre":"Empresa1", "direccion":"Suiza",
            "facturacion":1000}
empresa2 = {"nombre":"Empresa2", "direccion":"Irlanda",
            "facturacion":2000}
lista_empresas = [empresa1, empresa2]

def mostrar_datos_empresas(lista_empresas):
    for empresa in lista_empresas:
        for clave, valor in empresa.items():
            print(clave + ":" + str(valor))
        print("---")

print("Se procede a guardar los datos de las siguientes empresas")
mostrar_datos_empresas(lista_empresas)

with open(FICHERO, "w") as f:
    for empresa in lista_empresas:
        for clave, valor in empresa.items():
            f.write(clave + ":" + str(valor) + "#")
        f.write("\n")

lista_empresas_cargadas = []
f = open(FICHERO, "r")
for linea in f:
    empresa = {}
    lista_pares_clave_valor = linea.split("#")
    lista_pares_clave_valor.pop()
    for clave_valor in lista_pares_clave_valor:
        lista_clave_valor = clave_valor.split(":")
        clave = lista_clave_valor[0]
        valor = lista_clave_valor[1]
        empresa[clave] = valor
    lista_empresas_cargadas.append(empresa)

print("Se han leído los datos de la siguientes empresas")
mostrar_datos_empresas(lista_empresas_cargadas)
```

Lo primero que se hace en este programa es declarar la constante `FICHERO` con el nombre del fichero en el que se va a guardar la información de las empresas. Después, se crea cada uno de los diccionarios que contienen los datos de las dos empresas utilizadas de ejemplo (`empresa1` y `empresa2`), para luego crear una lista con ambos (`lista_empresas`):

```
FICHERO = "miFichero.txt"
empresa1 = {"nombre":"Empresa1", "direccion":"Suiza",
            "facturacion":1000}
empresa2 = {"nombre":"Empresa2", "direccion":"Irlanda",
            "facturacion":2000}
lista_empresas = [empresa1, empresa2]
```

> ℹ️ Por simplicidad, se utiliza una lista con los datos de dos empresas, pero el código que almacena la información valdría para cualquier número de empresas, cuyos datos podrían recogerse a través de una interfaz de usuario. Más adelante, realizará una práctica donde este tipo de información no se encuentra en el propio código, sino que se solicita al usuario.

A continuación, se declara la función encargada de mostrar en las *shell* los datos de la lista de empresas que se les pasa como argumentos. Para ello, se utilizan dos bucles `for` anidados. El primero recorre cada elemento de la lista (diccionario), mientras que el segundo extrae los pares clave-valor que lo forman, y los muestra en pantalla:

```
def mostrar_datos_empresas(lista_empresas):
    for empresa in lista_empresas:
        for clave, valor in empresa.items():
            print(clave + ":" + str(valor))
    print("---")
```

Una vez declarada la función anterior, ya se puede invocar para ver en la *shell* la información de la lista de empresas creada inicialmente, antes de ser guardada en el fichero:

```
mostrar_datos_empresas(lista_empresas)
```

El siguiente bloque de sentencias abre en modo escritura el fichero contenido en la constante `FICHERO`, dentro de una estructura de tipo `with...open`:

```
with open(FICHERO, "w") as f:
    …
```

Luego, con dos bucles `for` anidados, se recorren los diccionarios que contiene la lista de empresas (`lista_empresas`) y, en cada uno de ellos, sus pares clave-valor (`clave` y `valor`). Ambos bucles son similares a los de la función anterior, solo que ahora, en vez de mostrar el contenido por consola, se escriben en un fichero con el método `write()`:

```
for empresa in lista_empresas:
    for clave, valor in empresa.items():
        f.write(clave + ":" + str(valor) + "#")
    f.write("\n")
```

El formato con el que se escriben los pares clave-valor es:

*clave:valor# ... clave:valor#*

Es decir, cada clave de un diccionario se separa de su valor por el carácter ":", mientras que cada par clave-valor se separa del siguiente por el carácter "#". Además, cada diccionario se escribe en una única línea, por lo que, cada vez que finaliza el segundo `for` (se han recorrido todos los pares clave-valor de un diccionario), se escribe un retorno de carro ("\n").

Una vez almacenados los datos contenidos en los diccionarios de cada una de las empresas, se procede a recuperarlos de nuevo. Para ello, se creará una nueva lista (`lista_empresas_cargadas`), en la que se irán añadiendo los diccionarios que se vayan leyendo del fichero.

Como cada diccionario se encuentra en una línea, una vez abierto en modo lectura el fichero contenido en la constante `FICHERO`, se recorren una a una con un bucle `for`:

```
lista_empresas_cargadas = []

f = open(en modo escritura, "r")

for linea in f:

    ...
```

Dentro del bucle `for` —es decir, para cada una de las líneas de fichero—, lo primero que se hace es crear un diccionario vacío, que se irá rellenando con la información que haya en dicha línea (la correspondiente a una empresa). Luego, se obtiene la lista de pares clave-valor que contenga utilizando el método `split()`, al que se indica que utilice el carácter "#" como separador. El último de ellos se elimina con el método `pop()`, ya que realmente no es un par, sino el carácter "\n" de separación entre líneas.

```
empresa = {}
lista_pares_clave_valor = linea.split("#")
lista_pares_clave_valor.pop()
```

El contenido de `lista_pares_clave_valo` será, por lo tanto:

  [*clave:valor*, …, *clave:valor*]

Después, con un segundo bucle `for` se recorren cada uno de estos pares clave-valor, separando la clave de su valor con el método `split()`, pero esta vez usando el carácter ":" como separador:

```
for clave_valor in lista_pares_clave_valor:
    lista_clave_valor = clave_valor.split(":")
```

El contenido de `lista_clave_valor` tendrá el formato:

  [*clave*, *valor*]

Como puede observar, esta lista tiene dos elementos; el primero sería la clave y el segundo, el valor de cada par.

Una vez hecho esto (todavía dentro del segundo bucle `for`), solo quedaría añadir el valor de cada clave al diccionario creado previamente (`empresa`):

```
clave = lista_clave_valor[0]
valor = lista_clave_valor[1]
empresa[clave] = valor
```

A continuación, se agrega el diccionario a la lista que contendrá la información de todas las empresas que se vayan cargando (`lista_empresas_cargadas`):

```
lista_empresas_cargadas.append(empresa)
```

La última sentencia se utiliza para mostrar en pantalla la información de la lista de empresas recuperadas del fichero y, de esta forma, comprobar que coincide con la que se almacenó previamente:

```
mostrar_datos_empresas(lista_empresas_cargadas)
```

El resultado de la ejecución del programa puede verlo en la siguiente imagen:

Abra con un editor de texto el archivo "miFichero.txt". Comprobará que cada línea contiene los datos del diccionario de una empresa. En ellas, los pares clave-valor están separados por el carácter "#", mientras que la clave se vincula a su valor por el carácter ":":

Para borrar un fichero, deberá utilizar la función `remove()` del módulo "os", que previamente deberá haber importado:

```python
import os
os.remove("miFichero.txt")
```

Sin embargo, si no existiera el fichero, se produciría un error. Para evitarlo, se debe verificar previamente con el método `exists()` del objeto `path` contenido en el módulo "os", tal como se muestra en el siguiente código:

```python
import os

if os.path.exists("miFichero.txt"):
    os.remove("miFichero.txt")
    print("Fichero borrado")
else:
    print("El fichero no existe")
```

Ejecute el programa dos veces. La primera vez le indicará que se ha borrado el fichero, mientras que, en la siguiente, le dirá que no existe:

```
IDLE Shell 3.13.1                                          —    □    ×
File  Edit  Shell  Debug  Options  Window  Help
    Python 3.13.1 (tags/v3.13.1:0671451, Dec  3 2024, 19:06:28) [MSC v.1942 64 bit ( ^
    AMD64)] on win32
    Type "help", "copyright", "credits" or "license()" for more information.
>>>
    ========= RESTART: C:\Users\Tomas\Documents\Python3\anexo\ficheros.py =========
    Fichero borrado
>>>

    ========= RESTART: C:\Users\Tomas\Documents\Python3\anexo\ficheros.py =========
>>> El fichero no existe
>>>
```

# 17.16 EXCEPCIONES

Como ha visto en el último ejemplo, existen funciones o métodos que pueden provocar errores de ejecución. Dichos errores son excepciones que finalizarían de forma inesperada la ejecución del programa. En general, la última línea de estos mensajes de error indica qué ha sucedido. Compruébelo ejecutando de nuevo el programa que trataba de borrar un fichero, sin verificar antes que ese fichero exista:

```
import os
os.remove("miFichero.txt")
```

Vea el error que se produce:

```
IDLE Shell 3.13.1                                          —    □    ×
File  Edit  Shell  Debug  Options  Window  Help
    Python 3.13.1 (tags/v3.13.1:0671451, Dec  3 2024, 19:06:28) [MSC v.1942 64 bit ( ^
    AMD64)] on win32
    Type "help", "copyright", "credits" or "license()" for more information.
>>>
    ========= RESTART: C:\Users\Tomas\Documents\Python3\anexo\ficheros.py =========
    Traceback (most recent call last):
      File "C:\Users\Tomas\Documents\Python3\anexo\ficheros.py", line 2, in <module>
        os.remove("miFichero.txt")
    FileNotFoundError: [WinError 2] El sistema no puede encontrar el archivo especif
    icado: 'miFichero.txt'
>>>
```

En este caso, queda claro lo que ha sucedido: "El sistema no puede encontrar el archivo especificado: 'miFichero.txt'"; algo que ya sabía, porque lo último que hizo fue borrarlo.

Para evitar la finalización abrupta del programa, Python ofrece la estructura de control:

```
try:
    ...
except:
    ...
```

Dentro del bloque `try`, deben estar las sentencias que pueden provocar la excepción que se quiere capturar. En el bloque `except` se realizarán las tareas adecuadas una vez producido el error.

Para demostrar el funcionamiento de esta nueva estructura de control, modifique el programa utilizado para borrar el fichero "miFichero.txt" de la siguiente manera:

```
import os

try:
    os.remove("miFichero.txt")
    print("Fichero borrado")
except:
    print("El fichero no existe")
```

El método `remove()` se sitúa dentro del bloque `try`, por lo que, si el fichero no existiera, la excepción producida al tratar de borrarlo no finalizaría el programa, sino que provocaría la ejecución de las sentencias del bloque `except` (y mostraría en la *shell* un mensaje informativo).

En el programa anterior, las sentencias del bloque `except` se ejecutarían cuando se produjera cualquier error. Si solo quiere hacerlo ante cierto tipo de errores, deberá indicar cuáles son esos errores (en formato tupla, si fueran varios). Siguiendo con el mismo programa de ejemplo, como el tipo de error producido cuando no existe un fichero es `FileNotFoundError`, el código anterior podría sustituirse por:

```
import os

try:
    os.remove("miFichero.txt")
    print("Fichero borrado")
except FileNotFoundError:
    print("El fichero no existe")
except:
    print("Otro tipo de error)
```

> **i** Además de los bloques `try` y `except`, existen los bloques `else` y `finally`. El primero contiene el bloque de sentencias que se ejecutarían si no se produjera la excepción, mientras que las del segundo se ejecutarían siempre (haya o no haya excepción).

> **i** Todos los tipos de excepciones predefinidos en Python los puede encontrar en https://docs.python.org/3/library/exceptions.html.